穿越横断山的

"南丝之路"

李贵平◎著

中国文史出版社

图书在版编目（CIP）数据

穿越横断山的"南丝之路" / 李贵平著 . — 北京：
中国文史出版社，2020.11

ISBN 978-7-5205-2224-3

Ⅰ . ①穿… Ⅱ . ①李… Ⅲ . ①丝绸之路—南方地区
通俗读物 Ⅳ . ① K928.6-49

中国版本图书馆 CIP 数据核字（2020）第 164940 号

责任编辑：张春霞

出版发行：**中国文史出版社**

社　　址：北京市海淀区西八里庄路 69 号院　邮编：100142
电　　话：010-81136606　81136602　81136603（发行部）
传　　真：010-81136655
印　　装：北京市新华印刷有限公司
经　　销：全国新华书店
开　　本：710mm×1010mm　1/16
印　　张：19.75　　字数：265 千字　彩插：0.5
版　　次：2021 年 1 月第 1 版
印　　次：2021 年 1 月第 1 次印刷
定　　价：59.80 元

_ 作者多次深入横断山腹地考察古道

_ 蟹螺乡江坝村五组居住着30位
尔苏族居民

汉源县古驿道

云南建昌马

— 金沙江木船

— 宜宾的竹筏子也是五尺道交通工具

_ 夹关镇风雨桥

_ 千年夹关镇

_ 如今的赤水河早已不通航了

_ 西昌古城

石门关五尺道遗址北长约350米，有马蹄印243处。

沙坡头被称为"塞上江南"

二 麦积山石窟

_ 姜驿火焰山

_ 新疆火焰山

横断山，回荡千年的远征之歌

横断山不是一座山，而是一群山、一片山，是偏偏跟山过不去的山的王国、山的世界。

展开亚欧地势图我们会看到，欧亚大陆的南部，一块透射着金属般质地和光泽的色块显得格外的醒目。这就是被称为"地球脊梁"的青藏高原。

青藏高原东部有一大片让人惊恐的山脉，便是横断山。

横断山的出现让人出乎意料。构成青藏高原的山体，如我们所熟知的喜马拉雅山、冈底斯山、唐古拉山，都是沿纬度走向，由西向东延伸。唯有横断山突然转向，呈南北而行，完全不循常规，显得特立独行，我行我素。

一

"水是眼波横，山是眉峰聚"，如果一个人的眉毛竖着长，那很可怕；如果一座山竖着走，也很可怕。

横断山，就是竖着走的，是一条一条巨龙滚过般的南北走向的大山。

名字很霸气：横断，行动更霸气。它在轰然转向的同时，山脉之间的空间距离也极大地被压缩。在四川、西藏、云南交界处不到60公里的宽度，奇迹般容纳了三列山脉，和金沙江、澜沧江、怒江、独龙江四条大江比肩而行——四江并流，成为全球性地貌奇观。

为什么不是东西走向，而是南北走向？是什么力量迫使横断山不向东西发展，而是突然转向南北，横行于青藏高原东南？

星球研究所在《什么是横断山》一文中描述道："大约在2亿多年前，横断山连同青藏高原、四川盆地都还是海洋环境。后来，板块间的剧烈碰撞、挤压，这里发生了沧海桑田的海陆变迁。海浪声渐次退去，无数海洋生物掩埋岩石，凝固成我们今天看到的化石。"

6500万年前，印度板块与亚欧板块猛烈碰撞，青藏高原剧烈抬升，并向东西两端释放压力。在东端，它遭到扬子板块的顽强抵抗，短兵相接之处，大地互相挤压、紧缩形成大规模的褶皱与断裂。

在700千米宽的范围内，这些褶皱共有七列，包括伯舒拉岭—高黎贡山、他念他翁山—怒山、芒康山—云岭、沙鲁里山、大雪山、邛崃山、岷山，统称"横断七脉"。

横断七脉主脊线，平均间距只有约100千米。山连山，山接山，摩肩接踵，紧凑至极。

这场地质冲突中，高大山体和高山峡谷同时与高原、山原宽谷、沼泽、湖泊等各种地貌类型相辅相衬，形成横断山独特的格局组合，也形成了今天我们看到的以冰峰雪岭、冰川宽谷、高山峡谷、湖泊森林和高原草甸为主体的迷人的自然风光。

横断山有多大？有"广义"和"狭义"之说，按"广义"说，即东起邛崃山，西抵伯舒拉岭，北界位于昌都、甘孜至马尔康一线，南界抵达中缅边境的山区。横断山总面积为37万平方公里，其中92%属于青藏高原。

山脉的南北横亘，造成东西地貌的分野和屏障，这里不但成为气候、降水的分水岭，自然地理的巨大反差，也阻隔了人类族群之间的流动，文明的传播，造成文化之间的隔阂和差异，甚至因此产生文明之间的激烈冲突。

纵观中国西南的历史，每一次地理文化的大发现、大突破，都是基于对这个"樊篱"不屈不挠的抗争和艰苦卓绝的突破。

南方丝绸之路如此，茶马古道如此，古盐道亦如此，所有古驿道都如此。

或隐于洪荒，万籁俱寂；或显于蛮夷，面孔百变；或隐于兵燹，离易无定；或显于盛世，生生不息。正是在这隐与显的交替中，有一条绵长而崎岖的樊道，风蚀雨剥，跌跌撞撞，飞矢流镞一样鱼贯梭穿，刺入大西南的版图内⋯⋯

这，就是横断山脉腹地的南方丝绸之路。

或者说，南方丝绸之路就是为了突破横断山阻绝一路挺进的。

二

"丝绸之路"，是由德国地理学家冯·李希霍芬于1877年正式提出的，指以丝绸贸易为主的东西方商路和交通路线。

南方丝绸之路，泛指历史上不同时期四川、云南、西藏等中国南方地区对外连接的通道，包括历史上有名的蜀身毒道（**即灵关道，或曰旄牛道、建昌道**）和五尺道、沐源道等。它是一个贯穿于横断山脉邛崃山、沙鲁里山、芒康山—云岭等南端腹地的国际商贸交通网络。

中国是丝绸的原产地，早在商周时期丝绸织造就已达到相当高的水平。蜀地，更是中国丝绸的主要原产地。

印度考古学家乔希指出，古梵文文献中印度教大神都喜欢穿中国丝绸，湿婆神尤其喜欢黄色蚕茧的丝织品。这种黄色的丝织品，应该是扬雄《蜀都赋》里所说的"黄润细布"。从印度古文献看，湿婆神的出现时间至少相当于中国的商代。这说明可能早在商代，中国四川就已经同印度发生了丝绸贸易关系。

秦汉时期，四川盆地的对外手工业产品输出以精巧的丝织品、漆器、金银器和铁器为主。蜀布的输出，在当时有"覆衣天下"的声誉。"蜀汉之布"也与"齐陶之缣"齐名，是当时人们赞颂的对象。蜀守文翁曾买蜀布派人送到长安作为礼物，送给指导蜀地子弟学习的"博士"①。蜀布甚至输出到印度和阿富汗，使张骞看到后也感觉惊奇。

蜀布等蜀物，主要是蜀地生产的丝绸，最初由蜀人商贾长途贩运到南亚印度出售，再转口贸易到中亚、西亚和欧洲地中海地区。《三国志》裴松之注引三国鱼豢《魏略·西戎传》里，也提到罗马帝国"有水通益州（即四川）"。

蜀地纺织品的进一步发展，除了蜀布还有闻名全国的锦。三国时，曹魏和孙吴都以得到蜀汉的锦为荣，以至蜀锦的生产中心成都，以"锦城"闻名全国。安史之乱时，唐玄宗逃往成都，在八百里秦川腹地扶风县，一次就收到成都贡来的春采十余万匹，可见其输出的丝织品数量之大。

三

为什么"丝绸之路"最先肇始于古蜀国？

《山海经·海内经》云："西南黑水之间，有都广之野，后稷葬焉。爰有膏菽、膏稻、膏黍、膏稷，百谷自生，冬夏播琴。鸾鸟自歌，凤鸟自舞，灵寿实华，草木所聚。爰有百兽，相群爰处。此草也，冬夏不死。"

历史文化学者刘斌夫在《丝绸之路：中国与世界》里解读道：

---

① 引自《汉书·文翁传》。

西南方的岷山山地黑水河（岷江支流）周围有广阔的蜀中平原，帝尧时专门研究种植五谷的著名农技师后稷，就葬在这里。王城周边方圆三百里地，却是天地的中心，美眉素女（与彭祖一起练成采阴补阳长生之术，并合著《素女经》的采女）就出生在这里。此地出产营养丰富味美可口的各种豆类、稻谷、高粱、小米，气候温暖，各种作物冬夏都可以播种，各种禾苗四季都可以生长。凤凰鸟欢乐地歌唱，尽情地舞蹈，树梢上果子金秋已经成熟，草木葳蕤，植被丰茂。各种珍禽异兽群居杂处，其乐融融。

古蜀国得天独厚的自然条件很适合生产丝绸，也因此有了后来大规模开发的丝绸之路。

公元前122年，被汉武帝派遣出使西域十余年后九死一生的博望侯张骞，证实了中国西南沟通印度的民间商道确实存在的消息——张骞向汉武帝报告，他偶然在中亚见到了蜀布和邛竹杖，一问，原来是有蜀郡商人私下通商到身毒国（今印度）和中亚。自此"蜀身毒道"也第一次进入国家视野。

于是，一条苍茫大山深处的道路在唐蒙、司马相如等人的开通下完成，并逐步形成交通网络，这就是"西南夷"。蜀布、丝绸和漆器以及印度和中亚的琉璃、海贝、宝石等，也通过这条路络绎不绝，往来不止。《史记》《汉书》对此均有记述。

在汉武帝联合外域、北攻匈奴的总方针下，南方丝绸之路既是一项政治战略，也是一项经济策略，整个过程虽有曲折，但西南地区总归是纳入了大汉的版图——唐代交好"南诏"，元代结束"大理"，明清经略西南，无一不围绕着南丝路展开；山间小道也一再拓宽、延长，从游商单薄的脚步声，到深林清脆的铜铃响，然后有了驿亭和关哨，有了车马和喧哗……

南方丝绸之路的开辟，比大名鼎鼎的北方丝绸之路还要早八九个世纪。

四川大学城市研究所教授何一民指出：这条交通道路的出现，至少可追溯到3000多年前的三星堆、金沙时期。越南北部东山文化遗址出土的凹刃玉凿、领玉璧、玉璋等，都与三星堆、金沙出土物样式一致，而三星堆也出土了大量来自印度洋的海贝。不难发现，古蜀国其实很早便与域外通过一条道路发生了联系。

在路上运送的货物，是四川的特产：蜀锦、蜀布、邛竹杖、枸酱、铁器等。像蜀锦这样一种对成都城市发展影响深远的产品，更是绝无仅有。

古老的南丝之路浸润着人间气息，也有自己的记忆和温度。

四

商人不能只输出去，空手回，西方商品也随之而来。人与人之间既已有了商品交流，就必然会导致文化的流通。南方丝绸之路，也是人类历史上一条文明飞渡、文化交流的五彩走廊。

历史地理学家任乃强在《蜀布之路——中西陆上古商道》一文里指出："丝绸之路，是从高文化的中华进入低文化的部落，故使中华文化很早就流行于西域。同时佛教、回教、景教（即祆教）亦迅即缘之而输入华夏。毡、凤、奇器也同时来了。这个'蜀布之路'是穿过低文化部落进入高文化的印度，故印度早期的婆罗门教和密宗佛教，也很早就输入于大西南地区了，珊瑚、翡翠、椒、姜、珠、贝等热带商品亦随之而来。"

复旦大学教授葛剑雄认为，中国古代以"天下之中""天朝无所不有"自居，形成宗藩制度和朝贡体系，缺乏对外贸易的概念和需求。商人社会地位低下，无法自由出境，绝大多数时间无法合法从事对外贸易；而西南的交通路线（即南丝之路）却提供了主动外贸的通道，连接印度以至中亚。这个文化意义非同寻常。

四川大学历史地理研究所所长李勇先说，南方丝绸之路既是民间商道，同时又是使节往来、朝贡贸易、文化交流、宗教传播的文化通道。如汉代印度佛教随着丝绸之路传入中国。唐初，叙利亚基督教聂斯脱里教派的一个分支景教也沿着丝绸之路传入唐朝，在长安、成都等地兴建寺庙，初称"波斯寺"，后更名为"罗马寺""大秦寺"等。成都大秦寺就建在今石笋街附近。

南方丝绸之路上，先秦至西汉时期分布着由西南地区各族所创造的青铜文化，包括昆明、滇青铜文化、夜郎青铜文化以及《史记》《汉书》等记载的位于蜀滇之间的邛、笮青铜文化等。灵关道上，四川宝兴汉塔山、西昌安宁河谷、盐源老龙头、云南楚雄万家坝、德钦永芝等地出土的青铜器各逞其美，颇具魅力。

五尺道上的青铜文化与灵关道上的青铜文化风格迥异，相映生辉。云南的昭通张滩、曲靖八塔台、昆明羊甫头、呈贡天子庙、晋宁石寨山、江川李家山等地出土的青铜器，则表现出南丝路上青铜文化的另一种风姿。

三星堆遗址的重大考古发现，使人们见证了古蜀王国灿烂的青铜文化和高度发达的古代文明。通过南方丝绸之路这条国际贸易线，三星堆古蜀国在以丝绸换来自己所需的包括海贝、象牙、青铜合金原料等大量物资的同时，也较多接触并吸纳了近东青铜文明中包括青铜雕像、黄金权杖、黄金面具等重要元素，并因此创造出了独特而神秘的高度发达的青铜文明。

清华大学历史系教授李学勤在"三星堆与南方丝绸之路青铜文化学术研讨会"上指出："几条丝绸之路中，最值得进一步开发、研究的就是南方丝绸之路，在南方丝绸之路文化中起着非常重要作用、居有关键地位的，一定就是三星堆文化。"

五

"危峰峻壑，猿径鸟道，路眠野宿，杜绝人烟，鸷兽成群，食啖行旅。"①。雄峻深峭的群山峡谷与奔流咆哮的江河，深拥雄关漫道，赋予了南方丝绸之路奇险壮丽的地域特点，纵横千里的崎岖山道上，也很早就出现了"高山之舟"——马帮。

马帮、背夫、商人年复一年地行走在这条路上，把华夏文明带到了亚洲大陆的中心。前赴后继的他们，既是生意人也是探险家。他们凭借自己的刚毅、勇敢和智慧，用心血和汗水浇灌了一条通往外部世界的生存之路、探险之路、命运之路。

隐隐约约的马蹄声和马铃的叮当声，总是像跫音一样响在我的脑际，响在记忆深处。一代代孜孜不倦、勇于开拓的粗犷马帮，依然沿着丝路，在历史的深处跋涉着，从未停息。

与"大漠孤烟直"的北方丝绸之路相比，蜿蜒于大西南横断山脉里的南方丝绸之路，更是一条旅程诡谲、环境恶劣、野兽出没、气候反常的生死之路。一步一步，长满青苔和沧桑的路上，不只走着西南地区的土著人，还有来自中原的汉人。

杂乱的脚印，重重叠叠，你的覆盖了我的，我的覆盖了你的。刀兵相向时，是一条战道；偃旗息鼓时，是一条驿道；互通有无时，是一条商道。

云水激荡，山川奇峻，南方丝绸之路的自然地理环境，滋养涵化了生息其间的西南各民族的文化性格，也造就了南方丝绸之路鲜明的区域特色、民俗风情和历史内涵。

李白那一声"蜀道难"，已成遥远的历史叹息。

---

① 引自宋《太平广记》。

历史发展到今天，中国倡导的"一带一路"建设，就是要弘扬古丝绸之路和平友好、开放包容的精神，要探索新形势下国际经济合作与发展的新模式。

《丝绸之路：一部新的世界史》作者、牛津大学拜占庭研究中心主任彼得·弗兰科潘在接受《环球时报》专访时表示："一带一路"强调"合作"与"协作"，中国不是只盯着自己的利益，而是同时重视其他国家的利益，"这就像如果你有一座大理石和金子做成的大房子，但你的邻居却穷困潦倒，那么就会带来问题。最好的办法是拿出一些钱，确保整个'社区'都繁荣，这才符合自身的长远利益。"

"一带一路"这条世界跨度最长的经济大走廊中，大西南尤其是天府之国四川，又迎来了巨大的发展潜力和机会，它见证过古老丝绸之路的繁荣，也必将被赋予更加崭新的时代内涵。

_ 目录

第一辑

文明飞渡

水东门里铁桥横，红布街前机子鸣。日午天青风雨响，缫丝听似
下滩声。

——《锦城竹枝词》

一座蓉城：勾连万里"丝路"

2000多年前，北方丝绸之路上，驼铃声声，商队连绵，大漠漫漫，戈壁苍茫，关山险阻。它东起中国长安（今西安），西至欧洲罗马。

仿佛同声相应，更早时，西南地区商人也像盐一样，撒在南方丝绸之路上。与带有官方性质的北方丝绸之路不同，更早出现的南方丝绸之路，是一条成员更草根、环境更恶劣、气候更复杂、商品更丰富的远征之路。

世世代代延续走在这条路上的，无论男人还是女人，大多是勤劳坚韧的川滇先民。

成都是南方丝绸之路起点

南方丝绸之路的提出，最早见于司马迁《史记·大宛传》所载张骞给汉武帝的报告。

公元前122年，张骞出使西域回到长安，向汉武帝汇报说："臣在大夏（今阿富汗），见邛竹杖、蜀布。问曰：安得此？'大夏国人曰吾贾人往市之身毒（今印度）。身毒在大夏东南可数千里，其俗土著，与大夏

同，而卑湿暑热云。其人民乘象以战，国临大水焉。'以骞度之，大夏去汉万二千里，居汉西南。今身毒国又居大夏东南数千里，有蜀物，此其去蜀不远矣。今使大夏，从羌中险，羌人恶之；少北，则为匈奴所得；从蜀宜径，又无寇。"《史记·西南夷列传》也说："试通蜀身毒国，道便近。"

张骞的意思是，很早以前，在四川和印度之间就有一条"宜径"古道，商人通过这条"无寇"（无匪患）道路，把邛杖、蜀布等四川货物运至印度，更远销阿富汗和伊朗、伊拉克等地区。

张骞建议开通并被汉武帝采纳的这条商道，就是南方丝绸之路，任乃强先生称之为"蜀身毒道"。蜀，是四川；身毒，即印度。

这条古道开通很早，始于先秦、盛于汉唐，它沟通了南下出境至缅甸等东南亚国家，再到印度的民间商道。中国商人以成都的丝绸、临邛的铜器、武阳的铁器等，换取印度的宝石、犀角、象牙、黄金……反过来，以罗马商人为主的商队，不惜长途跋涉到印度，甚至直接来到中国成都，购买成都丝绸等中国货物再拿到中亚、欧洲贩卖。

南方丝绸之路的大规模开辟，比北方丝绸之路要早七八个世纪。它的出现，甚至可追溯到3000多年前的三星堆、金沙时期。

南方丝绸之路以成都为起点，勾连出万里浩荡商道。

四川地处中国内陆，周边均为高山环绕，长期有着"蜀道之难，难于上青天"的困惑，但地理上的封闭，并不能阻止蜀人对外联系、交流的决心和行动。早在先秦时期，古蜀人就突破交通地理对四川的束缚，开辟了三条通道：一是北起成都、南经云南出境至缅甸、印度的南方丝绸之路；二是南起成都，过广汉、梓潼，越大小剑山经广元出川、穿越秦岭，直通八百里秦川的古蜀道；三是从成都沿岷江而下、水陆并进直抵大海的长江水道。

在汉代，通过不断的对外开拓，成都发展成为"五都"之一，是秦岭、淮河以南唯一的工商业大都会，成为当时中国三大经济带交汇点。

近年来考古发掘和历史文献表明，成都自先秦以来，就是中国内陆对外开放的重要枢纽。这种情况下，成都成为南方丝绸之路的伟大起点，也就顺理成章。

成都，不仅是"南方丝绸之路"的起点，也是"西北丝绸之路"的重要起点和中转站，并将南北两个丝绸之路联系起来。

作为四川的政治、经济、文化中心，成都的经济与社会地位的确立早在秦汉时代就已完成。那时成都已是仅次于长安、临淄的第三大都市。成都平原经济发达、物产丰富，具有得天独厚的自然条件，初步具备了国际市场的物质基础。

作为南北两个丝绸之路的枢纽，成都生产的蜀锦、蜀布、枸酱、铁器行销遥远的印度、缅甸、阿富汗乃至地中海流域；海外的海贝、象牙、琉璃、玉器也来到巴蜀大地，使得成都很早就成为一个开放性的国际大都市。

"蜀"字的古代写法，就像一只"蚕"。左思《蜀都赋》曰："贝锦斐成，濯色江波。"

成都的织锦业天下闻名。织锦作坊云集城南一带，设有锦官管理。锦官即公营织锦厂，汉代锦官的位置在笮桥南岸，即今西较场外锦江南岸地区。

巴蜀文化学者谭继和教授认为：唐代织锦纹样设计家窦师纶，在成都任大行台检校修造时，为蜀锦创新设计了"陵阳公样"，堪称对称纹结构的典范，曾引领纺织潮流，不仅在国内流行，在国外也深受欢迎。蜀锦的这种开放姿态，体现了成都这座城市的开放与包容。通过蜀锦，成都印证了自己作为开放之都、生产之都、创新之都、成功之都的事实。

原件藏于美国国会图书馆的中国清朝《四川湖北水道图》，对古代"成都府"的布局做了标注，并特别注明了锦官城：秦灭蜀后，修大城、南北二少城，在少城之西仍修有锦官城，即制锦之所，政府设官主其事，还修有车官城，为造车之处，也设官司其事。《蜀中广记》说："更于夷里桥南立锦官。锦官者，犹合浦之有珠官也。"

三国时期，蜀锦一度成为蜀汉政权重要的财政收入，蜀汉王朝同样在成都设置了锦官、建立了锦官城，主要负责保护蜀锦织造和集中蜀汉王朝的织锦工人。"锦官"二字也因蜀锦闻名天下。

北宋初年，成都府设置了转运司锦院，专门负责蜀锦的转运与销售。宋高宗建炎三年（1129），为了用蜀锦与少数民族交换战马，都大茶马司在成都建立茶马司锦院，并在应天、北禅、鹿苑三寺设置工厂，按买马需要来织造蜀锦，在黎州等地交易战马。南宋孝宗乾道四年（1168），茶马司锦院与成都府转运司锦院合并后，提供交易的织锦也更加丰富。

清末到民国初年，成都的半边街、机房街、红布街等，处处都是织绸缎的作坊，从早到晚机声轧轧。嘉庆年间杨燮所作《锦城竹枝词》描写："水东门里铁桥横，红布街前机子鸣。日午天青风雨响，缲丝听似下滩声。"可见纺织市场的繁荣发达。

从《四川湖北水道图》看，清代的锦城仍在城墙之外，那里是成都织锦业中心，呈现出一派繁华景象。成都府华阳县令周询记载：清末成都所织绸缎不仅销售国内，还远销暹罗、安南（即泰国、越南）等地。

古人的马队要把成都的物品运到国外，非常艰苦，不仅要翻山越岭或者沿江而行，还要经过很多神秘的少数民族部落，同时也会与这些民族地区的居民以物换物。

李希霍芬赞"成都人穿着得体"

蜀道之难，刺激了外界人对蜀中美景的向往，他们怀着强烈的窥探之心，吃尽蜀道上的艰难困苦，进入成都平原温暖迷人的怀抱。其中有些人是直接来成都购买丝绸的。

成书于公元80—89年、由一位希腊人撰写的《爱利脱利亚周航记》，记录了作者通过"蜀身毒道"到成都购买丝绸的经过："过克里斯国（今缅甸白古）抵秦国（即中国）……有大城曰秦尼（即东汉时成都）……由此城生丝、丝线及丝织成之绸缎经陆道……而至巴利格柴（今印度孟买巴罗赫港）。"

19世纪60年代，美国地理学家G.哈巴德来蓉后记述道："商人抱着丝绸忙着赶路，到店铺或到茶馆里去见他们潜在的买主或卖主，小贩们用特别的声调、哨子、小锣、响板招揽顾客。"

1872年秋，银杏飘飞的季节，大街小巷一片金黄。一身体微胖、大胡子、高鼻梁的洋人来到成都，徜徉在大街小巷东张西望。他，就是后来第一次使用"丝绸之路"名称的德国地理学家李希霍芬男爵。

李希霍芬（1833—1905），近代中国地学研究先行者之一。1868年到1872年，他以上海为基地，对大清帝国18个行省中的13个进行了地理地质考察，足迹遍及广东、江西、湖南、浙江、直隶、山西、山东、陕西、甘肃南部、四川、内蒙古诸省区。

李希霍芬看了都江堰后，他少见的诗人灵性被激发出来，盛赞道："都江堰灌溉方法之完善，世界各地无与伦比。"在成都，他给本国友人写信时说："成都是中国最大的城市之一，也是最秀丽雅致的城市之一……街道宽畅，大多笔直，相互交叉成直角。"

街道两旁房屋墙壁处处可见的壁画、雕塑，令这位德国人欣喜不已："这种艺术情趣在周围郊区随处可见，所有旅游者无不为其精湛的艺术而感到惊异……其中一些不愧是中国的艺术杰作。这种优美，在人民文雅的态度和高尚的举止表现得尤为明显。成都府的居民在这方面远远超过了中国其他各地。"①

李希霍芬在给友人的书简里还记录：成都人穿着得体，丝绸是普遍使用的衣料；城内许多店铺出售绸缎、皮毛、银饰、宝石等商品。他还重点说到成都是丝绸的交易中心："川丝的买卖成交量最大，它是成都府

---

① 引自《中国：我的旅行与研究》第三卷。

店铺中最特色的货品。"

他还写道：明清时期，成都每年春天都会在老城区的乾元观、龙兴观和至真观举办蚕市。所谓蚕市，就是交易蚕桑各种相关产品的集市。"蜀中丝织业发达，作为相关产业交易会的蚕市也应运而生，而且和所有的交易会一样，成为一个盛大节日。一到蚕市，成都以及周边县市的男女老少都会跑到这三观来，一方面是求神拜佛，'祈求田桑'，另一方面则是将其当成盛大庙会，人人穿红着绿，游人如织。"

李希霍芬1877年回到德国后，在《中国：我的旅行与研究》书中第一次使用"丝绸之路"这个名称。这一名称，指两汉时期，中国与中亚河中地区及印度之间以丝绸贸易为主的交通路线，泛称整个中西交通。

在古代人的树木信仰中，桑被看成是生殖和繁殖子孙的原始母神。又由于桑叶采了再生、继续不衰的实际现象，使得桑木在古代人的思想里又和"不死和再生"的原始信仰，结合在一起。

成都地区的桑叶远近闻名，这是因为，有着天府之国美誉的成都平原水旱从人，气候湿润，桑叶可以达到三熟，可养三季蚕。就是遇到旱天也能养两季蚕。而南充、眉山、乐山等丘陵地区，则最多能养两季蚕。由于有优质桑叶，成都平原的生丝十分匀净，断头少，一个茧子抽的丝可以达到1200～1500米。

成都在养蚕缫丝方面，还有强大的支援系统。《史记》等文献记载，嫘祖为轩辕黄帝的正妃，她发明了植桑养蚕、缫丝织绢之术，结束了人类以兽皮和植物为衣的历史，被后人称为人文先祖。嫘祖"教民养蚕"与仓颉"初造书契"（造字）、"服牛"（驯牛耕地）、"作衣裳"（麻葛制衣）等一样凝结了中国古代劳动人民的生活智慧。

在四川盐亭县打造的嫘祖文化广场壁画上，我们总能看到这样的故事：当年嫘祖在桑林中采摘桑葚，发现了散布在桑野间的白色蚕茧，她像吃桑葚一样把它放入口中，温热的唾液浸湿并溶解蚕茧，渐渐理出丝绪，牵拉出长长的丝线……

文人笔下的成都"蚕市"

"东风雨洗顺阳川，蜀锦花开绿草田。"许多文化名人的笔下，都书写记录了成都作为商业都会的盛景，其中也有写到成都"蚕市"的兴旺繁忙。比如，唐代诗人仲殊的《望江南》：

成都好，蚕市趁遨游。夜放笙歌喧紫陌，春邀灯火上红楼。车马溢瀛洲。

人散后，茧馆喜绸缪。柳叶已饶烟黛细，桑条何似玉纤柔。立马看风流。

唐代时四川蜀王、诗人王建在《簇蚕辞》中，生动记叙了养蚕户在老蚕作茧前的忙碌和祈望：

蚕欲老，箔头作茧丝皓皓。
场宽地高风日多，不向中庭燃蒿草。
神蚕急作莫悠扬，年来为尔祭神桑。
但得青天不下雨，上无苍蝇下无鼠。
新妇拜簇愿茧稠，女洒桃浆男打鼓。
三日开箔雪团团，先将新茧送县官。
已闻乡里催织作，去与谁人身上着。

南宋陆游的《汉宫春·初自南郑来成都作》，也很有意思：

羽箭雕弓，忆呼鹰古垒，截虎平川。吹笳暮归野帐，雪压青毡。淋漓醉墨，看龙蛇飞落蛮笺。人误许，诗情将略，一时才气超然。

何事又作南来，看重阳药市，元夕灯山。花时万人乐处，敧帽垂鞭。闻歌感旧，尚时时流涕尊前。君记取：封侯事在，功名不信由天。

　　成都的美景和商业繁忙的景象，让陆游一时有些忘乎所以，他神态轻松，斜戴着帽子，提着马鞭，让马儿随意漫步。

　　陆游在诗里谈到了成都的药市、灯市、花市，这是很有历史渊源的。这些定期举行的专业集会，不但是成都及附近人们交换商品的场所，更吸引着全国乃至外籍商人来做生意。唐宋时期，十二月市上贩卖的很多商品，都是"成都造"，如锦市和蚕市上的蜀锦。各个月份的市场其实都是百货交易。能进行百货交易，说明物产丰富，很多主打产品都是外销产品。

　　成都武侯区原簇锦桥北桥头，有个建于清咸丰四年（1854）的碑亭，碑亭内有两组石碑，每组由四块同规格的石碑组成，碑体两面均刻有碑文，石碑上有"大清咸丰"字样，除了记录成都簇桥的丝绸繁华以及和外埠的商业交流，还写有当年参与修碑的社会贤达的名字，如创立槐轩学派的学问大家刘沅。如今，这块石碑闲置在了簇锦公园左侧的停车场。

　　2017年初，出于向伟大的南方丝绸之路致敬，成都新都区天回镇修建了锦门丝绸特色小镇，仿造成都北大门、劝业场、锦华馆、老邮局、老南门吊脚楼、谢无量公馆等老成都历史建筑，建成南方丝绸之路起点纪念广场、纪念碑、丝绸文化商业街区、南丝绸之路纪念公园等，活态呈现栽桑养蚕、缫丝织绸、丝织印染体验区、蚕神祭祀、体验文化等。一到周末，许多大人就带着孩子们来这里观光游玩，也学习一些南方丝绸之路方面的知识。

蜀锦是丝绸之路上重要的商品之一。这种用桑蚕丝为原料的丝织品，从诞生起就与贵重画上了等号："锦衣玉食"。

一张蜀锦，隐藏一个巨大秘密

我国现存最早的地理著作《尚书·禹贡》所记载全国九州中，有六个州的贡赋与丝织品有关。公元552年，拜占庭派景教僧人到中国，将蚕种暗藏在竹杖内偷运回国，西方才开始养蚕缫丝。公元12世纪十字军东征，养蚕缫丝才从中国引入欧洲；从此，意大利、法国、英国先后成为欧洲丝绸业中心，比中国已整整晚了4000多年。

古代蜀地，养蚕业和丝织品制造算是领军全国，名声远播。甲骨文中，"蜀"字就是蚕的象形字。第一代蜀王名为蚕丛氏，蜀的兴起在一定程度上应归功于蚕。

蜀锦是丝织品里的顶级产品，最早被称为"锦绣缎"。蜀锦与南京的云锦、苏州的宋锦、广西的壮锦一起，并称中国四大名锦。

蜀锦"五星出东方利中国"

2019年1月13日，央视文博节目《国家宝藏》第二季讲了一个故事：1995年10月，中日联合尼雅遗址学术考察队，在新疆和田地区民丰县精绝古国遗址进行考古挖掘，几个月来挖去挖来，一直没有什么新的发现。

考古人员快要失望时，挖开一座汉墓，里面是两人合葬遗骸，男尸右臂上缠有一块花花绿绿的布块。大伙儿一惊：这不会是汉代的织锦护臂吧？

考古人员将织锦护臂取下来，发现护臂上的符号里绣有八个字："五星出东方利中国"。字面意思是说：当五星会聚时，局势将有利于中国。

这半句话到底是什么意思呢？专家们运气好，又在男尸的裤子上发现了剩余的文字，一共21个，拼凑完整是："五星出东方利中国，讨南羌，四夷服，单于降，与天无极"。

在汉朝，衣服的颜色是很讲究的，不像现在王府井的女孩儿想穿啥颜色天王老子都管不着，那时大多选择黑灰暗色，过于炫丽引人注目，会被人指指点点。奇怪的是，那块长18.5厘米、宽12.5厘米的织锦护臂，用白、赤、黄、绿四色在青地上织

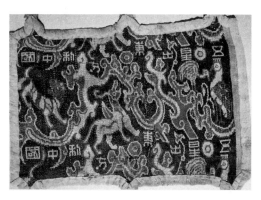

蜀锦"五星出东方利中国"

出极鲜艳的图案，纹样上有凤凰、鸾鸟、麒麟、白虎、芝草、庆云、五星等图案。

专家们结合《史记·天官书》《汉书》等研究，发现这张看似普通的织锦，竟隐藏一个巨大的秘密：色彩斑斓，图纹诡异，是因为当事人心情高兴——庆祝打赢了一场战争。

原来，汉朝统治者开疆拓土、威加四海，很多少数民族部落屈服于汉朝的统治之下，甘愿臣服朝贡。公元52年，位于凉州、陇西的5万多南羌部落突然联合逆反。这突如其来的战争，让西汉王朝十分被动。

一名叫赵充国的76岁老将军主动请缨，希望可以带兵平定叛乱、报效国家。汉宣帝考虑到赵充国年事已高，不敢冒险将兵权交给他，毕竟平定西蛮很重要，稍有差池，其他部落将难以信服，将会威胁到西汉的

统治。但其他人又不想接手这个烫手山芋。

当晚，汉宣帝请天象大师占卜卦象，答曰："赵充国将军将会平定蛮夷，大败敌军，班师回朝，胜利归来。"占卜依据为："五星出东方，中国大利，蛮夷大败。太白出高，用兵深入敢战者吉，弗敢战者凶。"翻译过来就是，这次出兵对帝国来说只有利好，叛军将会被消灭。

汉宣帝欣然将兵权交给赵充国。赵充国出征凉州，通过招降、离间等计谋，瓦解了3万多蛮夷，一举出击，取得平叛战争的胜利。

汉宣帝听闻前方捷报，龙颜大悦，命史官将这事儿记载下来。墓室的男主人大概就是此事的见证者。

当时的人们，为了赞誉赵将军也为了帝国的强盛，纷纷把"五星出东方利中国，讨南羌，四夷服，单于降，与天无极"几个字做成图案鲜艳的衣物、饰品并随身佩戴，以示庆祝。

没想到，一块小小的五星锦记载着汉朝一件平乱大事。

老官山汉墓的惊人发现

央视《国家宝藏》节目现场，中国丝绸博物馆馆长赵丰，带来了一台织造出"五星出东方利中国"的汉代提花机复制品（**看上去像是挂满了面条**）。他说，诞生于2000多年前的"二进制"聪明织机，就出自成都。这台汉代提花机能够还原成功，有个至关重要的因素，就是"2013年度全国十大考古发现"成都老官山汉墓的发掘。

2013年8月，在成都地铁3号线天回镇老官山建设工地，发现了一处西汉墓葬，成都市文物考古工作队随即进行抢救性发掘，共清理出西汉时期土坑木椁墓4座，现场发掘的4部竹木制织机模型非常罕见，是在我国考古历史上的首次发现。

这4部织机模型，是在编号为M2的墓室底箱内发现的，墓主人是位50岁左右的女性。4部织机中，一部织机略大，高约50厘米，长约70厘米，宽约20厘米；另3部织机则略小，大小相近。

赵丰说，出土的4部织机模型，是目前未曾见过的蜀锦提花机模型，是迄今我国发现的唯一完整的西汉时期织机模型，也是世界上最早的提花织机模型，代表了当时纺织手工业的最高水平，对研究中国乃至世界丝绸纺织技术的起源和发展具有重大意义。

在织机模型周围还有15件彩绘木俑，从它们的姿态上能想象出汉代蜀锦纺织工厂的盛况。

成都博物院院长王毅认为，这些织机的发现，填补了中国乃至世界纺织史上的史料缺憾。老官山织机的发现，也可以印证成都就是历史上南方丝绸之路的起点。

老官山汉墓织机模型的出土，重塑了四川在丝绸之路上的地位：四川的蜀锦与丝绸产品，是丝绸之路上最重要的商品之一，丝绸之路的主线与四川成都相连接，其重要地位不可替代。

另外，成都的曾家包东汉一号墓葬内，还出土了画像石上的织造图，图中妇女使用的斜织机，是汉丝织业中普遍使用的机具。《后汉书》载：蜀地"女工之业，覆衣天下"。

这些古老的蜀锦织机实物，全国仅存清嘉庆、道光年间成都机房所用的两台，一台保存在中国历史博物馆陈列大厅，一台在四川省博物馆陈列展出。

2006年底，蜀锦织造技艺经国务院批准，列入第一批国家级非物质文化遗产名录，2009年入列"世界非物质文化遗产名录"。

蜀锦：世界最早的缎织精品

蜀锦，是一种蜀地尤其是成都地区生产的丝织提花织锦，大多以经线彩色起彩，彩条添花，经纬起花，先彩条后锦群，方形、条形、几何骨架添花，对称纹样，四方连续，色调鲜艳，对比性强，是一种具有汉民族特色和地方风格的多彩织锦。

东汉末刘熙《释名》说："锦，金也，作之用功重，其价如金，故其制字从帛与金也。"锦，是"织彩为文"的彩色提花丝织品，是丝织品中最精致、也是最绚丽的珍品。

西晋文人左思在《蜀都赋》里写道："圜阓之里，伎巧之家；百室离房，机杼相和；贝锦斐成，濯色江波……"对汉代至三国时期成都蜀锦业的发达和精美品质作了描述。

"濯锦江边两岸花，春风吹浪正淘沙。女郎剪下鸳鸯锦，将向中流匹晚霞。"唐代诗人刘禹锡这首《浪淘沙》，生动描绘了成都锦江沿岸一幅世俗生活图景：春天的锦江两岸，集中了数以千计的女子，她们用纤纤玉手将一匹匹新出的锦缎放到江水中濯洗，江水色如锦绣；锦官城的大街小巷中，织锦工人搭起晾晒织锦的架子，彩色的锦缎在风中飘扬，江水中流动的色彩和江岸飘动的色彩相互辉映。

宋代诗人赵以夫的《天香·牡丹》，写出了古老蜀锦的制作过程以及深宫女子穿着蜀锦衣裳，既为自己的美丽着装感到心情怡然，也暗叹韶华易逝，生命无常："蜀锦移芳，巫云散彩，天孙翦取相寄。金屋看承，玉台凝盼，尚忆旧家风味。生香绝艳，说不尽、天然富贵。脸嫩浑疑看损，肌柔只愁吹起。花神为谁著意。把韶华、总归姝丽。可是老来心事，不成春思。却羡宫袍仙子，调曲曲清平似翻水。笑嘱东风，殷勤劝醉。"

蜀锦天下驰名，得益于锦江的好水质。古人说，蜀水有八异："一是蜀江濯锦；二是青城泉水分甜淡，在一天中分时辰交错通出；三是峨眉水色黑白二分，被称为黑龙江和白龙江；四是夔门峡石，人呼之则流；五是羊角滩，人噪之则水沸；六是临邛化火，最早发现天然气井；七是犍为化油；八是巫峡煮茶。"

这八异中，成都占了蜀江濯锦、青城泉和临邛火井三绝。

成都的锦工将处理后染成的丝线与其他丝织产品，放在城南流江中洗濯，就地挂晒，晾干。丝织成品色彩鲜丽，十分美观。锦江沿岸，即成染后洗涤集中地，故称"濯锦江"或"锦江"。晋时常璩《华阳国志》把蜀锦与蜀绣并列，誉为"蜀中之宝"。

蜀锦，兴于春秋战国而盛于汉唐，因产于蜀地而得名，在传统丝织工艺锦缎的生产中，历史悠久，影响深远。秦汉时，蜀地的丝绸业就达到了很高的水平，湖南长沙和湖北江陵出土的战国织锦和刺绣，即是古蜀国运去的产品，与四川炉霍县卡莎石棺葬内发现的蜀地织品相似。

陈显丹《论蜀绣蜀锦的起源》一文指出：西汉张骞出使西域时，在大夏看见的"蜀布"就是蜀地生产的丝绸。扬雄《蜀都赋》说蜀地"黄润细布，一筒数金"，说蜀地丝绸以黄色的品质尤佳。印度前任考古所所长乔希（M.C.Joshi）先生曾指出，古梵文文献中印度教大神都喜欢穿中国丝绸，湿婆神尤其喜欢黄色蚕茧的丝织品，这种黄色的丝织品，应该就是扬雄所说的"黄润细布"。

蜀锦图案的取材广泛、丰富，诸如神话传说、历史故事、山水人物、花鸟禽兽等。

古代成都的蜀锦生产，集中在锦江万里桥上游锦江南岸一带，在此设锦官予以管造。这里生产的蜀锦，不仅从万里桥码头经锦江水路运往下游各地，更通过万里桥向西南的通外大道运往中国南方及西方亚欧诸国，成为南方丝绸之路的主要货源。

作为古代南方丝绸之路的起点，成都的丝织品随马帮、船运从万里桥出发，南下经过云南到达东南亚、南亚。这条路上，商人们将蜀锦、麻布、邛竹杖等货物销往缅甸、印度以及中亚、北非和欧洲。

诸葛亮当年靠蜀锦筹军费

蜀绣繁荣的历史，也是南方丝绸之路繁荣的历史。春秋战国时期甚至更早，西蜀以成都为中心，蜀锦业就已开始兴盛。

公元前316年，秦并巴蜀后，开始逐步兴建成都城。在城东筑了周长

12里、城墙高7丈的"大城",为蜀郡官府首脑地;在城西筑了"少城",系手工业、商业集散地,设有盐铁等税收机构。稍后,又在城外一个叫笮桥南岸(今西较场外锦江)的地方建了锦官城,是一家专事蜀锦生产与管理的国家工厂。

随着秦汉"西北丝绸之路"的开通,蜀锦又通过蜀道往北走,运送到"北方丝绸之路"的起点长安,或通过汶灌道、叠潘道等直接与西北丝绸之路相通,再转运至西域、北非和欧洲诸国。这些路段,很多是与茶马古道交集使用的。

两汉时期,成都是西南最大的商品经济活动中心。左思《蜀都赋》对精美的蜀绣描述道:"发文扬彩,转代无穷""货贿山积,纤丽星繁""喧哗鼎沸,嚣尘张天",称成都是全国"五都"(五都为洛阳、临淄、邯郸、宛、成都)之一。

三国时期,诸葛亮十分注重农桑,设"锦官"管理织锦产业,使蜀锦有了很大发展。他在北征曹魏时提出"决敌之资,唯养锦耳"。说蜀锦在当时不仅是对外贸易的商品,也是军费开支的重要来源,没有钱这"北伐"就打不下去。南朝刘宋人山谦之在《丹阳记》中评价说:"历代尚未有锦,而成都独称妙。故三国时魏则市于蜀,吴亦资西蜀,至是乃有之。"

蜀锦也是三国时蜀汉对外贸易的主要商品,成为当时蜀汉政权财政收入的大宗来源,蜀汉王朝还专门设置了"锦官"以集中织锦工匠,管理蜀锦生产,并且特别筑城以保护蜀锦生产,称为"锦官城",简称"锦城"。四川大学建筑与环境学院前副院长周波教授根据画像砖和文献考证,锦官城就在今天的成都百花潭公园一带。

诸葛亮在居家住地、后称"葛陌"(今成都双流区东北)的地方,种桑八百株,用手植的行动号召人民种桑养蚕。诸葛亮南征时,又将蜀锦织造技艺传授给当地百姓,使西南少数民族地区织锦技术有了很大发展。直到蜀亡,国库尚有锦、绮、彩、绢各二十万匹,织锦业之繁盛可见一斑。

到了唐代，成都的"少城"为商业最发达的城区，商品货物琳琅满目，店铺鳞次栉比，蜀锦远销境外。唐玄宗时期，成都一次性送往京城的丝绸织品就达10万匹。成都等蜀中所生产的丝织品不仅能够满足蜀地官民的需求，还大量向外输出，特别是通过西北丝绸之路向西域和欧洲等地输出。新疆阿斯塔那唐墓出土联珠纹锦半臂的着衣俑蜀锦，是中国染织传统工艺的重要组成部分。这些精美的蜀锦，通过丝绸之路和其他贸易途径广泛流传到海外。如唐代蜀锦大量流入日本，许多"蜀江锦"被日本视为国宝。至今在日本正仓院、法隆寺等还珍藏着唐代蜀锦。

宋代蜀锦以冰纨绮绣冠天下，技艺之精湛、锦纹之精美，不仅继承了唐代的风格，更有了创新和发展。元费著《蜀锦谱》引《游蜀记》记载："成都有九壁村，出美锦，岁充贡。"成都还专门设有"成都府锦院"，主要生产皇室用锦、贸易用锦，品种有八达晕锦、灯笼锦、曲水锦等。《蜀锦谱》还专门记述了宋元丰六年官办锦院织锦和民间机户织锦情况及其变迁，其中对宋代蜀锦的品种和花样的记述，是古代文献中最为系统而详尽的。

明清时期，蜀地织锦业发展几经起伏。清中期以后，蜀锦业有了较快发展。据清人刘锦藻《清朝续文献通考》记载，清光绪年间，成都有机房二千处，织机万余架，织工四万人，丝织品占全川总额百分之七十。晚清时期，蜀锦的染织技艺已达炉火纯青地步，诞生了"月华""雨丝""方方"等名锦，并称"晚清三绝"，在国际上享有盛名。清宣统元年，蜀锦参加南洋博览会，获得"国际特奖"。

除蜀锦外，成都蜀绣也名扬天下，蜀绣又称"川绣"，与苏绣、湘绣、粤绣齐名，被称为中国四大名绣，与蜀锦并称"蜀中瑰宝"。蜀绣也跟蜀锦一样，发展很早。春秋初期，蜀国人用麻线织造成蜀布，用蚕丝织造成帛，开始有蚕丝织品，继而出现了民间的刺绣。最早记载蜀绣的文字，出于西汉文学家扬雄《补绣》诗，表达了作者对蜀绣技艺的赞誉。

　　蜀锦北去，盐铁南走，金玉东来，茶叶西行。沙漠驼峰间曾经闪烁着成都的光彩，深山马背上曾经透彻着成都的滋味，大海帆影下曾经昭示着成都的信仰。成都与世界连成一体，千年丝路是一条高蹈云天的迤逦纽带。

成都美女白如霜，结伴携筐去采桑。一岁蚕苗凡七出，寸丝那得做衣裳。

——宋·汪元量《蚕市》

簇桥上空，消失的机杼声

这些年，四川好几个地方在"抢"南方丝绸之路的起点：新都、广汉、双流、阆中……均拿出各自考古依据和文献史料，声称"起点"非己莫属。更多专家坚持认为，南方丝绸之路的起点，是在成都武侯区的簇桥镇。

簇桥镇，又名簇桥，始建于三国时期，位于成都市西南郊区，是古时成都西通康藏、南接滇缅的重镇。

如果说，万里南丝之路是一条架设在川滇乃至境外的商贸大桥梁，簇桥就是这道桥梁极为重要的桥头堡之一。

今天的成都武侯区，因古南方丝绸之路贯穿其境，所辖红牌楼、簇桥、金花、机投等乡镇，均与这条远征古道连上关系。其中，南丝绸之路直接从中穿过，并在历史上形成大规模丝绸生产的簇桥，影响力非同一般。

瞿上城"蚕市"迁居簇桥

要说清楚簇桥是南方丝绸之路的起点，必须先宕开一笔，交代一下相关历史背景。

简单说，最先的"起点"不是在簇桥，源头是在岷江上游的茂县一带。只不过那时，还没有南丝之路这个概念。

远古时代，在川西高原的茂县叠溪（今属阿坝州）有个蛮夷性质的冉族人，冉族人中有个分支叫蚕丛氏。蚕丛氏不像其他远古部落喜欢居住洞穴，而是住在用石头修垒的"邛笼"里。随着农耕文明在茂县和汶川一带的兴起，蚕丛氏逐渐走出大山，沿岷江南下，来到水草丰美、土地肥沃、阡陌纵横的灌县（今都江堰）。再后来，又从灌县迁徙到成都平原。

簇桥旧时的手工缫丝

在美丽富饶的成都平原，蚕丛氏以农桑治国，把养蚕文化从山上带下来，发扬光大于异乡，缫丝技术得到空前繁荣，并因此影响了周边部落效仿养蚕，发展生产。

蚕丛人以蚕桑兴蜀，连《诗经》也有赞誉："娟娟者蜀。""娟娟"是美好闪亮的意思。传说蚕丛人长相奇特，眼睛尤其突出，晋《华阳国志·蜀志》曰："有蜀侯蚕丛，其目纵，始称王。"许多学者据此与三星堆"纵目人像"作比较，推断三星堆遗址出土的纵目人像，很有可能就是蚕丛人的原型。

蚕丛氏的首领称蚕丛王，被称为"古蜀第一王"。蚕丛王建都的地方在哪儿呢？在成都双流区的"瞿上城"，也就是今双流城南十八里处的牧马山境内。《双流县志》和文献资料认为，瞿上城具体位置，应该在胜利、黄甲一带。

于是，蚕丛氏下山入住成都平原，才拉开了古蜀国的历史大幕。蚕丛之后也才有了鱼凫、三星堆、金沙等古蜀文明。

从蚕丛王的"瞿上城"到鱼凫王的"鱼凫城"，再到三星堆、金沙古蜀文明，这是一条艰难迁徙、一脉相承的历史承袭路线。从"教民养蚕"的蚕丛到"教民捕鱼"的鱼凫，再到"教民务农"的杜宇、治水的开明，都和栽桑养蚕和农业生产有关，栽桑养蚕和农业生产越是发达，妇女的地位越是较高。

那么，这些跟簇桥有什么关系呢？有。

成都双流区文史研究者熊德成，坚持认为"双流是南丝之路起点"。他认为，古蜀国先王鱼凫，早期在双流牧马山"瞿上城"做过王，后到温江立过城，再后迁徙到广汉三星堆建过都。鱼凫走后，瞿上城仍作为一座城市而存在。后来杜宇王也曾将瞿上城做过都城。

熊德成说，瞿上城早在蚕丛部落时代，就建立了"蚕市"，到鱼凫王时代，这个市场都应当一直保持着，它是当时丝织品、丝锦品的集散地。秦统一蜀地后，随着成都被进一步开发，原本是丝绸生产重地的瞿上城受到冷落，渐渐转移到双流广都地域的簇桥一带。不过当时那里不叫簇桥，而是叫"竿桥"。到了唐代，竿桥成为蚕丝的交易大市，改名为"簇桥"。

从栽桑养蚕到缫丝织锦

簇桥的"簇"，在古代有"蚕簇"之义。蚕簇，多用油菜秆、麦秆等扎成，供蚕吐丝做茧之用。簇桥的"锦"，与成都别称锦城的"锦"在含义和渊源上同出一辙，都与蜀锦生产贸易密切相关。"簇桥"二字合一起，就是"桑蚕丝绸之乡"之意。

成都市武侯区地志办原主编孙丹木著文说，簇桥附近的百花潭，曾出土一件战国时制造的"宴乐水陆攻战纹铜壶"。铜壶上镌有精美的采桑图：茂密桑园里，一群婀娜多姿、身着长裙、梳着长辫的少女和绾着高髻的妇女，忙着采摘桑叶，她们有的攀树采摘，有的站在树下用长竿做钩摘状，有的手挽竹篮、头顶筐篮待运所采摘桑叶，还有的在树下击鼓歌唱，翩翩起舞助兴……可见早在战国时期，簸桥所在的成都地区栽桑养蚕之兴盛。

两宋时期，簸桥的蚕市十分兴盛。《华阳县志》载："每新丝熟时，乡人鬻茧，及商贩贸易者麇集，官为征税，岁额常数万金。"南宋诗人汪元量《蚕市》云："成都美女白如霜，结伴携筐去采桑。一岁蚕苗凡七出，寸丝那得做衣裳。"大街小巷，漫漶着浓郁轻快的世俗生活氛围。

秦朝以后，随着南方、西北、海上丝绸之路的拓展畅通，为满足国内外市场不断增长的丝绸贸易需求，成都锦官城蜀锦生产不断向郊外扩展转移。于是，处于近郊南方丝绸之路要道口的簸桥、机投（从织锦"机头"演化而来）等场镇，便从栽桑养蚕之乡发展成缫丝织锦之镇。

两汉时期，簸桥生产的蜀锦名声远播，绣制品的图案尤其丰富，常见的有挂在祝寿台上的"八洞神仙"，祝贺孩子满月用的"麒麟送子"，绣在被面上的"龙凤呈祥""鲤鱼戏水""喜鹊闹梅""池塘荷花""桃李芬芳""石榴花开"等蜀锦精品。

到了唐代，成都桑蚕、丝织业均达到鼎盛时期。当时簸桥地区蚕丝所制成的蜀锦，已成为朝廷的贡锦。不过在此后较长一段时期，由于南方丝绸之路受阻，时断时续，成都丝绸更多的是经北方丝绸之路运往国外的。

孙丹木还指出，在新疆博物馆内，藏有国家一级文物、唐代丝织物残片"连珠龙纹锦"。残片背面有墨书题记"双流县，景云元年，折调细绫一匹，八月官，主簿史渝。"这是迄今国内出土的丝织物中唯一记载有出产地的文物。景云元年也就是公元710年，当时的簸桥镇还隶属于双流县。

从宋代和元明时期，簸桥镇蚕桑、丝织并驾齐驱，持续发展成重要产业，也成为当地民众家庭的重要经济来源。因而簸桥场镇规模、面貌和民众生活都远在周边其他场镇之上。

元明时代的簇桥，真有一座桥，为竹索桥即笮桥，与灌县的笮桥相同。明惠帝建文年间（约1400年）改建为五孔石拱桥，跨度30米，桥下可行船，两边有石栏杆。无论东路的资州（今资阳），北路的潼川（今三台），南路的嘉州（今乐山），西路的灌县，还是陕西、湖北、江西、广东等地的丝绸商人，均浩浩荡荡云集古镇，每晚10时后仍然灯火辉煌。这座石栏杆桥在1972年被改建成水泥平桥。

杨正浦编著的《簇桥乡志》记载：清乾隆时期，成都官署曾在簇桥设劝业道，尤重蚕事。当时簇桥的丝绸业生产、加工经营户最多时达到300余家，从业工匠达到5000～6000人。丝绸业逐步转为生产和交易生丝。四川东路、北路、西路的生丝，主要在这里交易。南路和成都的丝织业主需在这里采购生丝。集市交易，久盛不衰。

清末，簇桥主要生产水丝、黄丝、白丝等品种，其中有一家大户罗福安，常年有固定工人300余个；另有一家专门加工水丝的老板胡海庭，亦雇有工人50～60人。

随着交易市场的扩大，丝绸店铺不断增多，形成簇桥独具一格的"簇桥八锦"，分别是望锦海潮、龙井二泉、石牛卧波、簇锦凉风、寒鸦蔽日、玉树参天、五桂飘香、新桥飞堰。有趣的是，2018年5月，社区曾国荣、冯天魁两位老人根据文献和口述史，完成了对"簇桥八景"图文还原，已作为龙井社区博物馆的墙上浮雕展示。

民国初期，簇桥古镇分为三段，上场、中场、下场，中间由三道木栅门隔开。当地有句俗语："上场顶子，中场银子，下场棍子。"上场是达官贵人聚居之地，中场是丝店与会馆汇集之处，下场是袍哥大爷和苦力们的居所。三道木栅门清晨5到6点开启，晚上11点关门。当时中场有丝厂近20处，其中久负盛名的就有恒丰店、泰安店、泰顺店、泰兴店、恒泰店等5家。据1911年统计，当时镇上从事纺丝织锦的多达300余家。

行业帮会，职能泾渭分明

成都丝锦产品，保证着南方丝绸之路绵延不断的货源供给，对古蜀的经济发展起到了重要支撑和促进作用，也表明农耕文化这时已大步发展并上了新的历史台阶。

2014年秋天一个下午，我和民俗学家刘孝昌在成都肖家河喝茶。这位土生土长的"老成都"年近八旬，但记忆力强，思路清晰。孝昌先生小时候在簇桥镇当过童工，那些拧架子、剁刀、滑档子、棕架子、棕板、棕梁、棕棍、弹毛、纺线、织布等手艺，他都学，就像左手摸右手一样，熟悉得很。

刘孝昌说，20世纪40年代初期，在簇桥中街的刘家大丝店的正门，挂着一副蓝底黄字的对联："水火同工小天地，经纶巧制大文章"。形象展现了当地丝绸生产的规模和蜀锦品相的华丽。

得益于桑蚕业兴旺和丝锦业繁荣，簇桥也是一个集合了外来文化的地方。最明显特征是，从清末开始，这个古老场镇就兴建了很多会馆，也成立了各种互帮性质的同业公会。

这是因为，清末宣统年间，除了省内的商人前来簇桥交易丝绸，还有一些外地客商如广东、江西、陕西、湖北等地的丝商，也来到这里经营，久而久之，就在场镇陆续修建了湖广馆（*禹王宫*）、广东馆（*南华宫*）、江西馆（*万寿宫*）、陕西馆（*帝祖宫*）。这些会馆，用今天的话来说，就是驻蓉办事处。

《簇桥乡志》"古建筑"篇对这些会馆的形制作了介绍：均为三开间院落式，大门临街，左右两间为次间，开间宽大。整座房屋为二至三进深，内部都有一大一小两个天井。院落内一般无戏台，但其后院均有十分宽敞的院坝，栽培着花卉、竹木，均为砖木结构的四川民居风格。

最气派的是，簇桥老镇西边的湖广会馆。湖广会馆为歇山屋顶，正檐翘角，正脊高大，瓦脊上塑有火柱、鸟禽雕饰。整座会馆深三进，双天井，四周有走廊、厢房相连，柏木房架高大粗壮。会馆对长幼尊卑的居住有明确规定，上方正屋一房一底，是安置祖先牌位和议事用房，两边厢房为同乡人住房，院内上房为长辈居住，过厅后两侧厢房才为晚辈居住。

由于簇桥丝业的发达，民国初年，缫丝工一度形成了自己的帮会。不同帮会的职能泾渭分明。比如，绞丝工有自己的帮会，名太阳会，因为晾丝需要晴天，太阳会供奉皇帝。每年农历五月十三日，是太阳会的会期，穷人可以借庙办会。穷兄弟伙们凑在一起，商量今年工钱如何，重要的是大家一起吃顿饭，虽然请不起戏班子，但能在簇桥的木鱼庙或关帝庙中看一场灯影戏或木偶剧，也其乐无穷。

又如长机帮，也就是小老板和熟练工组成的"三皇会"，供奉伏羲、神农、燧人三位大神。入三皇会的人必是手工业者，至少有1到2张机子。每年九月十六日是三皇会的会期，办会很气派，或在南府街的川主庙，或在簇桥的瘟主庙。交几吊铜钱就可吃上九斗碗，还能欣赏乡班子早、中、晚三场大戏。

至于太阳会，则是祈求天气晴好、多出太阳，以便于晾晒蚕丝和新濯丝绸。

每年九月九日，簇桥织锦业商会和同业公会还要祭祀"机神"嫘祖，举办隆重的祭祀活动，大伙在万年台演川戏并设宴招待会员，联谊同乡商友，以增进乡情和行业友情。

簇桥上空的机杼声消失了

刘孝昌说，簇桥人对缫丝技术非常看重，曾经研究出很多出色的操作手法。

比如，在鼎锅里煮上沸水，先将一箩蚕茧放入沸水中，滚烫的水可以让蚕丝脱胶，用一根长竹筷在锅中搅动，蚕丝的头就能随着搅动渐渐从茧子中脱出。这个过程名为"索绪"。然后，将十来根蚕丝凑成一股搭在鼎锅上的竹架上，摇动竹架的摇手，一边绞一边理蚕茧，以防止抽丝过程中打结，是为"理绪"。如果碰到断头丝，或者其中一只蚕茧抽完了，还要找根新丝添上，是为"添绪"。

"女工们手工劳作一整天，不过得到一两个小钱，买2个锅盔（即四川面饼，中有肉菜）就洗白（方言：没有了）了。一把丝能织4~5匹缎，价值200两雪花银。"刘孝昌说。

技术方面，簇桥人在明清时期就在蚕丝加工技艺上有了新突破，发明了"出水干"美丝法，使缫出的丝能快速干燥不粘连，蚕丝白净柔软。清代末期，成都从西方引进蒸汽动力缫丝机，进入工厂化时代，这应该是四川古代与近代缫丝机器的分水岭。

过去，成都的缫丝作坊盛行一种老少咸宜的游戏"缠丝绞绞"。这种民间游戏的玩法是：取2~3个茧子用开水泡上，小碗儿盛着，再将一根竹筷剖开，底部用线缠好，开口处支一根小火柴棍，就成了简易的绞丝工具。手艺好的女孩，能将两三个蚕茧的丝完完整整地绞完。

"春天忙得要死。"刘孝昌说，作为成都地区的缫丝中心，每到春季，会迎来一年中最忙碌的季节，所有蚕茧必须在这几个月内缫丝完毕，否则等蛹孵化成蛾，将蚕茧咬开，生丝就会变成断头丝。

这样一来，人手就不够了，各大丝厂、丝店拼命招揽四村八店的村民。连刚生孩子的新媳妇、扎毛根头发的小女孩子、走路都趔趄的老太婆，都披挂上阵，反正能干动活儿就行。喧嚣人气和作坊的劳作气流汇合一起，车水马龙，热热闹闹。就像王建诗里写到的"新妇拜簇愿茧稠，女洒桃浆男打鼓"。此时的簇桥，商铺客栈林立，车船往来如梭，机杼声日夜不绝，为古老小镇平添了一道生机。

"如果谁家的生丝能早于别家上市，就能卖个好价钱。前来帮工的女人孩子们，终日把手泡在沸水中，忙着缫丝，把手儿泡得又白又肿。至今，有些老簇桥人的双手一到冬天就发作关节炎，就是那时落下的毛病。看了让人心疼。"刘孝昌介绍。

《簇桥乡志》记载：20世纪30年代末到40年代中后期，因日本生产的人造丝绸大举入侵，加上连年军阀混战、抗日战争，成都养蚕丝绸业逐渐趋于凋敝。40年代末期，因受国际市场蚕丝价格下降的影响，成都养蚕丝绸业趋于凋敝。到1950年，镇上仅存丝绸店铺六家，1966年后则消失殆尽，最终停止了种桑养蚕和丝绸生产。

光阴荏苒，在时代的变迁中，簇桥镇青石板路被柏油马路所替代，织造坊的原址上矗立起现代化厂房。织工们也放下手中的梭子，成为流水线上的工人。纺织之乡"不闻机杼声"久矣。但簇桥镇2000多年桑蚕丝绸业发展历史，随同南方丝绸之路的辉煌历程，成为成都历史上的一道独特风景，一直铭刻在老成都人的心里。

曾几何时，金花俨然是一座丝绸和其他物品的大库房，任2000公里长的南丝路怎么搬也搬不完，怎么装也装不满……

金花老镇：南来北往"大戏台"

沿成都川藏公路，从簇桥向南往双流走，经过的第一个镇就是金花镇，要跨过的第一座桥梁，就是金花桥（今属成都双流区）。

金花镇又名"牛饮市"。沿古镇河岸走，有一条街名很雅的"映月街"。映月街附近是著名的金花桥。金花桥又称九洞桥、牛饮桥，是古南方丝绸之路上一座重要桥梁。桥下是波光粼粼的江安河，当年舟楫往来，货运繁忙。

史书记载："金花此地，自古以来，为藏卫要冲，休憩之所。"西汉时蜀中才女卓文君曾居住于此。

南丝路西出成都的大驿站

金花，是南方丝绸之路西出成都的重要驿站。

魏晋南北朝时期，北方大乱，黄河流域和河西地区先后被十六国和北魏占领，经河西走廊出西域的中西交通线因此阻断，西域也陷于乱局之中。这种形势下，中西交通线路便移至南方，除南海道外，以成都为起点的南方丝绸之路，便承担起中西经济文化交流的主要任务。这一时期，从成都出发，中经云南，西通境外的缅甸、印度等国。

民俗专家刘孝昌说，早在先秦时代，相传有一条神秘商道，将丝绸、铜器、铁器等一系列中国的宝贝流传到欧洲，沿路可以换取宝石、犀角、象牙、黄金……这条商路，就是从成都出发进入云南再出境的。金花跟附近的簇桥一样，是这条路上的重要驿站。

蜀汉丞相诸葛亮在成都时，身体力行，提倡和重视栽桑养蚕。他在《自表后主》中云："成都有桑八百株，薄田十五顷，子弟衣食，自有余饶……"在离金花镇不远的庄园，诸葛亮栽有800株桑树，带动百姓栽桑养蚕，使蜀锦有足够的原料。诸葛亮重视蜀锦生产，无论数量还是质量，蜀锦均居国内首位，甚至"赖蜀锦筹集军费"。

在中国文化中，水是文化发源地的一个重要因素，在武侯，江安河的由来有悠久的历史。江安河武侯段全长13.2公里，是与府河、南河、沙河齐名的成都四大水系之一，污染较少。很多古籍典故对江安河都有描述。清申元敬《都江堰河道水利记》："再下新开河，又分为江安堰。入温江长安桥，至簇桥、金花桥、双流县，合新津三渡水。"很多货物，也是走江安河水路浩浩荡荡运出去的。

最早与金花桥有关的南丝之路故事，多出于汉代。那时，途经金花桥的这条古道早已形成；成都作为南丝之路起点，通过旄牛道和五尺道等，源源不断输出铁、布、银、铜、筰马、丝绸、缎匹、金银、生丝、药材、茶叶、酒、纸、扇等商品进入云南大理并出境，又从印度、缅甸、尼泊尔等地输入毡、缯布、珍珠、海贝、玉器、玛瑙、琥珀、棉花、象牙、鹿茸、燕窝等。金花桥就成了这条线的大驿站。

成都市武侯区地志办原主编孙丹木著文说：在古代，金花俨然就是一座丝绸的库房，任2000公里的南丝路怎么搬运，也搬运不完。当然，经过金花走出去南丝路的中方货品远远不止丝绸，还有布匹、茶叶、陶瓷、邛杖、铜铁器（**西汉卓文孙、邓通的发达均与冶铁冶铜有关**）、工艺品、药材、漆器等。外方的货品也不只是珠宝，还有琉璃、毡、缯布、海贝、棉花、象牙、燕窝、鹿茸等。[1]

民国时期，金花和附近的簇桥一样，蚕市非常发达。按蜀地旧俗，每年春时，州城及属县循环一十五处有蚕市，买卖蚕具兼及花木、果品、药材杂物，供人游乐。北宋黄休复《茅亭客话》说，蜀中有蚕市，父老相传，古蚕丛氏为蜀主之时，民无定居，跟随蚕丛迁徙，所在即招致为市，进行交易，暂时居处。后来的"蚕市"即这种风俗的遗迹。每年正月至三月，成都府城和属县循环开设蚕市十五处，成都蚕市最热闹的地方就是金花和簇桥。

《方舆胜览》卷53眉州"蚕市"条记载："二月十五日，村人鬻器于市，因作乐纵观，以为蚕市。"本来是百姓购置蚕具的集市，演变成大众游乐的节日。

金花，成了名副其实南来北往中转站的一朵金花。

卓文君老爸入蜀落脚处

民国十年（1921）版《双流县志》载："金花桥，治东十里西北源江安堰，东南合府河。"载明历年对金花桥的修葺、重建情况。

为了弄清金花桥在陆路交通路线上的确切位置，民国二十四年（1935）五月绘制的《成都市及郊外地图》，标记了成都及郊县的市治、县城、村镇、城垣、村公路等名称，将金花桥明确标记在成都至双流、邛崃等地的必经之路线上，可见这里的地理位置很重要。

中国丝绸博物馆馆长赵丰撰文说："西汉时，程郑和卓文君父亲卓王孙从北方迁移来蜀，以冶铁成为富豪，程居于牛饮水之金花桥西，卓王孙去了临邛。儿子程皋，为卓文君前夫，亡故后，文君因新寡才回了临邛，而后与司马相如一见钟情，留下千古佳话。"

---

[1] 引自《南方丝绸之路上重要地名：簇桥与金花桥》，《志苑集林》第二辑。

从这段话可看出，程郑和卓王孙两家富商一起迁入蜀地，最初都在金花桥这个重要的交通口岸落脚，后来成了儿女亲家。

聪明的卓王孙当然掂量得出成都的地理分量。深处中国西南一隅的成都乃至蜀地尽管闭塞，却十分富饶。历代朝廷都将成都平原视作中央王权身旁的"一亩三分地"。占据这片盆地，进则天下，退则天府。是以从秦并诸侯到元灭南宋，历代中央王朝多"先取蜀而定天下"。每当中原硝烟弥漫的时候，蜀地往往会成为中华文化的避难所，不只帝王妃嫔、王公大族会不远万里地来蜀地避难，一般官宦、百姓和文人墨客也会跟随帝王的脚步来蜀地躲避战乱、繁衍生息，或经营产业，或积蓄出击，或诗文会友。

难怪卓王孙和他的族人翻山越岭，跋山涉水，途中吃了那么多苦也要来蜀地。

我在四川省图书馆查阅了不少图书文献，也采访了不少专家，都没找到当年卓王孙是从哪条线路入蜀的。很多学者趋向于走蜀道来的，但说不清具体走的哪条蜀道。

古代入川途径，不外是蜀道和长江三峡这两个进口。想想，在交通条件非常落后的情况下，要跨越蜀道也是万分艰难。

古时成都与关中之间的驿路，共由剑阁道、金牛道、东川路和巴岭路四条组成，条条道路皆险峻恶劣。比如剑阁道，就是一条险象环生的道路，历史上入蜀或出蜀的人在这条道上的崇山峻岭之间彳亍而行。第二条道路就是著名的金牛道，金牛道的特点是多栈道，唐代诗人雍陶经过时写了首《蜀道倦行因有所感》诗，其中两句颇能说明金牛道之险峻："乱峰碎石金牛路，过客应骑铁马行。"

卓王孙一家来成都后只作短暂停留，又去了成都西边40多公里处的临邛（今邛崃）定居。按刘孝昌先生多次考证后的说法，金花镇，就是卓王孙入蜀后的第一站，他的女儿卓文君还在这里居住过几天。后来，他们一家才去了临邛。再后来，卓文君的丈夫程皋因病亡故，卓文君心情郁闷，关门闭户，很少出门，直到后来遇到了才华横溢的司马相如。

金花老镇，南来北往"大戏台"

刘孝昌老人，是笔者所在媒体聘请的专家顾问，也是蓉城年轻记者可以倚靠的一棵历史文化大树。我自己也曾多次向他讨教这方面的问题。

有一次在肖家河喝茶，老人家说到金花和武侯区时讲了一个故事：当年顺江场（金花镇原名）的百姓筹建江安河上的石拱大桥，因资金不足一时难以完工。但这条路是万万断不得的，因为从成都出发的南方丝绸之路必须经过这里。某日，有位皇家娘娘路过此地，顿生菩萨心肠，她毅然摘下凤冠上的金钗掷于桥下深潭，又信步踩上还未完工的大桥，桥体竟然无工自合。这太神奇了。此后，每当明月夜晚，潭中月光散彩，碧波耀金，人们便认为那是金钗在闪耀金花，于是就有了这段美丽传说，金花也有了一个很好听的名字："映月散彩。"（又称"金花映月"）

早先，金花桥下的大堰堤坝，将江安河拦截为一潭清澈的湖水。牧马山灌渠的进水口就从这里起水，只要堰闸门一关，河水形成长千米、宽百米的湖面，一平如镜。每逢秋高气爽、皓月当空之时，水面溢光流影，绚丽恬静，明亮如洗，犹如白昼。

金花的美丽风景也吸引了历代文人在这里留下墨宝。南宋时，在蜀州（今崇州市）任通判的大诗人陆游，应好友范成大之约，宦游来成都，路过金花桥小酌时有诗曰：

"牛饮桥头小市东，店门系马一樽同。已能自置功名外，尚欲相期意气中。褐拥紫茸迎晓日，酒翻红浪醉春风。从今共约无疏索，竹外梅花欲恼公。"

孙丹木《南方丝绸之路上重要地名：簇桥与金花桥》文章里也提到，清代有两首写金花夜月较著名的诗：一是刘沅的《金花桥》："一轮月彩散黄金，锦簇花团异样深。千载披沙求不得，渊渊谁悟水泉心。"二是另一刘姓诗人的《金花夜月》："氄氄堤柳拂丝鞭，舍利珠光证凤缘。镜里分明毛发现，长虹卧影月当天。"

除了刘氏兄弟，另有一名曾任双流知县的诗人岳昊，也写过一篇名为《金花夜月》（与刘滘诗同名）的诗：

金花夜月

岳昊

常羡金花夜月明，冰轮朗映碧波澄。

长虹一道凌空过，万派霞光澈底清。

沈从文的文字里和黄永玉的画里，提到最多的是记忆里清清浅浅的小河，是铺满河底的油绿的水草，是河边捶衣的女人，是黄昏夕阳两岸人家投在河道里的倒影……许多年来，这条河就这么静静地流淌在湘西世代乡民们的生活里，流淌在文人墨客的笔下。

其实，这种景象在过去的成都金花镇也欣赏得到。我经常听当地的老辈人说，当年金花桥下有个金花堰，是牧马山灌渠的进水口。关闸时，千米长、百米宽的水面一平如镜。若逢秋高气爽，明月朗照之夜，但见粼粼波光，映月溢彩，静影沉璧，衬托着两岸的星光渔火。

20世纪80年代以前，还可以看到金花的老房子。即便90年代后期，我也经常和摄友去金花拍摄零星的青砖黛瓦、高封火墙、飞檐翘角。

在江安河泡一杯茶，懒洋洋地躺在竹椅上，当地人也喜欢给我们讲过去的故事，他们说，由于处在交通要道，镇上客栈、饭馆、茶馆遍设林立，生丝、布匹、鞋子、食盐、竹木、茶叶、竹笋、毛皮、蓝靛、中药材等物资交易量巨大。赶场天大家木门全开，热闹繁华，货摊、商号、茶馆、酒家人人忙碌，整条石板街拥挤不堪。集市一过，木门关闭杂闹，整个古街又迅速安静下来。

作为南方丝绸之路的重要驿站，古往今来，金花的客商和马帮南来北往，形成商业互动，也成为民俗文化交融大舞台。

金花镇以前有个老戏台，它修建于清朝末年或民国初年。戏台也成了镇上最热闹的地方，各地的"火把帮"（民间川剧团）把这里作为商演和切磋技艺的好地方。除本地剧团常年演出外，还有附近双流、温江、新津、龙泉、简阳等地的川剧团前来演出。金花镇居民最喜欢看的折子戏和全本戏，有《秋江》《回营》《骂相》《柳荫记》《西厢记》《白蛇传》《十五贯》《定军山》《八件衣》等。

金花的评书算是一绝。一位叫王德宝的老人回忆，20世纪50年代中期，金花同时开了三家书场，都设在茶铺里，经常同时开场，有打擂台的意味，弄得他们学生娃不晓得该去哪儿听。

说书人一般身穿长袍，端坐在茶铺上方中间桌前，用一块称为"介方"的小厚木板做道具，边讲边用戒方啪啪地敲桌子，引起听书人的注意。讲评书的为茶铺老板拉来许多喝茶人，评书由艺人收钱，茶钱交给茶铺老板。评书一般讲古典长篇小说或历史典故，也讲一些风土人情、英雄事迹——鲁提辖拳打镇关西、关云长温酒斩华雄、穆桂英大破天门阵、秦叔宝京城闹花灯、美猴王三打白骨精……在小德宝他们心头播下锄强扶弱的种子，英雄主义情怀先于荷尔蒙在体内乱窜。

当评书讲到精彩动人情节，比如"杨再兴大战岳飞时突然使出回马枪……"，说书人会突然"啪"地猛拍惊堂木，顿了顿，望望四周，若有所思，故意不说了。他慢悠悠端起盖碗茶，漫不经心地呷一口，摇摇蒲扇儿，好像耳边有只蚊子嗡嗡飞来，得先灭了它。台下人群面面相觑，个个瞪眼张嘴，大声嚷嚷急得要哭：爷，杨再兴那狗日的回马枪戳到咱岳爷没，戳到没呀？这时，说书人就宣告"煞割"（四川方言：结束）："要知后事如何，且听下回分解。"听书人无可奈何，就在下场书开讲前早到茶馆等待。

民国初年，金花镇还盛行一种代步工具：溜溜马。溜溜马含有骑着马溜达溜达之意。当时，这种交通工具全是私人经营。往往是一个人经营一匹马。马夫牵着缰绳行走，客人一个招呼，马夫就可以将其送往目的地。如不愿马夫引路，马夫还可将缰绳交给客人，任客人自由驰骋。

　　成都人喜欢喝茶，也喜欢在茶馆里谈买卖，加上这里经常有外地来抢做丝绸生意的客家人，金花开的茶馆和客栈比周边要多得多。金花桥下空地，人们喜欢"喝坝坝茶"晒太阳，地上摆着十来把椅子，两分钱一杯的盖碗三花随便喝一天。冬季出"昏昏太阳"时，坝坝茶更是人满为患，去晚了连座位都找不到。那些提着裙褛或夹着皮包的人攀着肩膀进进出出，好不容易瞅到空座位，然后面带微笑，交头接耳。于是，一条荡漾在茶杯里的"南丝之路"也氤氲开来，带着千年茶香，漫溢无穷韵味……

众多象牙和大象遗骸，既不是来自巴蜀本土，也不是来自邻近的关中、中原和长江中下游地区，而是来自境外的东南亚、南亚地区。

三星耀光文明飞渡

我最初接触三星堆遗址，没怎么看懂。瞅着那些高鼻深目的青铜人像，怎么看怎么像是电影里的波斯人。还有，那些金碧辉煌、金光闪闪的器物是打哪来的、又隐藏着些什么故事，都不明白。为此懊恼了好一阵儿。

2019年5月中旬，我受邀参加四川大学望江校区一次学术研讨会，说到我的小烦恼，川大世界史专家何平教授笑道：教你一个最笨也最管用的方法吧，你在三星堆参观那些金杖、金面罩、青铜人物、人面像、兽面像、海贝、象牙时，先得弄清楚它们根本不是咱古蜀国自己的，有很多是从外国"拿来"的。怎么拿来？是古蜀国人通过南方丝绸之路运进来的。

后来，我每次去参观三星堆之前，先找来一大堆资料提前补课，就像看一部难懂的好莱坞电影之前先浏览一下影评。我知道这很可笑，但也挺管用的。

西亚的权杖在三星堆举起

三星堆古遗址，位于四川广汉市西北的鸭子河南岸。1986年，考古界在三星堆祭祀坑中，发现了大量精美的铜器和来自缅甸、印度温暖海域的齿贝。专家分析，很可能在遥远的鱼凫时代，就有外国人来蜀地经商。鱼凫时代相当于西周时期，距今有3000多年。

三星堆遗址，被称为20世纪人类最伟大考古发现之一，是迄今在西南地区发现的范围最大、延续时间最长、文化内涵最丰富的古城、古国、古蜀文化遗址。

三星堆以及成都金沙遗址出土的远古文物，非常奇特，用四川方言来说，有点"怪头怪脑"，形制上不仅在四川属首次发现，在全国也极罕见。

四川师范大学巴蜀文化研究中心教授段渝认为，三星堆出土的金杖、金面罩、青铜人物全身雕像、人头像、人面像、兽面像等，在文化形式和风格上完全不同于巴蜀本土的文化，换句话说，在巴蜀本土完全找不到这类文化因素的渊源，即使在殷商时代全国范围内，同样也找不到这种渊源。段渝认为，这很有可能是通过南方丝绸之路与东南亚、南亚乃至西亚、北非文明有一定联系，才促成了多元文化的存在。

广汉的天空带着神龙的飞舞、山川的灵气、玉陶的光彩、黄金的贵重，还有花香般的幸福，抚慰我们这些历史者一个个悠远的梦想。最先激发我们梦想的，就是三星堆出土的金杖。

三星堆出土的那根著名金杖，是用金条捶打成金皮后再包卷在木杖上的。金杖长1.42米，直径2.3厘米，净重500克，金皮上有背靠背的鱼、人等图案。四川省凉山州博物馆研究员刘弘考证认为，它是一根象征权力的王杖。而中原地区象征权力的是鼎，不是杖，权杖是西亚近东地区和埃及、古希腊、罗马作为政治、经济、宗教权力的象征物，它最先源于美索不达米亚平原，后来传播到世界其他地区。而权杖上青铜铸成的杖首，与西亚和埃及大量使用黄金和青铜的特点完全符合。刘弘指出，三星堆黄金权杖，极有可能是从西亚或埃及通过南方丝绸之路辗转传播而来的。

三星堆出土的黄金面罩、青铜人物雕像、人头像、人面像等，同样令人震撼。除高达3.95米的青铜神树外，还有高达2.62米的青铜立人像，以及连耳宽1.38米的青铜纵目头像。

四川大学历史地理研究所所长李勇先告诉我,三星堆的黄金面罩,不能只看它的装饰性。"面罩或面具,对今天的人来说并不陌生,许多影视剧中都有。面具早在7000多年前就已经出现。面具最开始可能是用来震慑敌人的,古代武将在上战场时,有些就会戴面具,比如著名的美男子兰陵王高长恭、北宋号称'面涅将军'的名将狄青、扈再兴等,无不如此。"古埃及法老的金面具,更是为人所熟知,19岁就早逝的埃及法老图坦卡蒙的金面具,就是按他的模样做成的,这成了埃及文化的重要标识。

在三星堆遗址中,还出现了一种很特别的黄金面具。这个黄金面具金皮捶拓而成,大小、造型和铜头像面部特征相同,耳部、鼻子极大,眼和眉部都镂空,制作精致,看起来十分威严,似乎是权威与神圣的象征,有人甚至说像外星人。商朝以前黄金制品极少,三星堆出土的黄金面具、手杖,在整个商朝都是绝无仅有的,这些黄金面具很有可能是外国从缅甸、云南经蜀道传入中国,又经过蜀地人改造形成的。它应该属于商朝时期,距今超过3000年。

段渝教授也指出,三星堆出土的黄金面罩,反映出当时中国和东南亚国家的商贸往来。中国、缅甸、印度,是世界上最大的黄金文化走廊,人们对黄金的喜好甚至崇拜的习性,不仅源远流长,而且根深蒂固。四川的蜀文化、金沙文化以及云南香格里拉、滇池区域,都有着悠久的黄金文化传统。

他还说,在印度、缅甸的宗教文化中,黄金文化登峰造极,缅甸有世界上最大的金佛塔;缅甸吉谛佑金石头佛塔位于一座巨大的砾石上,而巨砾则坐落在陡峭的山崖边缘,据说与山崖并无接触,是前来祭祀的男子都往上贴金箔,逐渐形成金石头佛塔。缅甸曼德勒还有一座金佛像,前来祭祀的男子也都往佛像上贴金箔,以至于佛像上的黄金日益增加,大大超过建设落成之时的重量。

海外"贝币之路"走到蜀国

广汉三星堆遗址还出土了数量惊人的海贝。《三星堆祭祀坑》报告记载，仅二号祭祀坑就出土海贝约4600枚。考虑到所出土海贝均可能经过火烧损毁，三星堆时期古蜀国拥有海贝的实际数量，应该远远大于两坑出土的数量。

据古生物学家们鉴定，这类海贝产生于印缅温暖的海域中，而三星堆遗址的存在年代，经年轮鉴定距今3600年上下，这时巴蜀地区无海道可通。无疑，至少远在距今两三千年前的古蜀国时期，由巴蜀盆地至印、缅海岸的古商道已辗转相通了。

李勇先也认为，从三星堆遗址出土的齿贝，与云南省历年来发现的环纹货贝相同。这种环纹货贝，仍然不是古蜀国本土产生的，它只产于印度洋深海水域。地处内陆盆地的三星堆出现如此之多的齿贝，显然是从印度洋北部地区，主要是孟加拉湾和阿拉伯海之间的地区引入的。

"古蜀人将其齿贝的部磨平，形成穿孔，以便串系，用作货币交易。在印度洋北部地区，一直流行以齿贝作为货币的传统。可见，这些海贝主要是用于南方丝绸之路上的商品交换之用。"李勇先说，此外，在西南地区其他考古发掘中也出土有海贝，如岷江上游茂县石棺葬内出土海贝、蚌饰等海产物，云南大理、楚雄、禄丰、昆明、曲靖和四川西昌火葬墓中也出土有海贝。这些地区没有一处出产海贝，应该都是从印度地区引入的。

云南大学中国经济史研究所所长林文勋教授在《是"丝绸之路"还是"贝币之路"？》一文里指出：云南所发现的海贝大多来源于印度洋的马尔代夫群岛和越南东南圻外的昆仑岛。这些海贝是在云南与东南亚、南亚长期的贸易往来中流入云南的。《马可·波罗行记》在记述元代云南大理地区用海贝作货币的情况时说："亦用前述之海贝，然非本地所出，而来自印度。"

云南省博物馆研究员王大道根据云南出土的货币绘制了一幅《云南出土货币分布图》，结果显示：贝币除少数分布于与东南亚、南亚接壤的地区外，大多沿西南经云南腹地的对外通道主干线，分布于腾冲、大理、楚雄、晋宁、昆明、曲靖乃至昭通等地及周围地区。其中，昆明和大理是两个分布最密集的区域。这以实物证实了马可·波罗的记述。同时也以事实说明，云南古代确实存在一条通往东南亚、南亚的"贝币之路"。由于四川和云南通过横断山的交通纽带，也间接说明了三星堆和南亚、东南亚等国家的商业贸易。

丝绸之路，首先是贸易之路，是商品运输与商品交换之路。据近人实际调查考证，从汉代到明代都曾相当繁荣，这条古道上的走私活动，民间转手贸易始终存在，异常活跃。不过大多是通过若干次辗转长途运转而来的。

前些年，四川蒲江、宝兴、芦山、荥经、雅安、喜德、西昌、盐源、昭觉、普格、江安、高县等县市出土的秦半两、邓通半两钱、五铢、大泉五十、王莽货泉、货布、大布黄千、直百五等铢等，跟贝币一样都是南丝之路不同时期不同地方的流通货币。

"舶"来的象牙和青铜神树

可能更让人吃惊的是，在广汉三星堆和成都市内的金沙遗址中，出土了成吨的象牙。这么大体量的象牙是从哪里来的呢？

1986年，广汉三星堆祭祀坑出土了数十根象牙，二号坑还发现有象牙珠120颗以及象牙器残片4件等大量象牙制品。除象牙外，在出土的青铜器造型方面，三星堆青铜大立人像座为4个象头，三星堆出土的一件夔龙凸目青铜面，具实是凸目青铜人像面具（鼻作上卷的象鼻状），还有一件戴象冠的立人像。

之前，在四川彭县竹瓦街发现的商周之际的青铜器窖藏中，出土了一件青铜罍亦有大象的造型。这些考古发现似乎说明，从商周之际以后，成都平原没有发现完整的象牙，在青铜器或其他器物的纹饰里也没有发现大象的图形。

金沙遗址也是如此。2001年以来，在成都市金沙遗址也出土了100余支象牙，还有大量的象牙饰品。在金沙遗址10号祭祀遗迹内的一件玉璋上，还有四组对称的肩扛象牙的跪坐人像。

象牙很早就成为商品，《诗经·鲁颂·泮水》："元龟象齿，大赂南金。"《左传》曰："象有齿，以焚其身，贿也。"周朝已有象牙雕刻的行业，《周礼·太宰》记载，周朝的手工业称为"八材"，象牙即八材之一。周代规定只有诸侯才能持用象笏，而在唐朝，五品以下的官员都有资格持象牙笏。

大象主要生活在热带地区。根据古地学资料可知，新石器时代的成都平原，虽然森林资源丰富，但是沼泽遍布，完全不适合大象的生存；也没有除三星堆和金沙遗址以外其他考古发掘中出土过大象遗骸、遗骨，更别说象牙。

三星堆博物馆副馆长邱登成著文说，经初步鉴定，三星堆出土的象牙和金沙遗址出土的象牙一样，都属于亚洲象。从象牙长度来看，很多都是成年大象。如此众多的象牙和大象遗骸，既不是来自巴蜀本土，也不是来自巴蜀邻近的关中、中原和长江中下游地区，而是来自东南亚、南亚地区，其中印度是主要的来源地。

外国的文献也有类似记载，认为古印度应该是世界上使用大象最普遍、最厉害的国家。

在古代，大象可以被用来装备军队，对付敌人。R. 塔帕尔《印度古代文明》一书中写道："古印度难陀王朝（前362—前321年）建立的军队中，有2万骑兵、20万步兵、2000辆战车、3000头大象，而孔雀王朝

（前321—前185年）的创建者月护王更厉害，他拥有一支由9000头战象、3万骑兵、60万步兵组成的强大军队，一时攻无不克，所向披靡。"

《史记》和《后汉书》等文献对印度河的称谓不叫"印度河"，而叫"大水"。那里正是辉煌的印度河文明的兴起之地。刘建、朱明忠、葛维钧在《印度文明》一书中还写到，印度大象成了一种繁荣的经济产业，生意做得相当红火："考古发掘中，在印度河文明著名的'死亡之城'摩亨佐·达罗废墟内，发现曾有象牙加工工业的繁荣景象，还出土不少有待加工的象牙，以此并联系东印度盛产大象的情况，以及中国三星堆祭祀坑内成千枚来自印度洋北部地区的海贝。"

这说明，中国三星堆和印度河虽然相隔千里，但在远古时代进行的经济商贸就已搞得如火如荼。三星堆、金沙遗址出土的成吨的象牙，就是通过南方丝绸之路从印度运送到成都的。

青铜铸就的神树

不得不说到三星堆的另一种重要文物：青铜神树——青铜铸就的神树。它的枝干、根部、花果和金鸟组合成了线条坚朗、盎然高大的远古意象。九头神鸟，十二盏果实，二十一朵花，神树上一条龙盘旋着，从树顶蜿蜒而下，龙背上长着如鳍翅的一把长剑，凌空悬挂，威风凛凛，看上去有种瘆人的感觉。

《山海经》里所描述的建木形态与三星堆出土的青铜神树相符合，故青铜神树就是建木，是古人心目中的通天之梯。古蜀地区很早就有建木神树的传说。但三星堆出土的青铜神树，并不见于中国其他地方考古发掘，反而在西亚和古埃及考古中出现过。可以推测，三星堆文明可能受到西亚和北非文明的影响。

这说明，以三星堆、金沙遗址为代表的古蜀文明不是一个封闭的体系，而是与外界有着广泛的经济、文化交流。它不仅融合了外来文化的因素，而且对周边区域文明产生了广泛深远的影响。

南方丝绸之路，是20世纪80年代四川和云南学者对中国西南陆上通往境外的古代商道的命名。这条商道始于成都，进入云南之后有两个去向：一是从云南西部接通缅甸北部和印度东北部；一是从云南中部南下进入越南及中南半岛。

对此，三星堆博物馆副馆长邱登成指出，通过南丝之路这条国际贸易线，三星堆古蜀国在以丝绸换来自己所需的包括海贝、象牙、青铜合金原料等物资的同时，也较多地接触并吸纳了近东青铜文明中包括青铜雕像、黄金权杖、黄金面具等重要元素，并因此创造出了自己独特而神秘的高度发达的青铜文明。

四川师范大学段渝教授在《中国西南早期对外交通》论文里还提出一个有趣的观点：三星堆的海贝，应是古蜀人直接与印度地区进行经济文化交流的结果，没有中间环节，途径到位。"无论对于传播一方还是引入一方来说，这些文化因素都是十分珍贵的，否则远距离传播便失去了意义。正如经由印巴次大陆传入古蜀地区的青铜雕像和金杖等文化因素，也未在云南境内留下任何痕迹，而是直接达于成都平原一样。这种现象，文化人类学上称为'文化飞地'。"[1]

2008年8月，随着"古代南方丝绸之路0公里"地标在三星堆博物馆揭碑，有专家指出，这标志着神秘的古代南方丝绸之路的起点，应该是在广汉。

清华大学历史系教授李学勤生前一个观点，可以说代表了很多专家的共识："几条丝绸之路中，最值得进一步开发、研究的就是南方丝绸之路，在南方丝绸之路文化中起着非常重要作用、居有关键地位的，一定就是三星堆文化。"李学勤是当代学者中极少的百科全书式学问家，他是著名的历史学、考古学、古文字学、古文献学专家，对甲骨学、青铜器

---

[1] 引自《思想战线》，2015年第6期。

研究、简帛学及中国古代文明研究做出了引领式的杰出贡献。

千年的神韵踏歌而来，青铜发出的叮当，石头沉默的呢喃，陶艺燃烧的火苗……仿佛从四面八方涌起。古老苍凉的旋律穿越静谧的时空，诉说着通天的梦想与追求。聆听这久远的长江文明的钟声，回首千年的期盼，三星堆遥远的记忆意味深长。

南丝之路上的先民在荥河崖壁间开凿了上、下两条道路，发明了
"上去下回"的单行线立体栈道交通，解决了逼仄繁忙的栈道分流
问题……

东汉悬崖石碑，铭记筑路轶事

雅安，自古以来是四川入藏、入滇的交会处与重要节点，也是古代
南方丝绸之路的门户和必经之路。

雅安市博物馆珍藏着许多当地出土的文物，这些文物从形制、图案
上，与云南昭通和印度部分地区的遗存非常相似。比如一种"西南夷"
系统的镜带柄，就与中亚、西亚一带的带柄镜相似。博物馆有一座西汉
时期的木椁墓，这是2018年前在荥经县六合乡古城村发现的一座距今
2000年的西汉古墓，墓葬具有强烈的楚文化和中原文化因素，反映了西
南边陲重镇、南方丝绸之路重要驿站的繁荣景象。

除了上面这些，给我印象特别深的，还有雅安市荥经县荥河之畔那
尊摩崖石刻《何君阁道碑》。

《何君阁道碑》，是铭记东汉何姓太守在荥经修建驿道落成纪功的字
碑，是我国现存最早记载"官道"修建的道碑。立碑时间为光武帝刘秀
建武中元二年，即公元57年，距今近2000年。

此碑南宋时期在荥经被发现并用文字记录下来，800多年来踪迹渺
茫；历代书法研究者心仪此碑，苦苦追寻，始终未见实物。

道碑附近，遗存着许多罕见硕大的栈道凿孔（即木桩坑）。曾多次

考察滇藏川"大三角"的陈保亚认为,这极可能是早期南方丝绸之路运输黄金、银器、矿石、砂器等重物的马车栈道遗址,是古代西南地区商贸往来的实物见证,岩壁间"上去下回"的单行线立体栈道模式,更是罕见。

最早记载古人修路的碑刻

发现这块道碑,是个偶然机会。

那天,陪同我们去现场查看的荥经县文史研究者吴阿宁,讲述了这件事的来龙去脉:2004年3月15日,《荥经历史文化》编写组在城西一农家乐开会,参会的秦启华说,民建乡小学教师刘大锦曾两次向他反映,该乡一处岩石上有刻字,古奥难认,希望去鉴别。根据刘在电话里勉强能识读出的"蜀郡太守何君""五十五丈"等字眼,曾是《荥经县志》编委的秦启华估计:山崖上的刻字,莫非就是失传上千年的《何君阁道碑》?

说得性起,秦启华、吴阿宁等人马上赶到民建小学办公室,看到桌上摆着一幅边长两尺(实为72cm×63cm)的一张宣纸拓片。拓片上"将徒治道造尊楗阁"等字样,符合宋代大金石家洪适(guó)在其《碑式》里记载的"其文七行""或六字,或九字""共52字"等特征,更与民国十七年(1928)《荥经县志》所载完全相符。

几人又驱车去县城西北14公里处的烈士乡冯家村,他们在荥河南岸看到了那块"高高在上"的摩崖石刻:边长约两尺,位于离河面十五六米高的山岩间,每字两寸见方,阴文,刻在一块未经打磨的岩石上。

这匹岩石,以前没修公路时是从几十丈高的山上直插下来的,到距水面约四丈高的地方深陷进去,形成一个天然的"雨棚"。多年来,这块悬崖上的道碑周围长满了芦苇荆棘,它才被遮蔽保护得如此完好,虽遭遇日晒雨淋,但它安卧的岩壁俨然如"恒温箱"。加之下面已是水库,无路可通，人迹罕至。

在现场看热闹的村民钟国建说，他小时候就晓得这岩壁上藏有石碑，还说以前的荥河比现在"凶"多了，他多次随母亲行船经过这儿，到处激浪滔天、惊涛拍岸，无数漩涡张开大嘴要吞噬人和船。钟国建印象最深的是，船头总立着一个面庞黧黑、肌肉凸起的汉子，他嗨地将长篙竿儿戳进水里，用力一撑，船尾的艄公也顺势咬牙扳动舵片，让小船儿轻松扭头绕过乱礁激流，溅起一簇簇浪花，滑出险滩。

"众里寻他千百度，蓦然回首，那人却在灯火阑珊处。"国宝级道碑失传800多年重出江湖，北京、重庆、四川的数名碑刻、文物专家闻讯赶来，通过对行文格式、用笔风格的判定及碳化检测，确定该道碑就是大名鼎鼎的《何君阁道碑》原版真迹。

曾参与广汉三星堆发掘的四川大学历史与考古系教授林向说，这块题记的被发现"意义不可估量"，碑文所揭示的史实远远超越了书法本身的意义。林向认为，它应该是国内现存最早的书法碑刻，也是现存最早记载古人修路的书法碑刻。

千年来仅存的书法珍品

《何君阁道碑》又称《何君尊楗阁刻石》，是东汉严道史官铭记的驿道修建落成纪功石刻。

《何君阁道碑》堪称书法中的国宝。清乾隆版《荥经县志》载，此碑南宋绍兴二十一年（1151）在荥经发现并用文字记录，800多年来踪迹渺茫，但典籍多有记载并评价很高。

《隶释》《碑式》《字原》《墨宝》《金石索》等古代书法名著，均对《何君阁道碑》称道不已。宋人洪适在《隶释》中把它推上中国隶书的巅峰。洪适与欧阳修、赵明诚并称为宋代金石三大家，他评价道："东汉隶书，斯为之首。字法方劲，古意有余，如瞻冠（guàn）章甫而衣（yì）缝掖（yè）者，使人起敬不暇。虽败笔成冢，未易窥其藩篱也。"意思是，东汉的隶书中它算是开头，字形方正遒劲，古雅的韵味最为醇厚。好比殷商时代的黑布礼帽，身着儒士宽袍大袖礼服的人，令人肃然起敬。学写这字太难了，即便写秃的毛笔堆成一座坟，也不见得就靠它的边儿呢。

"长"在岩石里的何君阁道碑

清末冯晏海、康有为、翁方纲对此碑的失传扼腕叹息，均称它是上千年仅存的古籍珍品。

那天下午，我们驱车来到道碑保存现场。这儿是荥河较窄的一处河湾，群山环伺，古木茂盛，竹林幽篁，空气清新，人迹罕至，时有白鹭从青绿河面掠过，远处农舍升腾起袅袅炊烟。河畔，十多名工人正在修建一条乡村公路，河滩上，架设观光绿道的木板儿横七竖八地堆码着。来此观瞻的人都必须戴上安全帽。

仰头看，这块道碑镌于高约350厘米、宽约150厘米的页岩自然断面，上方岩石呈伞状向前伸出约2米，形如屋顶，也就是吴阿宁所谓的"雨棚"，有效保护了刻石免遭日晒雨淋。

这块道碑被一块玻璃罩护着，看上去有些晃光，但字迹基本上认得清楚。现场县博物馆工作人员说，县里暂不打算将这块"长"在崖壁上的道碑切割下来，如果搬家了，其环境意义大打折扣。

考察队里的欧德顺是北京来的甲骨文书法家，他指出，自己仰慕已久的《何君阁道碑》刊刻时间为公元57年，超过之前被认为最早的《襃君开通褒斜道刻石》（公元66年落成），是现存中国最早的书法碑刻，极为珍贵。

古代的洪适、冯晏海、翁方纲、康有为又是如何知道这个道碑的呢？

按吴阿宁等人的说法，宋代以后，南丝之路荥经段改道从花滩乡转折向南，再不经过它的脚下。于是，隐藏在荥河悬崖的道碑就被冷落了；而之前流传出去的道碑拓片早已使它名扬四海。

铭记东汉扩修南丝之路

荥经，古称严道，位于四川盆地西部边缘、"横断七岭"中邛崃山脉南麓，是南方丝绸之路和茶马古道的重要驿站。这两条古代国际商道在今天的雅西高速沿线交集重叠上百公里（俗称旄牛道），在国内绝无仅有。

荥河，古称荥水或邛水。地方志记载，西汉时期，司马相如开建西南夷古道经过荥经时，今民建乡、烈士乡之间的荥河之畔是一处水陆要冲，崇山峻岭中古道逶迤，货运频繁，号子林立，人头攒动，他们中有行色匆匆的官吏，有专司祭祀的巫师，有负责筑城的工人，有制造青铜器械的匠人，有一路吆喝赶路的商贾，忙碌的身影搅动了滔滔荥河，生命的气息撼动崇山峻岭。

现在看看，这块铭记西南夷修路轶事的《何君阁道碑》原文是怎么说的：

"蜀郡大（读'太'，tài）守平陵何君，遣掾（yuàn）临邛舒鲔（wěi），将（jiàng）徒治道，造尊楗（jiàn）阁，袤（长）五十五丈，用功千一百九十八日。建武中元二年六月就。道史任云、陈春主。"

荥经县博物馆提供的译文是：蜀郡太守平陵人何先生，派遣他的下属官吏临邛人舒鲔，率领着服徭役的队伍（来此）修路。这是一项庞大而艰苦的工程，共建造了高脚柱栈道，南北共长55丈，用了工作日1198个，到光武帝刘秀建武中元二年（57）六月完成。严道地方官任云、陈春主（记）。

为什么到了东汉还要动大工程维修此道？这是因为，早在西汉司马相如开发西南夷古道之前，蜀布、邛竹杖等"四川造"就已流向印度、阿富汗等国（见司马迁《史记·大宛列传》），中外民间出口贸易暗流般流过千山万壑，荥经是西南夷驿道的水陆重镇，古道上人来车往，川流不息，吱嘎吱嘎不堪重负，连水面倒影都重重叠叠，加之洪水不断冲刷岩基，时日一久就需要修缮加固。

历史学家徐中舒先生在《试论岷山庄王和滇王庄蹻的关系》文中论证了一个史实：春秋时期的严道（荥经），是楚国重要的黄金管理转运站。春秋时楚国的黄金之多在世界史上都是空前的，这些黄金来自两个地方：一是云南楚雄，一是四川金沙江流域。当时山中的金块，大的可重两三斤。《韩非子·内储说上》记有："荆南之地，丽水之中生金。"明言丽水（川滇金沙江）流域一带，盛产黄金。异常丰富的黄金引得盗采之人不顾身家性命蜂拥而至，你争我抢，以至被处死的人的尸体塞断了滚滚江水，仍不能禁止。

历史地理学家任乃强先生在《四川上古史新探》中也指出：当远古四川盆地还是一片汪洋时，先民们从元谋溯横断山河谷而上，选择的理想之地是金沙江流域。彼时气候良好，水草丰茂，"遍地是金块"，甚至金块多得连牧童都将它放在投石索里击打牛羊儿。

荥经素有"铜山"之称，清乾隆《荥经县志》说，汉代以前，"严道金，朱提（云南昭通）银"即名满天下。金即铜，是国家的战略物资（造币和武器）。《史记》《汉书》载，汉文帝就曾赐宠臣邓通在四川严道开铜山铸钱。荥经县三合乡（**大矿山脚下**）至今还有废弃的"金洞子"。这说明，荥河之畔这条古道的兴与铜业的发达有关，废也与铜资源的枯竭有关。

首创"立体"栈道修建模式

那天，我们在碑刻下方的岩石上，还惊喜地看到许多罕见硕大的古栈道石孔。

这些石孔横向排列，共十三四个，再往前就是伸向荆棘丛的断崖。这些方形栈道孔很大很深，边长多在50厘米左右，看上去黑洞洞的。

古人修栈道，多在离河床不高的悬崖峭壁上凿出横洞，穿以横木为梁，并在相应河底岩石或巨石上凿出竖洞，插以竖木（**多为松木和楠木**）作为横梁中一端的支撑，然后在横梁上铺上木板成道。古人有诗赞其奇险："缘谷七百里，往来秦蜀道。浮梁一长啸，惊云入涧中。"栈道飞架云空，傍山越壑，盘曲绵远，人行其上，一声长啸，竟可惊动浮云，被震落的片片云块，纷纷坠入山涧之中，让人魂飞心悸，魄动胆寒，望之却步。

吴阿宁介绍，这些栈道石孔，极可能是古代南方丝绸之路一条"运金"驿道的遗址。"不知何时，当荥经的金子和铜矿枯竭了，古驿道也另辟新路线，这条路的历史使命也基本完成。"他说。

雅安市博物馆负责人李炳中考察发现，让他吃惊的是，先民在荥河许多地段的崖壁间开凿了上、下两条道路，发明了"上去下回"的单行线立体栈道交通，解决了逼仄繁忙的栈道分流问题，这种古栈道工程技术非常聪明，也非常罕见。

那天在现场，多次考察川滇藏"大三角"的北京大学中文系陈保亚教授也连连称奇，说自己从没看到过这么大、这么深的木桩坑遗址。"证实了历史上这里曾有重要的古道和车马通过。"他猜想，这条古驿道，极可能是早期南方丝绸之路运输黄金、铜器、银器、矿石、砂器等沉重之物的马车栈道，也说明在古代的荥经一带，这条驿道就十分繁忙，运载量很大。在生产力极为低下的古代于激流之畔、悬崖之边修栈道，艰辛难以想象，人员伤亡不小，难怪古人要立碑铭记。

白云悠悠，萦绕在山腰，不露声色缓缓飘向远方。我注意到，这片岩石不远处的丛林里长着一种叫 "色土圌儿" 的奇特花朵，这色土圌儿大概是最好看的豆科植物之一了，它们长着又长又圆的旗瓣，看起来十分招摇。带状的龙骨瓣，弯曲成一个半圆形，感觉就像是一直在说决不说谎的匹诺曹，翘起来的红鼻子越长越长，最后翘成半个弧。为这荒郊野外平添了一丝生机。

我的思绪顺着这些色土圌儿摇曳到遥远故园——重庆巫溪县。那里是川渝最古老的盐场，东汉时期官署开发食盐，征用数万民工在岩壁上凿建了一条160里长的输卤栈道。这条被任乃强称为"国内最长的输卤栈道"（县人统计孔洞有6939个），其凿孔比荥经的要小得多。

荥经砂器

千百年来，包括荥经在内的大西南崎岖山川间，南方丝绸之路（始于西汉）和茶马古道（始于唐朝）上的马帮跋涉者，逢山开路，遇水搭桥，走出一条通往外部世界的生存之路、商贸之路。

荥河沿岸，山势奇险，河水急湍，荆棘丛生，野兽肆虐，古时靠人力根本无法将金矿运到下游去。夕阳西下，望着石壁上的《何君阁道碑》，我无法想象，近两千年前，高岭大峡里那些穿着左衽细苎麻布衣、梳着锥形发髻的先民，是如何用麻绳把自己拴在绝壁上作业的；半空中，他们抡起钢钎凿子一锤一锤凿孔铺道。他们头顶苍天，下临急滩，身上的肌腱被烈日晒得青铜般铮亮，不断滴落的汗珠儿刚落到岩石上就被嗞嗞烤干。冬天，猎猎峡风将悬空的人儿吹得风筝般晃荡。孩子们长大后，又接过父辈留下的钢钎铁凿，继续攀岩修建。一代代先民们薪火相传，迎日出送晚霞，硬是凭血肉之躯铺架出一条运金大栈道……

五铢铜币上的小方孔，犹如一道探视历史外景的小天窗，让人窥见当年驿站重镇充满烟火气息的"清明上河图"。

五铢钱：行走天下的经典货币

南方丝绸之路作为一条国际商贸道路，当然离不开两样东西：商品和货币。

商旅往来，使节奔走，货物装卸，舟车运行，薪酬支付，集市贸易，账目走兑……哪一样都需要用钱。而南丝之路沿线使用最广泛、最长久的货币，就是五铢钱。

五铢钱，始铸于汉武帝元狩五年（前118），重五铢，上篆"五铢"二字。武帝之后，先后有10多个王朝和政权、20多个帝王铸行五铢钱，前后历时700多年。

五铢钱是我国历史上铸行数量最多、使用时间最长、最为成功的长寿钱。

西汉五铢钱横空出世

五铢钱面世之前，货币运行混乱，朝廷哭笑不得。

秦朝灭亡后，西汉初期仍使用"半两钱"。半两钱分为秦半两和汉半两，汉半两比秦半两小得多也轻得多。因汉初从连年战争中走出来，百业待兴，制造者偷工减料将钱币减重，以此增加名义上货币流通的总量。

半两钱多而滥、杂而劣，钱轻物重，加上允许民间私铸，导致货币失衡，市场混乱。地方官衙与商民拼命铸钱争利，引起通货过度膨胀，钱币购买力急速下降，物价飞涨。民众无法生存，放弃生产，流亡他乡，靠出卖劳动力糊口；或铤而走险，加入私铸行列，以图赚取厚利。汉武帝刚坐上金銮殿时，百姓因铸币失控死亡者近三万人，举债自杀的更无法计算，社会问题混乱不堪。

为了树立信誉、稳定金融，使私铸者无利可图，建元元年（前140），汉武帝举起货币改革大旗，实行"三铢钱"币制，并颁布盗铸金钱者死罪令。由于三铢钱与四钱重的半两钱在等价使用，导致盗铸仿制盛行，引起货币市场混乱。建元五年（前136）春，不得不"废三铢钱，行用半两钱"①。

元狩四年（前119），汉武帝为了笼利，发行了白金币。白金的币面分三等：圆形龙币值三千钱，方形马币值五百钱，椭圆形龟币值三百钱。所谓白金，实际上是银和锡的合金。银少锡多，作价又那么高，自然会发生贬值。加上银的价格高，锡的价格低，越来越多的人又冒险私铸，造假成风，白金只用了一两年就废止。白金是中国最早的银币，也是第一次在币面上出现了图形。

几次改革搞砸了，市场依然混乱，百姓怨声载道，吴楚之地还发生严重叛乱事件。

汉武帝骨子里的"赌徒心理"被拧出来，越输钱，越要赌。他决定狠狠玩一把。元狩五年（前118），武帝宣布铸钱收归中央，"悉禁郡国无铸钱，专令上林三官铸。而民之铸钱益少，计其费不能相当，唯真工大奸乃盗为之"②。禁止民间私铸货币，把各地私铸之币运到京师销毁，融化成铜，再把铜送到长安铸币厂。长安铸币厂由水衡都尉统一管理，下设钟官、辨铜、技巧三官，在长安上林苑集中办公。

---

① 引自《史记·平准书》。

② 引自《史记·平准书》。

上林苑，是政府铸钱的权威机构，是汉初在秦代旧苑基础上扩建而成的皇家园林，规模宏大，有离宫70所，周围面积达300余里，包括现今西安、周至和户县。英雄有了用武之地。

"上林三官"接手后，统一监管，专业制造一种新币五铢钱，规定凡不是上林三官制造的钱统统不许使用，明确了长安铸币厂至高无上的货币发行地位。

我们知道，造币使用的材料是铜，铜在殷商时期被冶炼出来供人类使用，到西汉仍是较难取得的贵金属，它用途宽泛，和金子一样，具有天然的货币属性。

宝刀一出，谁与争锋。上林三官到底是吃专业饭的，他们采用"铜质母范"的方法，即先用泥土制成非常精美的凹模，最后铸出的铜钱大小和式样完全一致。钱的边缘，原币是用手工锉平，"三官"改为叠串在一起用车刀儿挫平，在技术上有了进步。

上林三官铸造的五铢钱，看上去十分精美，铜色浑厚匀称，文字端庄俊秀，它采用战国时刀币、环钱边缘突起的轮廓，以保护币上的文字不致磨损，同时增加了牢度。

五铢钱外圆内方，和当时人们"世界天圆地方"的认知十分吻合。它大小得体，轻重适中，以前大的如刀币，长19厘米，重50多克，小的如荚钱，直径不到1厘米，豌豆一般小粒儿，携带计

五铢钱

数都很不方便。而新造的五铢钱易兑换找零，流通方便。

民间盗铸者只好收刀检卦，洗手不干。他们既缺乏人才，技术工艺又跟不上，做出来的钱不伦不类，一看就是假的，要想做真点成本又太高，比用真钱还贵。再说朝廷严令禁止私人偷铸，谁也没长两颗脑袋，长了也不够砍呀。

可以买官，也可以赎罪

西汉五铢钱横空出世，如进攻匈奴的霍去病大军摧枯拉朽，荡除旧币，引领货币风潮，流通渠道增多。五铢钱发行数量十分巨大。《汉书·食货志下》记载："自孝武元狩五年三官初铸五铢钱，至平帝元始中，成钱二百八十亿万余云。"学界对此有两种说法：有人认为"亿万"等于亿，即二百八十亿枚；也有主张"亿"为十万，相当于二千八百亿枚。在汉代，两、铢都是计重单位，十六两为一斤，"五铢"实际上较轻。

西汉发行五铢钱以前，作为政府一大开支的官吏薪俸，均以谷和粟等实物来支付。到了西汉，名义上虽叫若干石，但实际发付时有的只发一半谷粟、一半铜钱，有的则完全发钱。有了五铢钱后，东汉时官俸连名目都改为一半钱、一半谷粟了。

钱币用处这么大，人们对它的追求也更强烈。汉代钱范（铸模）上，常有"日入千金""日入千万""大利千万"等字样。有了五铢钱，还可以买到官职，也可以赎罪。"金钱万能"是时人挂在嘴边的时尚语。

五铢钱的流通，以关中平原为中心向外辐射，使用范围很广，它东临大海，西至西域，南及南海，北越长城，覆盖了西汉整个疆域。历史上，朝鲜、日本、越南、伊朗、土耳其等国家也有五铢钱出土，足见其受欢迎的程度。

《易·系辞》曰："日中为市，致天下之民，聚天下之货，交易而退，各得其所。"钱币规范了，集市就热闹了。国家货币五铢钱的兴盛，也刺激了横断山脉南方丝绸之路集市的兴旺。

清乾隆《雅州府志》和《中国历代度量衡考》等记述：以灵关道重镇雅安（今雅州）为例，武帝天汉四年（前97）前后，沈黎郡（今雅安汉源、芦山一带）官署修缮南去邛都（今西昌）的驿道，付工钱、购物料均统一使用五铢钱，十分顺畅。官府还在城东建"市"（集市），"市"内准许人们摆地摊、开商铺，吃喝玩乐算命占卦应有尽有。也有人在"市"内耍猴戏、舞枪弄棒，以博得人们喝彩和施舍散钱，官府均不征税，也不以非法经营为由作查处。"市"区和人们居住区严格分开来，"市"周围有高大垣墙，交易者只能由市门出入，市门每天按时开闭。

两汉时期，由于国家强令统一使用五铢钱，严禁私铸钱币，民间购买力增强，物价相对平稳，百姓各务其职，反本归农，安心生产。雅安古城也成为名闻遐迩的商贸中心，生丝、布匹、骡马、草料的交易量十分巨大。从雅安出发的通商马队南下滇缅，北赴长安，东去成都，西走康藏，远销南北和境外"椎髻、纹身"之地，与丝绸、蜀布等一起直达印度，再运回犀、象、古玩、玉器、琥珀等，供应巴蜀和中原地区。

2009年12月初，雅安考古人员在汉源县大渡河畔桃坪墓地进行第三次发掘，出土百余件汉代青铜器，其中有贵族才可能使用的博山炉、刁斗、兵器等。让人惊叹的是，现场还发掘出只有王莽时代铸造的"大泉五十"铜币和西汉的五铢钱，共有10余公斤。初步判断，汉源桃坪墓地年代为西汉末年王莽时代。这么多五铢钱被集中挖掘出来，说明当时的集市贸易十分繁盛，且都在使用这种流行币。

刘备：金融赢家，战场输家

自汉武帝元狩五年（前118）始，到隋代开皇五年（585）终结，五铢钱发展700余年，其历程是：武帝五铢、东汉前期五铢、剪边五铢、董卓五铢、直百五铢、隋五铢等。它一直是国内统一的法定货币。这在全世界都是罕见的。

只是，在汉武帝以后，五铢钱铸行的"成色"渐渐变了。

按成色纯、量也足的惯例和律法，在铸钱币时，一枚"半两""五铢"，在确定重量时分别都应达到半两或五铢，即铜币重量和铜本身所具价值应一致。

但后代造币，顺着"五铢"这个名儿，各有各的路子。一个原因是，受当时当地客观条件限制，造出来的五铢钱种类繁多，成色、分量、形制也五花八门。另一原因是，当权者脑洞大开，搞信用货币。

西汉末年，王莽大规模铸行虚值货币"大泉五十"。这种虚值币虽然外表精美，但薄、厚、轻、重不同，一出现就引发货币市场混乱和百姓恐慌，甚至将国家推入战争深渊。当然，对今天的藏家来说，能搞到一枚货真价实的大泉五十，那是睡着了都笑醒的好事儿。东汉末年，董卓"悉椎破铜人……更铸为小钱"[1]，这个死胖子为了发横财，化整为零，把原来的五铢钱改铸成"小钱"，如两枚五铢就改铸成六七枚"小钱"[2]。

战争打的是钱。最具想象力又赚得盆满钵满的是刘备。刘备铸行的虚币大钱，同样扰乱了经济秩序，但他只管自己不差钱。

汉献帝建安十九年（214），刘备率军攻打益州（今成都）的刘璋，为鼓舞士气，他与将士们约定：攻下成都，兄弟伙瓜分刘璋资财。大伙儿乐了，一鼓作气攻占了益州。刘备履行了承诺，但部队后续给养变得十分困难。为解燃眉之急，有个叫刘巴的谋士向刘备献计，铸造一种"直百五铢钱"货币，也就是可与一百枚五铢钱等值流通的货币。刘备眼睛中闪出惊喜。几个月后他的库府就装满了物资。

再解释一下直百五铢钱。在中国古代，两、铢都是计重单位，一两的二十四分之一为一铢。西汉及以前铸币使用的是贵金属货币，金子也好，银子也罢，通用的铜钱也好，本身就拥有巨大价值，在成色相同的情况下，钱的价值取决于它的重量。而刘备发明的百五铢钱是一种信用货币，相当于现在的纸币，跟电子存款一样。

① 引自《三国志·魏书·董二袁刘传》。

② 引自谭文熙《中国物价史》，湖北人民出版社，1994年。

刘皇叔这一手玩得安逸，把自己玩成了富豪主公。他的腰包鼓了，仓廪足了，就喊打喊杀，今天打曹操，明天打孙权，但霸业远未成，经常被揍得独自落荒而逃。后世说他是个金融赢家，战场输家。

蜀汉政权铸行的直百钱，在湖南、湖北、江苏、四川等地均有出土。"直百五铢"并不多见，当时在刘备统治地区，有一种带字儿的"直百五铢"更少见，那就是"犍为五铢"。犍为是四川一地名（今属乐山市），也是当时巴蜀的商业重镇，当地铸出的钱币背后有一个"为"字。这是我国方孔圆钱中最早铸有地名的钱币。"犍为五铢"走的是刘备的路子，发行以一当百的"大钱"，也是信用货币。

刘备"直百钱"

兵荒马乱年代，全国有很多地方铸造的"改良五铢"都在减重，越铸越轻，也都尝试搞些信用货币。

西昌：古代五铢钱生产基地

始于汉代的五铢钱铸造了多大体量？它还有哪些形制和种类？在历史上又发生过哪些故事？这篇小文当然无力呈现。值得一提的是，近年来四川西昌地区对五铢钱的考古发掘，再现了它和南丝之路的紧密关系，表明在很早时，攀西的铜器、铜币就跟着客商走上了贸易之路，为北流成都、南流云南及东南亚铺平了大道。

凉山文史专家王亚在《五铢钱：丝路古币藏天地》里介绍：1984年6月，凉山州博物馆前馆长、研究员刘弘和工作人员在州日杂站废品仓库拣选文物时，惊喜地发现了一件五铢钱铜范（模具）。这件铜范残长10厘米、宽7.5厘米、厚0.5厘米。铜范上，铸有8枚五铢钱。钱径2.6厘米、穿宽1厘米。"五"字交笔弯曲，与上下两横相接处呈垂直状，字体宽大。

"铢""金"字头呈三角形，与洛阳烧沟汉墓M形五铢钱相似。

王亚说，刘弘他们推测，这件钱范母应该是东汉建武十九年（43），朝廷巩固了在这一地区的统治后，由中央政权统一发给边远地区的铸钱标准。

1988年春，考古人员又在位于安宁河中游的西昌市黄联关镇东坪村两汉遗址上，发掘出更庞大的冶铜铸币遗址，它占地面积达18万平方米。东坪冶铜遗址有50多处，废弃采铜洞46个，遗存有11座炼铜炉，出土了铜锭、五铢钱等众多文物。遗址还堆存数十万吨铜矿渣，经推算可能炼出过2万～3万吨铜。

西昌考古工作者推测，东坪冶铜遗址，是汉王朝一个规模宏大的官营铸币厂，也极可能是汉代西南夷地区最大的一座造币厂和五铢钱供应基地。

后来，西昌洛古坡乡也发掘出东汉王莽的冶铜铸钱窖藏，藏有"货泉钱"等物件，总重近2000斤。

1996年夏又有消息传来，在西昌马道镇杨家山被民工发现的一座墓室，出土了2件东汉五铢钱铜制叠铸件。这2件铸件的柱体均呈鱼脊骨状，含大量浇铸用砂，柱体上有叠铸钱币10余层。

这一切，印证了《汉书·地理志》里"邛都，南山出铜"的记载，基本肯定西昌一带在古代是个大铜仓。可以想象，在过去的集市上，人们拿着一枚枚从东坪铸币厂出炉的五铢钱，翘首等待灵关道南来北往的客商马队到来，购买自己所需物资用品的情景。

西昌所在的攀西大裂谷可谓千年铜谷，自3000年前起，当地人就用坩埚炼铜。1368年前后，会理冶铜业进入兴盛阶段，大同、石龙等地到处可见铜矿开采，所产铜品供朝廷铸币造器。昭觉县清朝时开办的乌坡铜厂和金马铜厂，还由朝廷特派专员镇守，炉火熊熊，年产铜达数十万斤。

另外，作为南方丝绸之路五尺道水路的重镇，2009年2月，四川宜宾市江安县有人在江边寻找奇石时，发现了上百枚古钱币。经专家鉴定，都是距今2000多年的西汉五铢钱。这些五铢钱，同样是五尺道商贸市场统一使用的国家货币。这也是宜宾首次发现西汉时期古钱币。

南方丝绸之路经济带，是文明飞渡中一条中国货币文化的流动走廊。那一枚枚挣脱泥土拱出来的五铢钱，在斑斑锈迹中散发出潮湿的岁月气息，宛若一把打开时光隧道的钥匙，将千年驿道上那些奇珍异宝和传奇故事呈现在今人面前。而五铢铜币上的小方孔，更如一道探视历史外景的小天窗，让人窥见当年驿站重镇充满烟火气息的"清明上河图"。

如果把藏彝走廊比作一根扁担，它一头挑起北方丝绸之路，一头挑起南方丝绸之路。

尔苏人：藏彝走廊的阳光族群

石棉县城，位于横断山脉沙鲁里山中端的大渡河畔。发源于川青交界处果洛山的大渡河，宛若一条巨龙劈山撞岩，咆哮汹涌，从泸定流到石棉后，由西向东横贯全境，再猛然往东折去。

石棉人宛若高明的魔术师，将原来的一座矿山小城逐渐变成了一座现代的生态旅游之城。走在县城的大街小巷，如果不是抬眼望到四周群山环抱，我根本想不到这是在一座小县城而会以为置身在大都市。但它旖旎风光，清新空气，温暖阳光，却是在大都市难以享受到的。

先秦时期，这里就是南方丝绸之路北段的重要通道，以后又是茶马古道上的重要驿站。西汉时，司马相如打通西南夷，石棉是这段路清溪道的重要部分，分别隶属于越嶲郡、沈黎郡。当地人强调，诸葛亮"七擒孟获"的故事，就发生在他们县内栗子坪的孟获城。

大渡河畔的尔苏族部落

2019年6月的一天，在石棉县体育馆，我们遇到几位尔苏族人用他们的母语唱酒歌、爱情歌、祭祀歌、婚嫁丧葬歌。看样子好像在排练什么节目。尔苏民歌一般为一人主唱、多人附和的多声部小合唱。"觉里满姆"为尔苏民歌中的"杠启",讲述尔苏人的过去,还有"石嘎""标嘎""泥几嘎"等,分别是葬礼歌、孝顺歌、丰收歌等,与汉语的叫法不同,内容丰富多彩,也带些神秘意味。

中午,这些尔苏人热情地邀请我们去他们聚居地参观——县城西南方向的蟹螺乡江坝村。

车子在葱茏的大渡河谷蜿蜒前行,沿途野花怒放,溪流淙淙,山峦里隐约可见用土石修建的藏式民居。路上,前面河岸出现坍塌滑坡,几名头戴黄安全帽的工人,在边坡上修补一处被冲垮的防护墙。往上看,几乎是90度的山坡,直插云霄。车辆小心翼翼地行驶,生怕稍有不慎坠入悬崖。

约40分钟后开到蟹螺乡。蟹螺乡也叫蟹螺堡,是石棉尔苏族聚居地。

居住在此的尔苏人至今沿用清代的称谓,称村为"堡"或"堡子"。堡子外,农人在田地中耕种劳作;堡子内,鸡群在巷道中自由漫步。在江坝村五组,我看到尔苏人的建筑,是用土坯瓦砖为材料修建的有檐有脊的房子,跟汉族居民住房差不多,不像其他少数民族常用的木楼竹楼。

尔苏族建筑跟汉族居民差不多

阳光似金子般散射开来，天空纯净而高远，清澈溪水哗哗流过寨子的房前屋后，山风把大片松树、桉树、枇杷、女贞、桂花和各种野花的气息，吹拂到这个小寨子。

在江坝村五组的大院坝角落，我看到有几只鸟儿在一株女贞树上叽叽喳喳，抢食打闹。眼下，已成熟的女贞树小果实饱满多汁儿，一树沉甸甸的果实成了鸟儿们最喜爱的美食。听说这里的阿婆们喜欢在女贞的枝叶上放养一种叫白蜡虫的昆虫，这种虫的雄虫能够分泌白蜡，由虫蜡制成的蜡烛经久耐烧，在乡村旅游中很热销。这场景，让我想起李白那首写女贞树的诗："千千石楠树，万万女贞林。山山白鹭满，涧涧白猿吟。"

江坝村五组组长是个40来岁的汉子，姓徐，个子不高，精瘦，阳光把他的肌肤晒得黧黑油亮。老徐听说我们是从北京、成都、昆明等地组队来采风的，兴冲冲跑来作陪。

他说，蟹螺堡南边有一条十来公里的古道遗址，是旄牛道一条支路，当年许多尔苏族男女也参加马帮，他们将茶叶、蔗糖、生丝等运到越西、冕宁等地，换回盐巴、山货、皮革等背回来。漫漫古道，寒暑更迭，青年男女披星戴月结伴走货，在高岭河谷里相互帮衬，也在悠远山歌里播撒了爱情的种子，在阳光的催生下茁壮成长，也繁衍了一代代勤劳善良的尔苏人。

大相岭附近的古道遗址

石棉蟹螺堡2012年入选首批"中国传统村落"，是首部挖掘尔苏文明的电影《觉里曼姆》拍照地。聚居在这儿的尔苏族人保持传统的生活习性，被称为中国西部民族文明走廊的活化石。

老徐说，这些年县上搞乡村旅游，尔苏族和汉、藏、彝等各民族团结互助，亲亲热热就像一家人，遇到春节、国庆、五一这样的大节日，大家互相帮着介绍游客，交流旅游经营心得，有空还一块儿搞搞篝火晚会，孩子们也不分民族在一起玩球、爬树、捞鱼、掰玉米、捉迷藏，金灿灿的阳光将他们的身影映在水面上、山峦里、屋檐下……

村里的孩子看到我们十分兴奋，不停跑来跑去，还爬上房顶大声嚷嚷，我们听不懂他们在说什么。据说平时，村里人互相之间用尔苏语交流，对外人也会说简单的汉语。

云南青年学者邱健告诉我，尔苏语听起来更接近羌语，不像藏语，虽然他们在族群身份上被划归藏族。尔苏人在农业、建筑、纺织、服装、口述历史及族人内语言的使用上，都表现出这个族群原本与藏人不同。

如今的尔苏族人，主要生活在大渡河沿岸和支流河谷。历史上，尔苏族被官方划归藏族的名下，在服饰和口语上，外人很难分清他们和藏族同胞的区别。尔苏族聚居地分布很散，除了汉源，还有四川凉山地区的甘洛、越西、冕宁、木里和甘孜藏族自治州的九龙等地，但只要他们说同一种语言，就是其乐融融的"一家人"。

神秘奇特的"萨巴文"

75岁的尔苏族老人王志全是个"尔苏活字典"，村里人说没有他不晓得的事情。王志全笑着说，旧时尔苏族多为一夫一妻制，条件好的也有一夫多妻，有男尊女卑遗风。

那天在蟹螺乡江坝村五组，北京大学中文系教授陈保亚带着博士后研究生邱健、博士生江昕，拿出录音机，用常规汉语测试王志全几个词汇。比如"我吃了一个苹果""我们去喝酒""我吃了这个苹果，我吃了那个苹果""我从康定来"等。他们想通过采集民族地区的方言，来挖掘、验证一个地方历史文化的根脉和族群的前世今生。我在一旁听得云里雾里。

同为尔苏人，不同地方的人的口音、口语都不同。王志全说："照我们祖先的说法，不同地方说尔苏话的人对尔苏族有不同的叫法，甘洛、越西、盐源的尔苏族人称自己为'尔苏''布耳子''耳苏布耳子'。石棉这边的则称自己为'路耳子'，木里县、九龙县以及冕宁县西部的尔苏族人又自称'栗苏'。不同的叫法实际上是同一个词的不同方言，原意都是'白人'。外人听起来可能有些打瞌睡。"

王志全还说，尔苏族人相信他们死后会轮回转世，如果他们在世生活时品德高洁，则转世轮回后，他们重新做人可获得更高的社会地位；如果在世生活品行恶劣，则会转世为动物。尔苏人天性淳厚善良，相处和睦，邻里很少发生纠纷。

之前我听到一个说法：如果有人询问尔苏人来自何方，族源在哪里，他们会心怀恐惧地回答："我们尔苏人是不能说根脉的，说了就会被灭族。咱老祖宗发过誓。"说很多族类渊源，早就被尔苏人祖先刻意隐瞒下来，因此今天深藏大山的尔苏人，都不记得部族的来龙去脉。对此，王志全连说这是误会，"我们尔苏族当然有自己的历史传承，有文献记录呢。"

按王志全老人的说法，他们的老祖宗是西夏人，13世纪前，西夏人一直生活在新疆和中原以北，直到被蒙古族打败了，然后沿着"藏彝走廊"跋山涉水来到大渡河畔的四川石棉县，族群其他人则雪花入泥般融入凉山地区的甘洛、越西、冕宁、木里以及雅安地区的石棉和甘孜藏族自治州的九龙等地，分布很广。

江坝村一位尔苏族阿婆告诉我，他们这个民族的占

尔苏族阿婆

卜打卦很有意思，比如谁家丢了财物，就会找来一根一人高、没结疤的细棍儿，边唱卦歌边按照一定的方向砍木棍："山神卦神白石神，赐福禳灾尔苏人，今有某某不明事，特意打卦问神仙……"卦歌唱完后，主人会根据细棍上被砍出的刀疤给出的"卦语"，来"确定"被偷财物的去向。这种带有娱乐色彩的习俗在尔苏人中传承下来，大家都觉得很有意思。占卜打卦的工具主要是棍卦、鸡头卦、头帕卦、羊膀卦、猪脾卦等。

由于长期与世隔绝，尔苏人的生产和生活、传统与信仰一直承继在亘古不变的祖先遗制中。比如尔苏人的新年，就有别于汉族。他们的年是在每年农历八月丰收之后，年的名字也很特别，叫"还山鸡节"。这是当地尔苏藏族一年中唯一的民族节日，一般持续三天三夜，人们在这些日子里敬山神、祭祖先、庆丰收。祭祀典礼的一切仪式，皆由尔苏人的巫师"萨巴"主持。

尔苏人一直在使用神秘奇特的"萨巴文"，这种文字与"东巴文"，同为我国迄今发现的仅存的几种原始图画文字，外人同样如读天书。记得2018年12月，我随北大教授陈保亚、孔江平等去四川宣汉县采访，在那儿看到一种流传于民间的古老祭司文字，也是用图画形式写成的"象形字"。那种祭祀文字，据说可以解读古代巴国人的部分历史脉络。

萨巴文代代相传，大多写在经卷上，笔画上是用彩色的日、月、星辰和牛、马、羊等动物图案画出来的。遇到过节或婚丧嫁娶等大事，尔苏族"活字典"王志全总要带上他的"生肖甲子卜卦图"去做司仪。

我后来在石棉地方志看到一个资料：在石棉县木雅、尔苏等藏族村落，共发现了3本与王志全"生肖甲子卜卦图"类似的画有神秘图形的书，书上文字读法相近，释义相似。

不过看这些文图时，需加进大量词语才能念出完整句子。比如在蟹螺乡，王志全指着一幅图举例说，图中只有6个"词"：中间是"猴子"，左下是"盛满食物的盘子"，左中是"陶罐"，右上是"闪亮的星星"，右中是"断树"，右下是"雾"。这些图画文字连起来的意思是："二月十三日，属猴。这一天是有酒和肉的喜庆日子。天快黑时天气可能要变，地下有雾气，树被风刮断，预示着要有大风，但两颗明星在天上闪耀，总的来说这一天是好天。"

这种图画文字还跟颜色有关系，不同颜色表达不同的意义，如白色代表金，绿色代表木，蓝色代表水，红色代表火，黄色代表土。

这种文字是怎么来的？王志全坚持认为，是以前他们的老祖宗从西夏迁移到藏彝走廊时带过来的。这种文字，也只是在甘洛、越西、冕宁、木里、九龙等地的尔苏族群中使用，外人如读天书般懵懂。

长期研究西南地区民族语言的陈保亚教授说，语言的出现对人类进化的重要影响表现在各个方面，包括人类古道，通过叙述、传说、史诗等语言文本，让后代获得古道知识，比如某条古道通向何处，路程有多远，是否有危险，哪个季节行走比较安全，沿途如何分道等等。这次，陈保亚也带他的研究生认真记录了尔苏族人的口语和"萨巴文"，准备回去好好研究一番。

横断山里的"藏彝走廊"

提到石棉县，不能不提到著名的"藏彝走廊"。

苍茫险峻的横断山脉，"横断"了东西，却也开启了南北沟通的伟大孔道。

6000年前，黄河流域的一支古人沿着温暖湿润的横断山脉河谷不断南迁，慢慢形成了包括藏族、彝族在内的多个族群聚居区。这个族群聚居区，在20世纪80年代前后被社会学家费孝通称为"藏彝走廊"。

藏彝走廊是个历史—民族区域概念，主要指川、滇西部及藏东横断山脉高山峡谷区域，这个区域因有怒江、澜沧江、金沙江、雅砻江、大渡河、岷江6条大江（俗称"横断六江"）自北向南流过，形成了若干南北走向的天然河谷通道，自古以来成为众多民族或族群南来北往、频繁迁徙流动的场所。

四川师范大学教授段渝在《南方丝绸之路：中印交通与文化走廊》一文打比方说：如果把藏彝走廊比作一根扁担，它的一头挑起了北方丝绸之路，另一头挑起了南方丝绸之路。

段渝指出，位于横断山东侧的藏彝走廊是一条伟大的民族走廊，迄今有中国的汉、藏、羌、彝、白、纳西、傈僳、普米、独龙、怒、阿昌、景颇、拉祜、哈尼、基诺、傣、佤、布朗、德昂、苗、瑶等民族聚居其间。另有缅甸的缅族、克伦族、克钦族等42个民族的135个支系也在其中，其中布岛族以女性长颈为美，超长脖颈的习俗举世闻名。

藏彝走廊，为何成了北方少数民族乐于迁徙的福地呢？

知名旅游科普作家、四川省地矿局物探队副总工程师李忠东在《横断东西，一座特立独行的山脉》一文中写道：

"翻开我国的民族分布图就会发现，以横断山为坐标，北部和南部均为多民族分布的区域，而东西两侧分别是汉族和藏族，民族成分相对单一。北方，气候恶劣，广袤的草原适合于游牧生活，但有限的资源往往引起族群之间的征伐。频繁的征服与反征服的战争中，促使民族的迁徙成为常态，而南方地形复杂崎岖，相对封闭，更有利于防守和隐藏，所以顺着横断山高岭河谷南迁川滇，成为北方失意民族的最佳选择。"[1]

自然灾害尤其洪水的威胁，也是导致外来族群南迁的重要原因。"汤汤洪水方割，荡荡怀山襄陵，浩浩滔天，下民其咨。"《尚书》记载，中原地带洪水泛滥，无边无际，淹没庄稼、山陵、房屋，人民遍地饥荒，灾难无边，只好流离失所，背井离乡，南迁到相对安全的横断山脉。

"南有嘉鱼，烝然罩罩""南有乔木，不可休息；汉有游女，不可求

---

[1] 引自《中国国家地理》，2004年7月。

思"，《诗经》中许多篇章，也反映了古人对南方之地的赞美和对生活的憧憬。

时间巨轮磨损了记忆，碾碎了历史也覆盖了原貌，只能靠文字去想象，去重建。我想，当初北方"外来户"进入大西南，那是一条何等艰难的远征之旅：高山河谷，关隘险阻，暴雨、冰雪、冰雹、瘴气、酷阳、野兽、泥石流蝗虫般袭来。迁徙的人们三五成伴，或攀援于蚕丛山道，或受虎豹袭击，或遭匪患拦截；酷暑寒冬，留下仓皇足迹，激流山峦，搁下亲人遗体，哀哭声不绝于耳……

清初大诗人王士祯曾两次从北方入蜀，其线路接近藏彝走廊的北端。王士祯在诗中这样描写汉中龙门的险峻状况："上龙洞背两山夹峡，一山如狞龙奋脊，横跨两山之间，下有洞似重城，门可通九轨，水流其中，下视烟雾蓊郁，不测寻丈，自是盘折而上，骑龙背行，四望诸山，如剑芒牙戟。"他在游记里写道："（三台秋林）蛇虎虽多，与人无害……（三台建林）地多虎，日高结伴始敢行。"可见其入川不易，入滇更难。

藏彝走廊在连绵起伏的高山深谷里，当迁移者踏上这片土地就睁大惊恐的眼睛，颇有"拔剑四顾心茫然"的迷惘。为了活下去，无论是新石器时期的古人群，还是明末清初逃难来的百姓，大多要浮萍般移动一番。这种族群的移动，既覆盖平原丘陵也深入高山峡谷——有的民族喜欢沿水而居，有的喜欢悬在半山俯瞰大江，有的喜欢高踞山巅望日出日落。这一点，我们从藏彝走廊的核心地带大凉山可以看到许多例子。

无论如何，藏彝走廊成了北方少数民族最好的应许之地，山外的战火很难烧进深山老林里来；当然，"若是那豺狼来了，迎接它的有猎枪"。他们入乡随俗，学会了怎样把溜索、独木桥换成更牢固结实的桥梁，怎样把木排、竹筏换成更大的木船，怎样把不同的砖楼、土楼、竹楼、碉楼搭建得牢固美观。他们进山打猎、下河捕鱼，与日月星辰对话，在有篝火的地方唱歌跳舞，在山洞岩壁上刻画劳作的身影；他们灵动的样子让万水千山注入更多的生命气息。

第二辑

马帮文化

马的耳朵能听见百公里以外发生的事，它的眼睛看得见，它的鼻子闻得到。养马三年知马性，赶马人对于马的性格摸透了，就是马帮文化。

山间铃响马帮来

20世纪50年代，于洋老师主演了一部描写云南边疆的电影《山间铃响马帮来》。银幕上一阵铓锣、马铃声儿响过，弯弯曲曲的小路上现出一队神秘的马帮，令人神往。

自西汉时阿富汗市场出卖蜀布和筇竹杖，就有马帮跋涉于中缅印古道。马帮存在上千年，历时之久，没有哪一种交通工具比得上。在行路难的古代，马帮作用之重要自不待言。

如今马帮、赶马人走过的故事，是一部只属于过去时代的传奇般史诗，各种交通网络早已取代昔日蜿蜒于大山河谷及连接起一座座村寨的古道，那些传统意义上带着帐篷、罗锅、枪支，响着铜铃唱着赶马调浪迹天涯的马帮，基本不复存在，只剩下日益剥蚀褪色的记忆留存在老赶马人的脑海里。

在南方丝绸之路这条国际商贸通道上，当年的马帮是个什么生存状态呢？他们的朋友圈又有哪些帮规法则？

南方丝绸之路主要线路

四川大学历史地理研究所所长李勇先介绍，南方丝绸之路总长2000多公里，是中国最古老的国际通道之一。南丝之路主要有以下四条线路：

第一条为西道，即灵关道（今旄牛道），从成都出发，经叶榆（今大理）到永昌（今保山），再到密支那或八莫，进入缅甸和东南亚南亚其他地区。

第二条是东道，称五尺道，从成都出发，到僰道（今宜宾）、朱提（今昭通）、味县（今曲靖）、谷昌（今昆明），然后一个方向入越南，另一个方向经大理与灵关道重合。

第三条是沐源川道，起自乐山犍为古城，溯沐溪河翻五指山，经马边县老河坝，过中都镇到达金沙江边的新市镇，再往西经雷波、昭觉县到达西昌，与西线零关道汇合。

第四条是大雪山道，从羊苴咩出发，经永昌、腾冲，往西北，经宝山城（今昔马），然后北行过金宝城（今缅甸密支那），再往北至大贼（即广荡城），由翻越大雪山至东天竺（今印度阿萨姆）。

四条蜘蛛网式商道，无不处在险山恶水间、原野丛林中。千百年来，马帮们赶着骡马前赴后继地走下去。马背上驮着各式各样的物品，马颈上系着的铃铛叮当作响。马帮向国外输出的商品有筰马、丝绸、缎匹、生丝、药材、茶叶、酒、纸、扇等；输入的商品有玛瑙、琥珀、缯布、海贝、玉器、棉花、象牙、燕窝等。

很多上年纪的赶马人说，他们走得最多也最艰难的是零关道。零关道全长500多公里，山路崎岖，坎坷艰险。以成都到西昌为例，沿途有16个大的驿站，人和骡马要走十六七天。到达大理后，灵关道和五尺道算是走完了，可商队仍旧继续前行。他们翻过永平县的博南山后，渡过

汹涌的澜沧江，从兰津古渡进入永昌，沿着永昌道渡过怒江，经过滇越
（今腾冲），最后从古勇出境，到达掸国（今缅甸），再到身毒（今印度），
最终将蜀地运来的邛竹杖、蜀布、丝绸、铁器、漆器等运到南亚、西亚
甚至欧洲、非洲。

就这样，全程2000多公里的南方丝绸之路，串联起川滇两地的山川
河谷，走向世界。

马帮行走之处，自然条件极其恶劣，加之路途漫长，大多时间处于
风餐露宿、饥寒交迫的状态。现代诗《马帮的故事》对砥砺前行的马帮
有着深刻描述："马铃声随风飘荡在云雾山中，晨曦中行走着马帮的队
伍。马铃唤来漫天的朝霞，吆喝声把山间的雾霭驱除。赶马人挥舞着手
中的长鞭，清脆的鞭声响彻林密的山谷。风雨兼程是赶马人的家常便饭，
赶马人在篝火深山中露宿。山巅的星星串起滴滴露珠，长刀弯月迎来东
方的日出。赶马人的生涯在驿道上度过，驿道漫漫道不尽赶马人的酸楚。
马帮的路走了千里万里，走过边疆和村寨的万壑深谷……"

面对险恶而随时变化的环境，马帮也形成了严格的组织帮规，形成
了独特的马帮文化。

专业马帮和业余马帮

行走在古道上的马帮或赶马人，有专业和业余之分。

专业马帮规模较大，一般有固定的马锅头和固定的行走路线、固定
的交接渠道。专业马帮少则数百匹，多则上千匹马，专为客商运送大宗
的货物。由于南丝绸之路有着横断山脉的绵延大山，再大的大马帮都很
少能全线走完，而是接力赛式的节奏分节完成。

"途中没有大道，只有一条要攀登的弯弯曲曲的山路，通过阴暗多
石的峡谷，沿着陡峭的大山忽上忽下，涉过咆哮的冰川溪流，有时跋涉
于危险的山地泥潭沼泽中。骡马到达目的地时都已精疲力竭，马蹄破碎，

需要很长时间才能恢复元气。"①半个世纪前，俄国人顾彼得这样描述丽江的专业马帮顾彼得行文流畅，笔锋细腻，描写生动，更富有悲悯之心，读他的书能感受一种代入感和时代氛围。

马帮组织形式有三种。一种是家族式的，全家人都投入马帮的事业，骡马全为自家所有，且以自家的姓氏命名。比如民国初期，走四川、跑云南的马帮，大多是家族大商号马帮。第二种是逗凑帮，也就是同一村子或相近村子的人，每家出几匹骡马，结队而行，各自照看自家的骡马，当然，要选个德高望重、经验丰富的人做马锅头（带头大哥），由马锅头出面联系生意，结算分红时可多得两成收入。第三种，没有固定组织，因走同一条路或接受了同一宗业务，担心匪患而走到一起。还有就是，农闲时出来挣外快组建的小马帮，几匹十来匹马跑个场子，挣几个酒钱，往返不过十来天。

马帮和赶马人被称为"高山之舟"，他们不仅将盐、茶、铜铁、丝绸等带到各地，还依靠自己的见多识广，在沿途各地起到信息传递作用。

雅安荥经县新添镇78岁的叶铭东老人告诉我，他的曾祖父在清咸丰时期，是荥经一带有名的家族大马帮，"当年在新添，对外贸易的货物主要是丝绸、蜀布、邛竹杖、盐、香料、宝石、象牙、琉璃、铜矿、锡矿等，用的货币是出产于印度洋的海贝。那些价值不菲的东西，来来往往经过荥经，很少出现运输纰漏。我曾祖父厉害，是个称职的好老大。"叶铭东说。

走货途中有严格规矩

无论赶马人有什么样的组织形式，他们在走货途中都有自己的规矩。

行路时，他们将少则十来匹、多则三五十匹的马用长绳穿成一长串，每匹马的脖子下都挂着个大铃铛。另外，赶马人的行头甚至马的行头，

---

① 引自《被遗忘的王国》，云南人民出版社，2007年。

对专业马帮来说也十分重要。

2019年6月，我在雅安天全县甘溪坡马帮陈列馆看到，作为专业马帮，对马匹的行头十分在意。这些行头主要有鞍、鞯、糠包、盖缇、油桶、祥胸、小扣、大扣、架子、架皮、架弓等。赶马人的一部分行头可以交叉使用，比如钉、掌、刀、锤等，一部分则是个人专用，如撬棒、披毡、蓑衣。马的行头也大部分是专用品，不是特殊情况不可以交叉使用，有专人管理。

行头看似简单，却包含着赶马人的个性和智慧、经验。

在家靠亲人，出门靠朋友。走货路上碰到其他马帮，大家会想到都是出门人，遇到困难相互帮助。遇到别的马帮人或骡马病了，也会全力出手帮助。碰到道路桥梁断了，便出工出钱合力修理。谁家缺了粮食、草料啥的也会相互接济。争抢道路、争抢草场、争抢顾客货物只会两败俱伤，那是朋友圈最忌讳的。

赶马人有共同信守的规则，下坡的人要让上坡的人，下坡的马咔嚓咔嚓猛冲，没人拦得住。野外露宿，晚上会烧一些草果，毒蛇猛兽闻到草果的气味后就不敢侵犯他们。但烧过饭睡过觉的地方不能重复使用，因为毒蛇猛兽知道自己被忽悠后，会加倍报复，人们下次只能去别的地方做饭宿营，"打一枪换一个地方"。

"马有前悔，人有后悔，马的耳朵能听见百公里以外发生的事，它的眼睛看得见，它的鼻子闻得到。养马三年知马性，那些赶马人对于马的性格摸透了，摸透了这些东西就是马帮文化。"大理白族文化学者张锡禄日前在《我的云南》电视纪录片里说。

云南喜洲马帮组织有个规矩，在外面做饭，饭煮好后要先给马锅头吃，因为他们路过很多地方，知道水中有没有毒，既然做了马队的头儿就要承担起责任。第一碗饭大家看着头头吃，十分钟左右头头没死，大家才敢吃。同甘苦共患难，锅头要吃头碗饭，分钱也要多分一点，故马队的头儿被喊作"马锅头"。

无所不能的马锅头

央视科教频道曾播放韩国KBS"亚洲印象·茶马古道"纪录片,有个画面是:清早,怒江大峡谷的马锅头薛老大,敲响了声音浑厚的铓锣,这是启程的号令。铓锣是马锅头的标配,形同草帽,中间有个凹陷,一敲,声音沉闷,但能传七八百米远。马群听到铓锣声纷纷起身,马夫们也有条不紊地给骡马上货。走几个时辰,到了水草丰美的留驻点,马锅头将铓锣再一敲,识途的老马就停下来。这时到了栈口歇息地,大伙停下来,拿三个石头架个锅儿,煮点玉米糊糊和洋芋,当作一餐饭。

马锅头或马夫头,是决定马队生死命运的带头大哥。

马锅头多是全才,无所不能。他们懂四时节令、天气变化,能辨别方位道路,通晓各民族语言,会各种马帮技能,诸如算账识货,开枪打仗,支帐做饭,砍柴生火,乃至医人医畜。

沿途有层出不穷的磨难,所以马锅头也都是能承担责任的牛人。他们头脑灵活,精明能干,不仅要会几手拳脚,更要懂得应变斡旋。

马锅头有自己的标志,肩膀上大多有一只猴子。过去老成都的马帮和猴子分不开,再小的马帮也要养只猴子,大的马帮甚至要养三四只。猴子在夜里喜欢活蹦乱跳,马被惊了就睡不着。

"马锅头通常骑一匹识途老马,走在前面。马背上插着有'某某号'字样的商铺号旗。一般情况下,人们看不见马帮,只是远远听见悠扬的铃声在山间回荡,未见其人,先闻其声。"民俗文化学者刘孝昌回忆邛崃的马锅头说。

面对横断山脉江河横溢、山峦叠嶂的特点,许多聪明的马锅头会跟当地建筑师一道,制造实用性很强的交通工具,比如笮桥、栈道。

"笮桥",是当地笮族人创造的一种飞跨天堑的索桥,《元和志》卷三二载:"凡言笮者,夷人于大江水上置藤桥处。"最初采用当地出产的竿、藤拧扭而成，系于河谷两岸，借助木制溜筒，将人畜滑向对岸，以通往来。其架桥原理，至今运用于雅西高速、雅康高速等现代桥梁的建设中。

沿途有些地方的水有毒，有些地方的草有毒，有些地方连土都有毒，这就需要马锅头出面。他们靠自己的聪明机警和行走经验，来避开那处处隐藏的危险。

头马也很重要。头马多是有经验的成年大马，额头戴上金灿灿的马罩，正中镶嵌一面小镜子，阳光照在上面，远远看去明晃晃的，那是为了辟邪。头马的马身还要用红绸装饰，脖子下挂一串大铃铛。头马不是用来驮货的，它专门起模范带头作用。

头马也是百里挑一选出来的聪明马儿。它们到了两岔道自然知道往哪边走，在三岔路就分辨不清停下来，这时马锅头跑上来，缰绳一拉，鞭子一响，骡马又晓得该往哪走了。

马帮生活的苦与甜

赶马人风里来雨里去，大部分时间过的是野营露宿的生活。

过去，荥经、汉源、喜德的赶马人很节省，午饭是以烧洋芋为主。平时的伙食，只能寄宿在当地百姓家，条件好的时候，可以投宿在水草丰美的栈口。栈口，就是老成都人嘴里的"茶旅店"。

民国时期，在成都的簇桥、金花桥、土桥一带，开有很多因马帮兴起的茶旅店。茶旅店白天卖茶，晚上把条桌儿拼起来，当成大通铺，赶马人就齐齐睡在上面，尽管大家满身臭汗，得忍住。茶旅店还会提供骡马的草料、豆料等。虽然条件艰苦，但对马帮来说，人有住马有食，已相当不错了。

赶马人途中歇脚之地，叫幺店子（茶店子）。幺店子提供的功能十分简陋：背夫们在晚上住下后，躺在满是臭虫跳蚤的草垫上，检查各自的伤痕：谁的肩背红肿了，就烧烫拐子的金属杆压在红肿处；肩背磨烂的，敷上盐巴以痛疗痛。一般的茶店子还会提供马的草料和饮水。

更多的时候，赶马人走在前不着村，后不着店之处，他们将马赶围成一圈儿，马帮在一旁露营，生起一团彻夜不息的篝火。

2015年春，我受邀去石棉县清溪古镇采访，在山上看到一处马店遗迹：黄泥巴土墙，茅草盖顶，茅房里有三四个石凳子（也称哨凳，休息的凳子）。清溪镇老辈子说，以前，这样的马店每晚收两角钱，客人若吃一碗豆腐另加5分，次日加一碗豆花又是5分。店家可以免费提供柴火。马帮在当晚蒸好玉米粑供第二天路上吃。在茅草丛生的店子遗址，有个高举单反相机的男人对一时尚女孩喊道："妹儿呀快过来，这老房子破旧，但我会把你拍得比萧穗子还乖。"

漫漫长途，让马帮人也有着上阵父子兵的义气。遇到危险，拿枪的拿枪，拿棍的拿棍，一起上，谁也不"拉稀摆带"（四川方言：做事拖泥带水）。休息时也没有尊卑之分，大碗酒大块肉，都得有吃有喝。

许多赶马人抛家别子，风餐露宿，常常逾年不归，随时要与艰苦的自然环境和恶劣的天气做斗争。但他们懂得在苦涩生活中寻找丝丝甜意。比如，欣赏途中的自然美景。

阳光灿烂的日子他们会看到，山势迤逦，流云直往山上翻涌，走在半山腰的马帮如同在云海中穿行。春天最漂亮，横断山脉在海拔2000多米的地方，都盛开着各种野花儿，粉、红、白，漫山遍野，如云似霞，马帮人如同在花海穿行。远远望去分不清是花是云。马帮人还喜欢唱点山歌，那缥缈动听的歌声，让村寨的姑娘听了耳热心跳。

"马帮在物物交换的买卖中，蛮有乐趣的。"大理白族文化学者张锡禄说，"偏僻山野，马帮每到一个地方，四村八寨的女孩子就会跑出来，问马锅头有没有丝线、有没有针。她们常拿一个麝香换回一包针。一包针最多值五元，一个麝香可以值五万，万倍差价啊。所以很多赶马人愿意吃苦冒险，愿意背井离乡。"

　　丽江束河有个"茶马王故居博物馆",是马帮后裔王仕堂开的。老王说,云南的很多集镇因马帮而产生,只要马帮经常走到的地方,那儿的人都比较聪明。

　　如今,除了云南西北部怒江大峡谷,绝大多数马帮已消失,但马帮精神还在,马帮文化还在,这些永远不会消失。

朱瀚桂摸出小闷笛儿，吹一曲自己喜欢的《苦曲》。阿木日岬坐在他身边，像个孩子似的听得入迷，咂巴叶子烟的嘴巴僵住不动……

生死相依的马帮兄弟

我曾听说，过去的赶马人背井离乡历经艰辛，到了老年，那些赶了二三十年马的人见多识广，非常了不起，回到村里就成了领袖人物。老话说"赶马三年，成大道"。真是这样吗？

这些年在横断山脉采风，我努力寻找那些马帮亲历者，以获取他们当年生存状况的素材。但我悲哀地发现，越来越多的马帮亲历者正在老去或死去，我只好跟马帮后人接触，获取也很宝贵的第二手资料。

有一点我没想到，许多马帮后人说，由于时代变迁和交通发达，有的马帮退休了，不再跑货了，闲下来反倒不适应，精神萎靡不振，很快就离开人世。

后人讲出这些，觉得格外不可思议，也格外让人心酸。

马帮不再出征，就像猎人不再打猎、渔人不再出海，他们悲伤地感到了一种自然生活方式的终止。

大凉山的马帮阿木日岬和朱瀚桂，就是这样。

一

这个故事，发生在会理县鹿厂镇一个小山村。按彝族的历史地理分类，凉山地区分为大凉山和小凉山，以美姑县境内黄茅埂山及安宁河为分界线，黄茅埂以西为大凉山，以东为小凉山。

说起鹿厂镇，很多人晓得那里的手工铜器十分有名。清代末期至民国初期，手工铜器制造形成鼎盛，城乡处处燃烧起铜作坊的炉火，袅袅烟火勾勒出古老小镇的商业版图。20世纪50年代初期，鹿厂民间生产的铜壶、铜火锅、铜罐、铜烛台、铜面盆、铜烟斗、铜门环等运输交易也十分红火。凡没通公路的地方，哪怕山再高水再急，依然有马帮运送铜器的身影。

我们故事的主人公，一个叫阿木日岬，一个叫朱瀚桂。

阿木日岬是彝族人，1973年5月去世。他遗体出殡那天，天上忽然下起暴雨，亡人一落墓大家就走散。但有个人没走，他就是阿木日岬生前的好兄弟朱瀚桂。

阿木日岬当年用过的走马工具

老朱淋着雨呆坐在那里。山峦清静，蓬蒿被雨水打湿后低垂着头，天上有只鹞鹰飞来飞去。突然，这位汉族老人热泪纵横，失声痛哭，哭得像个受了天大委屈的孩子，好像这哭泣是他早跟死者约好似的。秋风把旷野上的野草吹得东倒西歪，发出簌簌声，像是在鼓动朱瀚桂心头的悲凉。

这哭声，是在倾诉朱瀚桂和阿木日岬几十年患难与共的马帮情谊啊。

两年后，一个月光幽冷的夜晚，朱瀚桂也离开了人世，走得悄无声息。村里人说，老朱是去陪阿木日岬了，他俩也一定是早就相约去另一个世界再做兄弟。

两人的寿命都不长，其中阿木日岬只活了49岁。

2011年秋，我随文化下乡慰问演出队去会理采访。活动结束后，我独自南下去鹿厂镇沙沟湾，想看看那里的南丝之路遗址，也想找几个赶马人聊聊。

沙沟湾是早年灵关道的驿站，出过不少在江湖上叫得响的马帮。这里有成昆铁路和108国道经过，交通方便。

在沙沟湾，我认识了阿木日岬的儿子阿木拉哈。彝族男人的名字中，以"拉"命名的很多。

阿木拉哈自己也当过马帮，他当然不是父辈那种旧式马帮。20世纪80年代末期，阿木拉哈依靠人扛马驮，把建材、通信基站、电网工程等材料化整为零，运到会理县的基建工地。他脑子像阿爸一样好用，待人诚厚，又懂得现代社交，硬是用马背驮出一条致富之路。现在，阿木拉哈在沙沟湾开了两家农家乐，尝试搞些乡村旅游。

沙沟湾东头有条小河，河道曲折萦回，河水清澈透亮，有几只鸭子浮游着，它们低着头，似乎想把粼粼波光上的白云叼进喉里。那头，四五个孩子光着屁股在河里打闹嬉戏，不时有蜻蜓在他们头上飞来飞去。

我下榻在阿木拉哈开的客栈。院坝后是一片蓬勃的庄稼地，种满苞谷、辣椒、南瓜、冬瓜和西红柿。苞谷长得最好时有2米多高，褐色的穗儿饱满低垂。夏日傍晚，蟋蟀、蝉虫、蝈蝈躲在林子里唧唧唧唧闹个不停，似乎很不安于这里的过于宁静。

阿木拉哈的记忆里，阿爸在世的最后几年经常惶惶不安，总像有什么要命的东西丢失了想找回来。老爷子还常对家里人发脾气。蹊跷的是，朱瀚桂大叔也这样，好像又跟人约好似的。

阿木拉哈难过的是，父亲病故前那个彝族年过得窝火，全家人都跟着窝火。

从古到今，彝族人对过年很重视。彝族年一般是在每年11月20号左右，热闹3天。彝族年的头夜叫"觉罗基"，过年第一天叫"库斯"，第二天叫"朵博"，第三天叫"阿普机"。

初一那天，阿木拉哈老早起床，去河里挑了一担水回家。这是彝族人的习俗。他将一碗水和昨天的水比了比重量，新年那一碗水重些，这意味着新的一年将风调雨顺。当然，他心里更多是指望父亲开心起来。

拜年很热闹，村里几十个后生按20人一组，穿着盛装，吹弹着马布、巴乌、口弦、月琴挨户向老辈子拜年，到他家时，阿爸阿木日岬走到门前，端上水酒请小伙姑娘们喝。他当时的神态还算轻松，但儿子看得出他脸上的笑容是挤出来的。后生们在他家院坝跳舞、摔跤、跳锅庄，玩了好久。阿木日岬借口身体不适，回房间独自待着了。

阿木拉哈觉得很没有面子，他愠怒地望着阿爸的背影。他记得小时候过彝年，阿爸总是笑眯眯地拿刀分割猪蹄儿，让自己和弟弟带上山去"玩坝子"。那时的阿爸多好啊，他陪孩子们燃起篝火，教他们兄妹和其他小朋友，把猪蹄不分你我地抛进火中烧熟，然后你一块我一坨掏出来吃，让娃娃们从小养成团结友爱的习惯。阿爸高兴时又唱又跳，将山上的毛瑞香花朵摘下来给女孩儿别在头上。毛瑞香花儿开得正艳，乳白色花冠顶端呈四瓣裂开，香气浓郁，引得一只食蚜蝇在花丛间乱飞乱窜。

这当儿父亲不冷不热地离开了，阿木拉哈很困惑，更困惑的是，他听说村西头朱瀚桂也是这样。俩老人怎么年纪越大越没活明白，这是跟谁较劲呢？

阿木拉哈说，阿爸生前常和朱大爷背着手在村里转来转去，有时坐在树下、河边聊天，一聊大半天。夏日晚上，蟋蟀躲在树丛里大声抗议燥热的天气。两个老人邀约出门闲逛，随便找个院子坐下来，借着皎洁的月光帮主人掰苞谷，聊天的话题大多跟赶马人有关。孩子们围坐在四周，瞪大眼儿听故事，各种想象随月光飞到高高的云层。

按说这样的生活很惬意，但两个老人一点儿也不快乐。不快乐的原因，竟是"闲"出来的。寨子里的人说，没想到。

下面，是阿木拉哈继续给我摆的龙门阵。

二

阿木日岬、朱瀚桂年纪差不多，都出生在1924年前后。

阿木日岬原是昭觉县人，兵荒马乱年代，他跟父亲逃难来到会理，后来又南下来到鹿厂镇沙沟湾。1946年前后，练过几手拳脚的阿木日岬拉了个小马帮，七八人，主要朝外地运输手工铜器。小他两岁的朱瀚桂成了搭档。那时候，一个鹿厂镇出产的上佳手工铜茶壶，换算成今天的价格是12元左右，铜火锅21元左右，单只运费分别为2元和4元。

20世纪50年代初，鹿厂有两条古道，往北连接会理，往南连接黎溪镇。阿木日岬大多北去会理、会东，往返需要十四五天，有时候也跑跑黎溪镇，往返一个月。

两人分工合作十分默契，商队有十二三匹上佳骡马。阿木日岬是马锅头，朱瀚桂负责照管驮畜、保管物料，他还懂些兽医常识，保住骡马很少生病。有时，来往的两队马帮在狭窄驿道相遇，走前头的阿木日岬就发出信号，指挥人畜安全通过。如遇山洪暴发，河水阻道，大伙儿齐心协力，将货物卸下来转移在皮筏上渡河，牲口则在浅水处蹚水过河。

每天太阳落山，他们的马队会寻一滩涂住下，搭帐篷，支铜锅，熬茶做饭。残阳夕照，把他们的影子投射在波涛上，揉捏成猩红色金光。晚上，他们生起篝火，架起土陶锅炖鸡，炖好的鸡肉不用刀切，拿手撕成条块儿。他们用鸡汤做成辣椒水，放些花椒、大蒜和炒过的盐进去。他们把撕成条块的鸡肉蘸着辣椒水吃……即便睡在帐篷里，地上也要铺一层好草，那是些山冈上最干净的、羊嘴没有沾过的、兽蹄没有踏过的草。厚厚的绿草犹如温软的毡毯，睡在上面舒适清爽，还乘着月色做个好梦。

彝族谚语说："洗头红绳要选最长的，知心朋友要交最长久的。"二人亲如兄弟，日夜相伴，二十多年来浮萍般漂泊在驿道上，候鸟般转来转去。走货途中危险无处不在，用朱瀚桂的话说，是把脑袋挂腰上的，一脚生门，一脚死门。久而久之，习以为常。

路上遇到毒蛇瘴气或豺狼虎豹，他们从来不怕。马脖子下拴了个大铜铃儿，行走时咣当咣当响成一片，回荡在山谷，起到震慑野兽的作用。

马锅头阿木日岬体格高大，高鼻深目，古铜肤色。他的头顶总蓄着高高的发髻，头上缠着蓝色丝织头帕，帕子头端捏成一个尖锥儿，尖锥偏向额前左方（**彝语称"兹提"，汉语名"英雄结"**）。那英雄结扎得细长挺拔，显出主人勇武不凡。阿木日岬身上那件羊毛织的黑色披毡（**彝语称"察尔瓦"**）长至膝盖，下端饰有长穗流苏。察尔瓦白天披在身上挡风御寒，夜晚扯开当被褥。

阿木日岬可以徒手撂倒三四个汉子。这不是主要的。关键是他有一把祖传铜制长刀（**彝语"名出以莫"**）。那是一把单手铜刀，刀柄长14厘米，柄首用直径5厘米的兽骨制成，刀柄上錾刻着龙虎纹饰。刀身重，劈砍时有顿挫感。这种铜制长刀闪着饥渴寒光，若被它刺中会造成大面积出血。但阿木日岬很少刀出鞘，一出鞘就出事。

彝人自古崇拜铜，阿木日岬尤其崇拜传说中以铜刀降妖伏魔的彝族英雄支格阿尔（**也叫支格阿鲁**）。阿木日岬认为，铜有避雷避邪的作用。野外饮水时，他喜欢将铜刀放入水中比画几下，说这样可以驱避害人的水鬼。

朱瀚桂个儿不高，平头，言语不多，那双又大又黑的眼睛灵活闪烁，宽阔的下巴颇有坚决果敢之意。他脚蹬一双闪亮的高筒皮靴，磨得锃亮的皮带上，挂一把有锯齿的铜制刀柄匕首，匕首小巧轻便，适合随身携带，既可用于近战肉搏时的刺杀，也可用于对猎物开膛破皮肢解剔骨。朱瀚桂跟"大哥"阿木日岬一样，酒量惊人。

有一年初夏，他们的骡马队来到会东县东南侧的小岔河，此处山势复杂，头天刚涨洪水，在悬崖峭壁与小岔河交界处，一股巨流哗啦啦旋转着涌入洞口，使附近的水面朝着洞口倾斜，像个血盆大口，即使河水暴涨淹没洞口，也能看到洞口附近水的翻腾，漩涡不断。驿道的木栈道位于落水洞上方的悬崖峭壁上，高悬半空，陡峭险恶，马帮的人偶尔把头伸出栈道往河里一望，不免心惊胆战。幸好精壮的骡马走得踏实，驮在它们背上的铜器货物也捆得牢实。

这时，传来几声乌鸦吱吱叫的声音，乌鸦叫不是好预兆。领头的枣红色马噗地打出个大喷嚏，提醒阿木日岬前面有情况。跟着，树林里蹦出十几个拿着火枪、长柄矛、竹弩、木弩、抛石索的土匪。这帮人冲出来要杀人劫货。

双方不怎么搭话，直接动手。好像赌场里的人都晓得彼此的习性。土匪仗着人多围攻上来。簌簌落叶和滚滚河水，为这场搏斗烘托出催命的节奏。阿木日岬的左肩、小腿中了三四刀。他大吼一声，扒掉察尔瓦，像一头斗牛场上失控的野牛扑过去，挥矛冲杀，竟独个儿干掉对方四人。那铜制长刀，犹如古代军队里被渴了几天不让喝水的战马，张大嘴要渴饮敌人鲜血。

朱瀚桂也不是省油的灯，他脑子敏捷，手脚灵活，一边指挥后队把货物拉走，一边挥着铜柄匕首左劈右戳，连着割破了两个山匪的喉咙。匪首被眼前的阵仗儿吓得目瞪口呆，吹个口哨儿，丢下同伙的尸骸，撒腿跑得没影儿。

阿木日岬、朱瀚桂一战成名，成了会理、鹿厂、黎溪一带的马帮枭雄。后来，土匪只要远远瞅到来往马队里有一把寒光闪闪的铜制长刀，就知道好汉们来了，溜。

三

20世纪50年代中后期，鹿厂周边的公路越修越多，汽车的鸣笛将骡马的叫声驱赶殆尽。两个老哥们只好找些暂不通公路的偏僻乡村，继续运送些铜壶铜罐铜盆铜烟斗。十多年后，村寨机耕道也越来越多，车子突突突跑得欢，货物运输量也大得多。兄弟俩一声叹息，六神无主，眼前这泉水叮咚、花草婆娑的山谷忽然变得格外死寂。他们很不情愿地将马镫货包收存起来，时不时拿出来擦拂上面的灰尘，或者，邀约去那些长满野草的驿道走一走，吆喝几声，算是解馋儿。

到20世纪60年代初中期，他们都才40岁出头，还年富力强。

闲下来后，精壮的肱二头肌少了鼓荡的机会，渐渐松弛。他们无所事事了，经常背着手在村里瞎逛。外面的世界一天天变化，他们的心一天天发霉。

他们早年运输铜制品赚了些钱，早已衣食无忧，但对如今大把时光在手头溜走，很是不爽。他们除了在一起聊聊天喝喝酒，对其他事儿都提不起兴趣。就连大冬天围坐在火塘边烤火，都觉得跳动的火苗儿是在戏弄自己。

那两天，我在阿木拉哈开的客栈里住得很舒服。客栈漂亮，杜鹃盛开的大堂、融入每个细节的马蹄铁设计、充满雪山气息的房间，这些设计元素组合在一起，构成现代驿站的时尚气息。

关于阿爸他们，阿木拉哈摆谈了很多。渐渐地，我们都开始明白，老人们生前如此眷恋马帮生活是有缘由的，也算一种职业惯性：他们经年累月穿越在崇山峻岭，行走在丛林激流，牵引的不只是一匹匹骡马货物，更牵引着对家人、对家族的责任。

当初，在活路干得顺、工钱拿得多的时候，兄弟俩会放松心情，放慢脚步，看看身边好看的风景。他们在轰鸣的水声中穿过云杉、桦木、竹林，绕过瀑布跨过乱石，与猴子、黄羊、野猪、松鼠和小熊猫打个照面，目送它们嗖地钻进红豆杉林里。

阳光灿烂的日子，蓝天触手可及，白云在身旁环绕，犹如来到仙境。夕阳照耀下的雪山冰峰，金光普照，如燃烧的彩霞。葱郁茂密的原始森林，湍急奔腾的江河，清澈的高原湖泊，都是一幅幅精美绝伦的图画。

那个时候，朱瀚桂总会从褡裢里掏出心爱的小闷笛，吹一曲《苦曲》。这小闷笛儿，携带方便，音色圆润，是彝家人喜欢用的乐器。老朱"演奏"时，阿木日岬就坐在他身边，像个孩子似的歪着头听得入迷，呷巴叶子烟的嘴巴僵住不动……

两个老人退休后，越来越萎靡不振。短短八九年，原本强健的阿木日岬更像病魔缠身，头发掉落，听力下降，神态憔悴，眼光呆滞，连走路都经常偏偏倒倒像个醉汉，最后因心脏衰竭去世。跟着，朱瀚桂也随他而去——他是怕自己的笛声没人倾听了吗？

俩马帮兄弟，就这样离开了他们曾经渴望的世界。

阿木拉哈讲完这个故事，抬头望着天上的弯月，好久不说话，他眼眶里泪光闪闪。我发现自己的眼睛也湿漉漉的。

"转转酒"习俗，来自民族团结的美好传说：一座大山中，住着汉人、藏人和彝人三个结拜兄弟，他们相互帮助……

会理：月光浮起的马帮故事

来会理旅游的人，离开前大多会暗暗祈祷：好好保护这个古城吧，别像有的地方一味"打造"了。

是，会理古城已经很美了，如果在上面添砖加瓦些不伦不类的东西，伤害的不仅仅是当地的民众，还有更多关心它的人们。

会理古城

每次徜徉在会理，我就想，为什么有很多人总想往大城市跑？是在车水马龙里刷存在感、在高楼大厦间寻生活品位吗？在一个温馨的小城里居住有什么不好？

最早知道会理，是被那一口石榴馋来的。有朋友每年给我寄来一纸箱石榴。会理是石榴之乡，素有"籽粒透明似珍珠，果味浓甜似蜂蜜"的美誉，在唐朝时被唐玄宗相中，钦定为宫廷贡品。

但我喜欢会理，主要因为这座古城符合我心目中的两个条件：既美丽，又有历史。

"川滇锁钥"的重要驿站

在南方丝绸之路灵关道上，会理的位置极为重要——既是古蜀门户，又是水陆要冲，向西可达云南大理、永昌，连通蜀身毒道；往南则抵云南蒙自，直通越南滇越道；往东南则由昭通抵达重庆、叙州，连接湖南、湖北、江西。明清时代，会理城汇集了各省的会馆，俨然一个"联合国办事处"。

古灵关道从县境南北贯通上百公里。会理县城是古道上的重要驿站，素有"川滇锁钥"美誉。

秋天的会理，天空一碧如洗，像一面崭新的大镜子，让人仔仔细细擦拭过。偶尔有云雀儿啾啾飞过，也是小心翼翼，生怕它们的翅膀在天幕落下划痕。会理古城依玉墟山余脉而建，东西窄而南北长，形似一条小船。传说会理县曾是大海，观音菩萨为解救民间疾苦，以树叶作船修筑了会理这座城，又在城东的北山上建了白塔以紧锁水口，使古城遇洪灾不没，故会理又称"船城"。城郭前，缓缓地流淌着源自龙肘山的溪水，半裹着这座城市，在夕阳中闪耀着炫目的光芒，传递着从远古而来的气息，又缓缓地向南流去，汇入金沙江。

"会理"的名字，是用枪弹和炮火编织成的。明洪武年间，会理由于地处要冲，既有北方的蒙古族，也有湖广填四川的汉族移民，还有从云南迁徙而来的彝族居民，各土司部落常有冲突。土司月鲁割据叛乱，明太祖朱元璋派 30 万大军平叛，镇压叛军后，在一片废墟上修建了一座新的会理城，取其"川原并会，政平颂理"之意得名。

会理一直保存着完整的古城格局，以鼓楼为界，有东、西、南、北四条纵横交错的老街。古城南北长 1776 米，东西宽 920 米，故有"穿城三里三，围城九里九"的说法。

漫步古城，那些石板路在深巷中向远处延伸着，一块块被岁月磨损的石板在细雨中散发着幽幽光泽。街道两旁，明清时期的古建筑就像一座博物馆呈现在眼前：大门、枕石、屋檐、瓦当……古朴安详。光赵家大院就有着明清两代的风韵，一抬脚就可以跨越两个时代：前院是明代风格，后院是清代风格，这种穿越感真实而奇妙。

在百年老茶屋里点上一壶茶，坐在干净的条凳上，望着窗外几百年前的老城砖和往来穿梭的人流，听听周围的茶客讲讲街头巷尾的传说、故事，现代生活的种种压力将与你不相干。

你会发现，街头，许多人家的房门虚掩着，静悄悄的，恬静而安适。偶尔看到几个孩子在玩耍，见游人来孩子们远远停下来，冲着你笑，那笑容跟天空一样明净。

我庆幸遇到了沙马什衣老人。沙马什衣是城南一家民俗客栈的老板，当地人喊他"沙爷"。其实他刚过六十，人清瘦，矍铄，嘴里随时叼根尺多长的叶子烟杆儿，在银色烟雾里咂吧着岁月的飘逝。

沙爷家的院子两层楼，180 多平方米。他平时和老伴住，儿子儿媳在西昌做生意，老两口儿一边帮他们带小孙女，一边经营客栈。

沙爷家那个小四合院看上去很养眼，院墙四周栽种着银杏、女贞、流苏、黄连、银杏、株兰、朴树。我最喜欢的是初秋开放的一丛丛剪秋罗，橘红色的五枚花瓣儿带着小剪刀似的深裂分叉，橙红花瓣组成的花冠与雄蕊之间的花冠喉部长着 10 片突起的附属物，构成小小的流苏状副花冠，这又让它们的小花显出几分不羁。剪秋罗的名字来自《广群芳谱》："剪秋罗，一名汉宫秋。色深红，花瓣分数歧，尖峭可爱，八月间开。"大门外有两棵四五米高的柿子树，树上一盏盏红红的"小灯笼"压弯了树的枝头。站远点看，一个挨着一个，密密匝匝又大又红，馋馋地吊着人的胃口。再从远处看，这些柿子星星点点，像缀满了一树红红的花。

入冬后，沙马什衣一家子就围着那个大火塘一边烤火，一边拿出柿子做成的柿饼柿片，慢慢吃，日子过得甜甜蜜蜜。

月光下的马店吆师故事

沙爷原先是黎溪镇一个理发师傅，但他手上功夫不如嘴上功夫好。孩子们说，听他的故事可以不吃饭。

那天晚上，当月亮在白莲花般的云朵里穿行，天地一片银白，如梦如幻，晚风把远处的蝈蝈鸣叫声送走，我看到几个十来岁的孩子溜出来，坐在沙家院子里，手捧脸颊儿听沙爷讲故事。我待在会理那几天，不想出去瞎逛，就天天晚上听他讲故事。

"今天讲个女妖。她——青面獠牙，咬人喉咙，吧嗒吧嗒喝人血……"几句开场白后，沙马什衣嘴里的古庙、坟墓就蹦出一个阴嗖嗖的蜘蛛精，他的眼波也被满天月色映出一道冷光。老街四周，霎时阴寒阵阵，孩子们成了大耳朵图图。

声音幽冷，孩子们的小心脏狂跳不已。回家做噩梦都美滋滋的。但家长们不买账，找到沙马什衣说："莫素阿普（**彝语：大爷**），莫摆那些段子嘞，娃儿听了要出毛病。"

沙马什衣管不住自己的嘴儿，又不好再给娃娃们摆牛鬼蛇神，有些郁闷。他看我经常向他讨教灵关道和马帮的老掌故，眼睛一亮说要给我开小灶，摆摆这方面的龙门阵。孩子们又晚上翻窗出来听故事，跟我一样上了瘾。

"阿咪杜、惹杜、阿耳、沙玾晓得不，你们的阿皮（彝语：曾祖父）以前当过马帮嘞？"沙爷呷口茶，望望满天月色和南门城楼剪影，那是大自然给他配好的道具，开始了自己的节目——

过去，灵关道上的马帮翻山越岭来到会理，一看到城门垛子高高挂着的灯笼，会长舒一口气儿。会理是个可以让他们踏踏实实住下来的地方，也是很多人一趟货运的终点站。

马帮从骡马背上卸下重重的装茶叶、丝绸、陶瓷的担子，然后把累得蹄儿打闪闪的骡马交给店小二，打盆冷水胡乱抹抹脸，再仰躺在竹椅上抽烟喝茶。这些马帮日复一日，年复一年，风餐露宿，弄不好还会在野兽、洪水、泥石流那儿丢了性命，够苦的。

民国二十三年（1934）前后，会理城南边安宁河畔，开了家"大兴马店"。大兴马店老板，就是沙马什衣的阿普（即祖父）。这里食宿兼备，生意很好，经常有汉彝羌藏各民族的马帮客商，尤其是黎溪镇马帮进进出出，夏季高峰时有上百人、两百多匹骡马，扎堆歇店。大兴马店铺盖被单每天都干干净净，夜里还有专人看守骡马和客人货物。这马店的老板脑壳灵光，手指特别灵活，一双手左右开弓在算盘上噼噼啪啪跳舞，分毫不差。老板还总是披着察尔瓦（即披风），裹好绑腿，头上缠绕一副白色头帕，拧个英雄结，让彝族马帮看着像个自家兄弟，很亲切。

大兴马店有个四十来岁的吆师，姓朱，汉族人，伶牙俐齿，眼睛不大但炯炯有神。吆师就是拉客的伙计，吃这碗饭就靠嘴皮子耍得好。嘴皮子耍得越好拿到的薪水越多。当时会理城的客栈都在想办法拉回头客，招徕客人的重担几乎全搁在吆师身上。

待客人入住，朱姓吆师随口编个段子，创作出既得体又有趣的顺口溜："楼上的客，楼下的客，听我吆师办交涉：要屙屎，有草纸，不要撕我篾席子；要屙尿，有夜壶，不要在床上画地图。"这算是暖场调儿。大点的马队长年走南闯北，听得懂汉族人说话，一听就扑哧笑了。

大概一更天，朱吆师又摸上楼交涉，好像在打快板："在家千日好，出门时时难。行路辛苦了，落店把脚歇。包袱担子要收好，上床之前把门撇。瞌睡警觉点，谨防夜摸客。"那年月，大多数住店的都是披星戴月的赶路人，第二天凌晨，吆师又来叫早，窗棂格子上映出他冻得直哆嗦的身影："东方已发白，早走好早歇。要翻山的客，听我讲透彻。大凉山林密，到处漆麻黑。翻山结队走，免得遇棒客。叶子烟要灭，沿途要清洁。下回过此地，又来小店歇。"随后，朱吆师安排伙计给每间客房端茶送水，名义上送茶水，其实是查看客房有没有异常。

沙爷说，以前会理好点的马店和馆子，没有一家不是靠吆师撑住门面的。会理是南来北往的交通要冲，连老首府昭觉都没有这方面的人才。大兴马店的吆师也经常被昭觉的马店出重金挖角儿，但他们不为所动，算是吃良心饭。

馆子门前，若瞅见有客人犹豫着要不要进去，吆师就满脸堆笑跑出来招呼："客官辛苦，里边请。咱店经营酒菜饭面，红白两案一应俱全。酒有咂酒水酒啥都有。菜有羊肉烫锅、熨斗粑、荞凉粉、稀豆粉、抓酥包子，还有小笼粉蒸肉、羊火腿、羊干巴。饵块可以烧、煮、炒、烫饵。要不咱来个铜火锅，瞧这天儿多冷？"绕口令喊堂声一气呵成，抑扬顿挫，将客人吸进去。

饭馆吆师还有一手绝活：进店落座后，客人点好菜，吆师边念边唱，把客人点的菜名报给锅师。这念唱声儿高低起伏，极富乐感，绝对是一门说唱艺术。

黎溪马帮和鱼鲊古渡

夜深了，弯月高挂，犹如一盏并不耀眼的灯，将四周照得渐变般隐亮，距弯月越远的地方慢慢变得漆黑。月儿投映在远处安宁河的水面上，被缓缓的水流揉碎，现出鱼儿般的形状，粼粼波光就是鱼儿身上的鳞甲。天上，密密麻麻分布着星星。这些星星颗粒之大，是我从未见过的。

"阿咪杜、惹杜、阿耳、沙玶，坐近点，吃花生。"沙马什衣老人从塑料袋抓出一把煮花生，塞到几个孩子的手上，就像孔乙己将几颗茴香豆排在柜台一样。他清清嗓喉咙，又讲——

茶铺的吆师也不是省油的灯。茶铺是个小江湖，每天人来人往，茶客们在这里谈天说地、交换信息、看书听戏甚至谈生意。加上穿梭在茶铺里卖花生胡豆的、卖纸烟的、算命看相的……就跟水陆道场般热闹。复杂环境下，吆师最要紧的是会"看茶"。

看茶除了要有眼观六路耳听八方的反应，随时招呼客人，还要练达敏捷。来了熟客，吆师会笑眯眯迎上去，准确喊出茶客尊姓："莫素阿普，里面请！"

若有熟识的壮年茶客招呼"莫素阿普的茶钱记我账上"，吆师马上提高声音："莫素阿普的茶钱，苏依开了。"这一吼，整个茶铺都知道莫素阿普人缘好，苏依重交情，两个茶客脸上都有面子。

茶客若是把茶盖儿揭开放在一边，吆师就知道需要续水；若把茶盖挨着茶船斜放，就是茶客要出去一趟再回来，茶碗不要收；若茶盖朝天直接盖住茶碗，表示茶客已喝完茶水走了，可以收了。

沙马什衣说，他听爷爷讲，往年在会理城，南来北往的马帮中，黎溪马帮总是昂首挺胸走在街上，连昭觉来的大马帮都不看一眼，颇有些藏地康巴汉子的气度。沙马什衣记得，50年代末期，他才五六岁，跟小伙伴最喜欢黎溪马帮，看到那些人高马大的叔叔牵马走在青石板路上，就嚷着让他们抱上马，一边扯他们的胡子，一边从马袋里找糖果。那些叔叔总是笑眯了眼，故意捏着糖果不给。

黎溪镇位于会理县以南80多公里处，是过去灵关道上的重镇。黎溪的力马河、青矿山至今遗存古人开采的铜矿洞遗迹。《大清一统志》载："会理州海溪山在州南一百二十里，附黎溪山出白铜。"今天的黎溪街，整条都是建在长738米、厚10米的冶炼白铜的炉渣之上。

月亮照在家乡也照在异乡。奔波于灵关道的黎溪马帮，总是白天走货晚上踏着月色来到会理。他们在大兴马店大碗喝酒，大口吃肉，通宵达旦。这些人着装跟昭觉、会理的彝族居民不大一样，更接近云南楚雄马帮的装束，多用黑布包头，不扎英雄结，耳朵不戴耳珠子，身穿蓝色或黑色对襟窄袖上衣，衣襟上又两排布纽扣，显得精神干练。

黎溪马帮喝酒很厉害，他们先抬出一大酒坛儿，围坐在酒坛周围，若在冬天会把火塘烧得旺旺的。每人手握一根竹管或芦管，斜插入酒坛，从坛中吸吮酒汁，人最多时有七八个人同时埋头啜饮，犹如酒坛子开出一朵花儿。这一点跟藏族人喝酒有点相似。他们边唱歌边吃肉，大声说自己喜欢的女人。兴致浓郁时，就拿出葫芦笙和巴乌演奏一番。巴乌是一种单管簧振气鸣吹奏乐器，形似笛子，分高音巴乌、中音巴乌、次中音巴乌和低音巴乌。

若是夏天，黎溪马帮还喜欢喝"转转酒"，他们在草地上席地而坐，围成一个一个的圆圈儿，一杯酒从一个人手中依次传到另一人手中，各饮一口。这种转转酒习俗，来自一个民族团结的美好传说：一座大山中，住着汉人、藏人和彝人三个结拜兄弟。有一年，三弟彝人请两位兄长吃饭，吃剩的米饭在第二天变成了香味浓郁的米酒，仨兄弟你推我让，都想将佳酿留给其他弟兄喝，于是从早转到晚酒也没有喝完，后来神灵告知只要辛勤劳动、互帮互助，酒喝完了还会有新的酒涌出来，这样三人就转着喝开了，直到酩酊大醉。

灵关道在会理境内全长七八十公里，现存古道遗迹10多公里，岁月更迭，脚印蹄痕宛然。凤山营（今鹿厂镇凤营乡）也有数段遗址，可惜多已荒芜废弃。

沙马什衣建议我有时间去鱼鲊渡看看。他说，鱼鲊渡是灵关道上一处非常重要的古渡口，位于会理县城西南83公里处的金沙江北岸，那里是诸葛亮"五月渡泸，深入不毛"的渡江处，现在仍是金沙江一处渡口。"2015年4月金沙江鱼鲊大桥通车以前，每天有拖轮和木船对过往车辆和行人摆渡。船工竖起一根木杆，凭经验调整好木杆上可以上下移动的横木，哗地一下拉起帆布，风儿鼓着帆船往上游驶去，过了江心水急处，船工放下帆布，摇着长橹短桨，船就顺流而下，过对岸鱼鲊村去了。"他说。

　　沙马什衣嘴里的故事，就像一只云雀儿，披着月光悬停在空中，又飞向远方天鹅绒般的夜幕里。老人一辈子没走出过横断山，但他在自己的故事江湖里行走如风，踏遍千山万水。他分明就是个了不起的马锅头，用极富感染力的掌故和口语变成了山间的铃铛声，调动浩荡商队跋山涉水，一次次渡过难关，抵达目的地……

古道，是高挂在大地躯体上的五彩飘带，它带着汗渍的气息，将人的活动、城镇的形成、文化的流变维系在一起。

从原生古道到转型古道

对古道的认识缘于一次摄影活动，准确说是一次被忽悠的活动。

多年前，四川汉源县有个朋友说：贵哥，你喊几个摄影师来咱县里参赛吧，一等奖3万，嫌少不？

我说不少不少。赶忙开车去，奔着想象中哗啦啦的钞票儿。在该汉源县清溪镇一处山冈，我看到一条用石板、鹅卵石和泥土铺就的驿道遗址，驿道边缘有半人高的拦马墙。据说这里，是早年汉源人外出运茶、求学、经商的必经之地。但过去很长时间，除了村民来采药或劳作，这条山路早已荒芜。现在县里搞乡村旅游，决定启用"老古董"。

作者在邛崃古道上跋涉

这是一个阳光灿烂的日子，古道花香四溢，草木葱茏。我看到四五个穿旗袍的漂亮女孩站在梨花树下，面对当地的摄影师扭扭脖子、甩甩长发、抬抬美腿。我带去的摄影师忙拿出"长枪短炮"，很敬业地趴在地上，拍摄最新最美的画面……结果，一二三等奖全被当地人收入囊中。朋友笑道：莫纠结这个，你们省城老师啥没见过？区区奖金就赏给咱小地方的人吧，哈哈哈。

颗粒无收，但我第一次看到乡村旅游的机体被植入古道文化，热闹风光的外表下也蕴藏着珍贵的历史内核，觉得来一趟也挺值。

衔接昨天和今天的桥梁

这些年，我多次去甘孜、阿坝、凉山和大巴山作田野考察，加上个人爱好，隔三岔五要去参加户外徒步，见识了不少古道，也对古道文化略有知晓。

所谓古道，不是两个点之间的唯一的线路，实际上往往是"路网"（即多条线路织成的网）。在西南地区的横断山脉，无论是运盐古道，还是茶马古道，还是南丝之路，古道作为古代交通的主要通道，是一种重要的文化载体。

古道沿线的村庄、石拱桥、凉亭、古井、古庙等历史遗迹和山岭、树木、溪流等自然景观，汇集了古村落文化、宗教文化、古树文化、名人轶事、故事传说等，浓缩成了独特的古道文化。古道绝不仅仅是一条悠然轻松的旅游路线，也不是一首充满浪漫情调的诗，它是一首不乏血汗交糅气息沉重的诗，是翻越崇山峻岭的神经和血脉，是以无数双脚丈量出来的绵延不绝的里程，也是古老的过去与现代化的今天相互衔接的有形见证。

我自小生活在"一脚踏三省"（今川陕鄂）的重庆巫溪县宁厂镇，外公是远近有名的说书艺人，我小时听他讲：清末到民国初期，从宁厂到陕西镇坪县有一条120多公里的古盐道，崎岖坎坷，穿云钻雾，非常险峻。每年都有不少"盐背子"摔死在悬崖峭壁。盐背子往返一趟需要四五十天，为了不挨饿，出门后把写有姓名、做有记号的干粮袋寄放在沿途客店，以便在返回途中充饥。行走中，盐背子形成了自己的步行规则，"上七下八平十一，多走一步是狗日的"，意思是上坡的时候，走七步歇一歇，下坡的时候，走八步歇一歇，平路走十一步歇一歇。

重庆到成都之间也有古驿道。成都作家凸凹多次踏勘考察认为，成渝古驿道全线，早在汉代就成形了。《成都市交通志》载："汉代，成都东出翻越龙泉山，经蜀郡辖县牛鞞（今简阳县）、资中通巴郡的道路已立为驿道。"唐宋时，成渝之间除了时称东大路的南道，又新开辟了一条经中江县大华乡、遂宁、合川到重庆的北道，亦立为驿道。北道兴起后，南道不再受宠。明代，南道复兴，北道退出驿的在编谱系，官家不再为它列支修缮、运转费用，任其自生自灭。

明朝的朱家皇帝因为喜欢出门，很重视驿站的修建和维护。除成都城外锦江边建有水陆两用的锦官驿外，还在成都东门至重庆西门间沿途建有龙泉、阳安、南津、珠江、安仁、隆桥、峰高、东皋、来凤、白市、朝天共11个驿站。这些驿站，随时有旱夫、司库、辨夫、厨子、站船夫，还有马匹、骡子、船只等驮畜。人员配备方面，有抚院轿夫、伞夫、布政司、按察司、分巡道、督粮道、驿传道和各种轿夫驻扎，保证随喊随到，说走就走。

横断山东部边缘的川滇古道，是极为险峻的漫漫之途。云南本来产盐，但滇东北的昭通、曲靖地区距云南盐产地道路险远，严重缺盐，历史上主要靠自贡富荣盐场和乐山犍为盐场的食盐接济。

川盐入滇的路线主要有3条：一是乌撒入蜀旧路线，即叙永—毕节—威宁—宣威，再从宣威至沾益、富源等地；二是沿着"五尺道"路线，即宜宾—珙县—高县—筠连—盐津—豆沙关—大关—昭通—鲁甸—曲靖；三是"闰盐古道"，以四川盐源为中心，经西昌、攀枝花、木里到达云南宁蒗、永胜、华坪、丽江。

这条驿道在古盐道上，撒满了一路珍珠：名镇、古桥、古驿站、古牌坊、传说故事、名人轶事不胜枚举。有川盐第一滩贡井艾叶滩,有六百年古刹天池寺,有蜚声中外的城中瀑布奇观贡井平桥瀑布,还有千年古镇仙市等。

横断七脉,山高水急,很多地方几乎没有什么平地,无论从哪一条河谷或者哪一座山脉纵向切割,两边的山水形态都可能截然不同。这样的地理结构,在古代社会有可能成为流民和少数民族避难的场所。横穿这些河流的时候,人们都只能依靠栈道和溜索。

多次踏勘滇藏川大三角的北京大学中文系教授陈保亚,对"横断山,路难行"有切身体会。

1990年夏,当时在云南大学执教的青年教师陈保亚,和另外5位同行一道去寻找传说中的茶马古道,线路是从中甸、昌都、康定再回到中甸,形成一个大三角,其间冒着生命危险,徒步2000多公里,翻越几十座4800米以上的雪山,跨越金沙江、怒江、澜沧江等50多条激流险滩,收集记录滇藏川大三角地带语言文化、地理风俗等近百万字资料,拍下3000多张纪实照片,录存上百盘民间故事和方言的磁带……他们终于也是第一次发现,在横断山脉的高山深谷间,东奔西走,南来北往,流动不息,形成了一条延续上千年的茶马古道。他们6人,也被称为"茶马古道六君子"。

盐道是最早的运输古道

近年来,每次跟陈保亚教授出去考察,我都向他请教古道文化方面的问题。他说,古道的形成主要有两种情况:一是原生古道,二是转型古道。

原生古道,是指一开始就伴随马帮、背夫和骡队的出现,被硬生生踩踏出来的古驿道,比如云南到西藏的滇藏道和四川到西藏的川藏道这两条大"茶道",就是被马队、商队经年累月一步步开拓、踩踏出来的,其必经地横断山脉早先并没有成形的远征古道，最多只有一些局部古道为军事行动所开拓。

为军事行动所开拓的原生古道十分普遍，举两个例子：一是小金县的懋绥道，就是乾隆打大小金川时开辟的，没有这场战争就可能没有这条古道。懋绥道的路线很长：从懋功（小金）县城经新桥塘、僧格宗、王家寨、黄草坪、崇化屯、独松到绥靖屯，全长170公里。

还有，三国鼎立之时，蜀汉以南，今贵州大部分、云南、四川大渡河以南及广西北部边缘地区，合称"南中"。223年，刘备死于白帝城，南中地区形势突变，四郡豪族举兵反蜀。

诸葛亮亲率兵马分三路进军南中，打了几次大仗，南中得到平定，三路大军会合于滇池（今云南普宁）。叛乱平定后，诸葛亮考虑到因交通不便差点影响了战事，他决定建立以成都为中心通往建宁（云南味县，今天的曲靖市）、牂牁的交通网路，为的是"出其金银、丹、漆、耕牛、战马，给军国之用"。故诸葛亮《出师表》才会有"南中以定，兵甲以足"[①]。这说明，诸葛亮平叛南中，不仅取道于这一时期的滇黔古道，而且在南中治理上注重道路交通的恢复和建设。

古道的形成还有一种情况：转型古道。历史上著名的唐蕃古道、陇蜀道、蜀道、零关道、五尺道、蜀身毒道、盐道等功能不一的驿道，它们在很早以前就已经存在，只不过由于民族文化的冲突而经常处于中断或无人问津的状态。唐宋以后，随着茶马交易的兴起以及南丝之路的兴旺，这些古道得到激活并迅速转型为网络干道。

这当中，古盐道（也叫"川盐古道"）的转型作用，是最不能忽略的。

盐有两大作用，一是维持人类的生存，一是保存食物。人类进入农耕社会以前，通过狩猎得到的动物，其体内含有一定的盐分，那时候人

---

① 引自常璩《华阳国志·南中志》卷四，商务印书馆，1939年。

对盐源的需求还不很迫切。进入农耕社会后，人类更多地开始依赖植物而生存，原本从猎物中吸取盐的机会越来越减少了，不得不寻找盐源，获取食盐，以补充身体的需要。

粮食果子的采集和生产、牲畜的饲养、衣服的制作、水的引取，大都可以近距离进行，但盐产地并非每处人群聚居地都有（如贵州就不产盐）；即使有盐源，也不是每处人群聚居地的主人，都有能力自己去开采，于是只好到较远的地方获取。这样，连接人群居住地和盐源的古道网络就开始出现，也就必须有古道直接或间接地通向盐井、盐池、盐田，而这些古道还必须保持畅通，更不可能长期中断。

换句话说，盐道是最早的必不可少的运输古道。

从时间上看，盐运古道的出现，比茶马古道和丝绸之路出现的时间要早得多。大量考古工作发现，人类早在公元前6000多年就开始从盐水中提取食盐。盐业在中国出现很早，到汉代已经相当发达。山西运城附近的解池盐田至少在公元前6000到公元前4000年前已经存在。

任乃强先生也曾讲到人的"恃盐性"："人类早期所赖以生存的古道，绝大多数是盐运古道。""盐是最重要的民生物资，人畜不可或缺，从古至今如此。古代的巴族就因掌握峡江盐泉，以盐与周边氏族交换而致富强，后来也因为不事生产，只坐享鱼盐之贡，而致巴族逐渐衰弱。而且，人类远古的聚居点与文化文明的发生发展地也多与盐的产地有密切关系。"[1]

关于上古时期盐业记载，多为演绎性质。比如，黄帝派夙沙氏煮盐，巴人起源与逐盐而居，羌人盐运与迁徙等，但其"因盐而聚市、因盐而成邑、因盐而兴衰"的历史却是实实在在的。从公元前250年中国历史上最早的"凿井煮盐"，到1521年用"盾钻"技术凿出的世界第一口百米石油竖井；到清道光和抗战时期，"川盐济楚"和"民国中央盐务总局"

---

[1] 引自《华阳国志校补图注》卷二，上海古籍出版社，2007年。

驻桥等重要历史事件……漫漫古道，装载了太多与盐有关的荣耀和沧桑，它也像盐一样融入我们的历史文化和日常生活里。

古道：交集穿行的历史画廊

饮誉全国的川盐古道，主要有川鄂、川湘、川黔、川滇四大干路。盐运工具，主要是驮队，有用马的，有用骡子或驴的，还有用独轮车的，更有人专门用牛盘陡坡。朴实的人民承担着他们的责任，无论是雨天还是酷暑。川盐古道也先后诞生了不少古镇，如犍为县的罗城、清溪镇、五通桥，无一不是商业重镇或著名码头。

古道的线路指向从来不是单一的，这就形成一道奇观：过去的川滇地区，古盐道与南方丝绸之路、川滇藏茶马古道多有重合，丝、盐、茶、马、铜在同一古道上交集穿行，大家唱着不同的赶马调喝着相同的烈酒，热热闹闹，你中有我，我中有你，形成斑斓的历史画廊，也促进了民族之间的交流融合。

在中心城市出现以前，村落往往是沿着江河分布的，所以古道也沿着江河行走，沿途可以有各种交换。中心城市出现后，古道也成了城市之间往来频繁的主要干道。自贡盐业千年的产销历史，促成了古盐道的辉煌形成。前面提到的艾叶镇（艾叶滩），地处自贡市西大门西端，素有"盐运古道第一滩"之称，由此向东是百里旭水河闻名的"八里秦淮"并与贡井老街相连。北宋时期，艾叶镇乡民就发现了咸水，草木煎熬遂获食盐，制盐外输。艾叶镇，至今还保留了许多运盐古道的石板路遗迹和老码头的遗风。

这些石板，都是经运盐马帮牛队和转盐工人踩踏成坑坑洼洼的，一遇下雨天就盛满雨水。这里的人，似乎还在做那些马帮、客商的生意，他们撑着条小船儿，船上烤些河鱼，再蛮上些小酒，就吃喝起来。想吃鱼的游人便将船靠过去，各自坐在船上开始吃起来了，吃高兴了就吼几句。

自贡市以东30公里处的仙市古镇，素有"中国盐运第一镇"之称，该地因盐设镇，具有1400多年，是釜溪河当年盐运重要码头之一。昔日，自贡井盐经此入沱江、进长江、溯赤水，上蓉城、入川西、去川北、进川东、出三峡，仙市也被认为是井盐出川的第一个重要驿站和水码头。

由于盐运古道的出现，更多的城镇、村落在古道周围兴起。比如四川乐山市的五通桥。这里，滔滔岷江、涌斯江、茫溪河几条河穿城而过，形成南丝之路五尺道水路上的重要码头。当年，秦国蜀郡李冰在这里凿出第一口盐井后，五通桥就以盐兴城，缘结四海。花盐在船工号子和马帮铃声中，或顺着江水或踏过桥梁源源不断运往全国各地。

作为四川历史上重要的盐产地，五通桥"犍乐盐场"曾是四川第一大盐场，产品行销川内各地及重庆、云南、贵州、湖北等地。抗战时期，国民政府盐务总局搬迁至此，更使五通桥成为一座生机勃勃的繁华之城，也形成四通八达的运盐古道商贸网络。

随着工业化和城市化进程的不断加快，四川现存的古道也面临巨大威胁，其贯通性、历史性、人文性和景观性都在急速消失。

一是古道石板路人为损坏严重（如大相岭、飞越关、化林坪），有的被公路覆盖或部分截断，有的被改造成水泥台阶，路面失去了原有的韵味和美感。二是自然侵蚀严重，由于农民脱贫下山、外出务工等导致长期无人行走，古道日渐荒废、杂草丛生。三是人文古迹受损严重，古道沿途的古桥、古庙、古建筑、古村落等得不到有效维护，损坏严重。四是古道沿途缺少相应的安全和生活卫生设施，游客上山后留下的生活垃圾甚多，对森林防火也构成严重威胁。

"返照入闾巷，忧来谁共语？古道少人行，秋风动禾黍。"[1]如今，除了云南怒江大峡谷，人们已很难看到古道上成群结队的商队的身影，很难听到荡漾在高山峡谷间悠扬的马铃声了，它们都已消失在历史的烟云

---

[1] 引自唐·王昌龄《秋日》。

里；然而，那延续了几千年的辉煌和沧桑，时刻萦绕在脑海，让我有种想接近的欲望。于是，我总在找机会去残存的古道上走一走。

古道，是一条高挂在大地躯体的五彩飘带，它带着汗渍气息，将人的活动、城镇的形成、文化的流变维系在一起。古道，是一道雄浑的乐谱，它将一代代跋涉者的足音配成美丽乐章，牵扯着后人虔诚聆听那道振聋发聩的声音。

高山跑马路不平，双手逮住马缰绳；丢下缰绳任马跑，丢下小妹万不能。

——冕宁藏族民歌

"叫声阿妹不要愁，阿哥已拢屋后头"

电视里，"马帮乐队"正在演唱《赶圩》《四五拍》《谢弓衣嘛衣耶》等马帮民谣，即刻吸引了我。乐队在演出中运用大量民间乐器和民族和声，尤其主唱阿钢的唱腔极富冲击力，配以粗犷的鼓点，嘹亮的唢呐，很好听。

我脑子里忽然出现一幅画面：莽莽群山，原始丛林，一群肤色黧黑的马帮赶着骡马走在山谷，山势陡峭险峻，茂密森林郁郁莽莽。沉闷之际，一曲深沉婉转的"赶马调"忽然响起，应和着马蹄儿的嘚嘚步履声。眼前，一道汹涌咆哮的大江阻隔去路，马锅头（即老大）挥挥手，示意大伙儿准备溜索过江……

赶马调唱不尽酸甜苦辣

这些年，行走在南方丝绸之路许多遗址，我不止一次听那些马帮的后人吟唱赶马调。虽然唱腔说起比他们的父辈，可能有些走调儿，但仍然有很强的代入感。

赶马调是在路上唱的，是跋涉者献给大地也献给自己的咏叹曲。一如撑船有船工号子、抬石头有抬工号子、薅草有薅草号子，横断山脉腹地也有马帮号子。这些号子犹如冬夜的篝火，照亮了旅人沉寂的心境，温暖了他们疲乏的身体。

崇山峻岭，山高峡深，大河奔流，在现代交通工具出现之前的数千年岁月中，马帮基本上就是古代交通运输的代名词。

赶马是一种繁重辛劳并时时面临生命危险的劳动，赶马人为了表述自己的所见所闻、喜怒哀乐、传授生活经验，经常在途中放开歌喉唱些民歌小调。这些小调世代相传，不断丰富发展，逐步在族群里形成较固定的乐曲，人们统称为"赶马调"。

过去在四川、云南、贵州等地，马帮或赶马人（也称马脚子）是马帮的主人。他们冬去春来，艰辛跋涉，在季节的流转和特定的生活环境里，"情动于中，故形于声""嗟叹之不足，故咏歌之"，经过漫长积淀，形成具有大西南山地特色的赶马调。

2014年秋，我来到川藏滇交界处的四川巴塘县，在当地人帮助下，我欣赏到了载歌载舞的巴塘弦子。巴塘弦子很好听，视觉冲击力强，它融入云南宾川、祥云一带赶马调的民谣元素，朗朗上口，生动悠扬，很多歌儿就像讲故事。"好女不爱闲游浪荡的无用人"；"好男人不爱好吃懒做的大姑娘"；"聪明的姑娘她样样会"……词句反映了跋涉者的酸甜苦辣和青年男女的爱情，具有山歌的韵律特点，段尾处多有一句固定的衬腔"哥呢妹子·亲亲"。

冕宁赶马调唱热大凉山

凉山非遗网2016年8月推出的《冕宁藏族赶马调》文章介绍，四川冕宁藏族民歌赶马调，是昔日零关道赶马人唱的路歌，具有很高的历史价值、社会价值和艺术价值，在大凉山地区名气很大。

冕宁县，地处四川凉山州安宁河流域，长期以来，经济生活为畜牧和半农半牧，驮马运输、采药、编织是居民副业。冕宁藏族赶马调带有藏南山歌的特点，声音像是被烈火淬炼过，具有金属质感般的银亮清远，是大凉山赶马民谣里具有标识意义的"绝唱"。

冕宁藏族赶马调主要包括曲调和歌词两部分，音域宽广，跌宕起伏，头尾常有"呜""呜呼呼——"吆喝马儿的呼唤性腔调特点，歌词内容主要反映赶马人、牧马人的生活、感情、愿望，深深渗透着自然地理、社会人文元素，比如——

"驮马铃儿当当响，喜上心头把歌唱。"

"高山跑马路不平，双手逮住马缰绳；丢下缰绳任马跑，丢下小妹万不能。"

"砍柴莫砍葡萄藤，养女莫嫁赶马人，三十晚上吃喜酒，初一早上要出门。"

"你歌莫得我歌多，我的歌儿使马驮；前头过了三百驮，后来还有安宁河。"

"你歌莫得我的多，我八匹骡子催上坡；带头骡子坠岩死，打落山歌一遍坡。"

"年年有个三月三，三月里来好喜欢；好吃不过林青子，好耍不过赶马人。"

"天上飞的麻鹞子，路上走的马脚子。"

"赶马大路无尽头，赶马调子如水流。哪里听到大铃响，哪里听见金鸡鸣……"

"好久没到这方来，这方凉水起青苔；拨开青苔喝凉水，唱个山歌解心怀。"

"好久没到这方来，走到地头人不熟，哪天哪月耍熟了，青白苦菜当成肉。"

"好久没赶新发街，新发鲜花正在开，心想摘朵鲜花戴，人生面熟口难开。"

……

逗引妹子的汉源赶马调

作为蜀身毒道灵关道的重要驿站，四川汉源县的民谣有些不一样，特点明显。2014年，县里组织健在的赶马人和民俗文化工作者，出了一本《中国民间文学三套集成·汉源卷》。书中，一张关于汉源民歌分布的版图，介绍了汉源县不同地方的民谣特色。

汉源县的赶马调儿最有趣的是，唱出了风趣幽默的味道，也反映创作者的睿智敏捷。比如，马帮走货途中，如果遇到一个漂亮妹儿，马帮小伙就会打了鸡血般亢奋起来，他先是笑嘻嘻吹起哨儿吸引姑娘注意，或直接停下来挥挥手，邀请女子对歌儿："你有山歌快快来，我有文章对秀才。白天才对南山阳，晚上又对祝英台。"

女方若矜持羞涩不接招，马帮小伙就扯起嗓子喊几声："不唱山歌冷飕飕，唱起山歌闹九州。好个山歌闹坏了，好个山歌起坏头。不唱山歌不宽怀，磨儿无水不转来，山歌无头唱不来。"

女方若还"懂不起"，小伙子就再唱一两段。这时候唱的调调儿有点变了——打退堂鼓，在给自己找台阶下："叫声阿妹不要愁，阿哥已拢屋后头。三脚两步就拢屋，脚钱已在包包头。"意思是妹儿你莫傲娇，莫看不起人，莫以为我是个操江湖的混混，我是有媳妇儿的人，媳妇还是个乖妹子，她在家里天天盼我回去呢。此时，漫山遍野都是红红的杜鹃花，红得如同血色，如同胭脂，如同一个女子兴奋时泛起红晕，一波波地延伸着。

在汉源县皇木镇、永利乡等地，只要年龄上了六七十岁的老人，大都能唱一些原汁原味的赶路民歌。这些民歌，也多是马帮在漫漫走货途中传唱下来的。

"山间铃响马帮来"，是过去南丝之路和茶马古道上独特的风景。这条古道上，除了部分路段靠肩挑背扛的人力运输，主要运输任务是由马帮承担。如今，这样的马帮仍然留存，但功能变了，不再承载货物运输，而是景区里带现代人体验古道行走的旅游马帮，带有很大的表演性质。

平乐竹麻号子"诉衷情"

"成都草纸半平乐"，作为南丝之路西出成都第一站的邛崃，早在宋朝时期便以造纸业享誉海内外，邛崃平乐镇的竹麻号子，是造纸工人在劳动时喊的劳动号子，代代相传，距今已有上千年历史。

和著名的川江号子一样，竹麻号子也是千百年来普通劳动者创造的民谣，是纸工们在捣竹麻劳动语境下琢磨出来的号子。

平乐古法造纸技艺项目传承人杨祚钦，有首《川西山乡情歌》，就是有别于传统竹麻号子的讴歌爱情的"赶马调"：

（女）阿哥清早哪里去
（男）阿妹你要说啥子
（女）隔山隔水难见面
（男）再远阿哥能听见
（女）要跟阿哥说句话
（男）日里盼来夜也盼
（女）路程太远听不见
（男）哪天才能见妹面……

竹麻号子的演唱风格为"一领众和"式的民间音乐形式，在繁重而单调的劳动过程中，当钩子手手执长钉耙，把需要打的竹麻交给工人时，竹麻号子嘹亮的歌声就开始响彻整个造纸作坊。开始时，由一名工人领唱，然后众多的工人一起合唱，以此达到鼓舞干劲、统一节奏、抒发感情和消除疲劳的目的。随着号子的节奏由慢到快，造纸工人们的动作也越来越刚劲有力，当竹麻快被打完时，工人们的情绪和竹麻号子的咏唱也达到高潮。

长期关注竹麻号子的邛崃市文物管理所前所长胡立嘉认为，作为非物质文化遗产的竹麻号子，其珍贵之处，就在于它的唱腔、唱词及原生态。但如果一味地迎合市场，反而画虎不成反类犬。

在邛崃市文化馆、平落镇文化站等支持帮助下，竹麻号子的唱词在2004年完成整理工作，曲调也逐渐被记录。

岷江水路的号子声

四川宜宾以北的岷江流域，是昔日南丝之路五尺道的水路，长期以来也形成了自己的"赶马调"——岷江号子。只不过在岷江，马帮变成了船夫，舟船成了骡马，但运输功能大同小异。

自古有舟楫之利、享有"金犍为"美称的犍为县，明清以来盛产盐、煤以及大宗农副土特产，人们源源不断将其运往宜宾、重庆甚至三峡各地，唯一的运载工具就是木船。当时，在县境内岷江沿线的石溪、县城

岷江上的船工有时也唱几句民谣

盐关、朱石滩、河口等地形成了繁忙的水运码头。20世纪70年代以前，每个码头每日都停靠着数十上百只木船，江面上白帆鼓荡，江岸上船工匍匐拉纤，船工号子此起彼落，悠扬婉转。

唐玉麟是犍为县玉津镇人，1956年参加工作，学做船工。2004年7

月，我以记者身份随著名导演谢晋先生一行，去犍为县罗城古镇采访时认识了这位老船工。当时谢晋正在筹拍他的电影收官之作《江湖祭》，有个外景地就初步选在罗城。那天，在古镇一家老茶馆，老人叼着长烟杆儿吧嗒吧嗒地抽旱烟，古铜色脸庞虽爬满岁月的年轮，仍隐隐现出坚毅的轮廓。

唐玉麟说，过去很长一段时间，犍为县的水运非常发达，经常装煤、盐等货物运往宜宾和重庆。他的工作主要是在岷江沿线的石溪以及盐关码头装运货物，有时也拉拉船。"人力船有很多工种，根据船只的大小，拉工的人数会不同。"唐玉麟说，号子也分很多种，有喊，也有答。种类上包括拖滩号子、走沱号子、棹架号子、扳棹橹号子等。

那天在罗城老街，唐玉麟现场演唱了几段号子，没有唱词，节奏时而舒缓，时而急促，声音高亢，音律悠扬，顿时吸引了茶客围拢欣赏——

"弟兄伙些，上船咯，到嘿儿赶哦，上成都，上水船，大背儿要拴紧哦！哟嚯，嘿唑，哟嚯，嘿唑，哟嚯，嘿唑，哟嚯，嘿唑，登船咯……"

"想我们船工生活惨，风里来浪里去牛马一般；拉激流走遍了悬崖陡坎。衣无领裤无裆难把人见，生了病无人管死在沙滩；船打烂葬鱼腹尸体难见，抛父母弃儿女眼泪哭干。"

唐玉麟唱完后解释道，旧社会船工地位低下，生活贫苦，劳动艰辛，暮春、夏季、初秋等温暖的时节拉纤的大多光着身子，那黝黑发亮的身躯犹如水里的泥鳅，船工多是家境贫寒之士，汗浸，盐渍，纤索磨损，衣服管不了几天。拉纤时，更要随时频繁下水，时间上丝毫容不得宽衣解带。如果穿着衣服拉纤，一会儿岸上，一会儿水里，衣服在身上干了湿湿了干，不仅不方便，还容易得风湿、关节炎之类的病，所以不如不穿衣服。

陆良马帮唱着民谣去南亚

1931年秋天，美国著名记者埃德加·斯诺，由越南进入中国大理，过腾冲，再出境到缅甸。斯诺在随赶马人探访的过程中，以随笔《马帮旅行》将云南独特的风光、民风、民俗、民情作了历史性记录，其中写到了云南很有名的陆良马帮。陆良县位于云南省东部，隶属曲靖市，素有"滇东明珠"之称。

网络人气作家"龙海孤魂"根据埃德加·斯诺的笔记和他自己的采访，写了篇《陆良赶马调》，里面介绍道：

"云南的陆良马帮，是一支走南闯北唱滇西《赶马调》的著名队伍……《陆良县志》记载：清朝末年，陆良至沾益开通南盘江水运，在县城设邮政代办，极大地促进了工商业发展，有来自湖广、四川、重庆等地的商人开设众多商行和票行，1905年仅马街一镇就有四十四个大商号；民国初年，陆良就成立了劝业所和实业团，在县城设堂授业，在城垣外栽桑养蚕、种植大烟。"

当年陆良马帮名气很大，他们跑重庆、走广西、行昆明，有的甚至出境去了老挝、泰国、越南。"龙海孤魂"说，赶马人最快活时，走在只听得见马铃儿叮咚声的静谧的路上，他们放开嗓喉高喊一声山鸣谷应的"阿嘿嘿"，亮开歌喉哼一曲《赶马调》，让悠扬的歌声飘荡在山林之中。他们的马帮民谣有腔有词，统一节奏，极富音乐感，如"哇"示停，"启瞿——"示走，"堵其"示让路，"驾——"示上驮，"松松"示卸鞍，"启鸡"示举蹄，"松其"示跑，"鸟唔——"示吃草，"嘘呼——"示饮水。均为赶马人朋友圈的专用语，十分有趣。

陆良曾经有很多大马帮，生意四处拓展，还把商号开到了东南亚、南亚等国家和地区，也把民谣号子唱到了这些地方。清光绪时期，万宝祥的马帮有骡马200匹左右，镇上铺面的帮工有七八十人。万宝祥的马帮走南闯北，下贵州、广西、四川，闯缅甸、老挝，贩卖盐巴、红糖、布匹、干巴（即火腿）、佐料中的草果八角等土杂百货，也在缅甸、老挝交易过大烟。有陆良《赶马调》唱道："重庆、泸州空山坡，百色要过洛里（泪）河；老街芒耗也要去，元江磨黑进打洛。"

1930年7月的"陆良暴动"中，在南区马街，赵光明、殷祖佑等人组织民间马帮武装80余人，参加反对国民党军队的斗争。当时他们唱出了调子高昂的赶马调："马铃儿响叮当，马锅头气昂昂。今年生意没啥子做，背起枪来打国仗。"

浓缩马帮生活的《赶马调》

云南汉族有一首《赶马调》长诗很有名，它描述了20世纪30年代马帮的悲惨生活：一个刚结婚的青年庄稼汉，为结婚债务所迫，刚过大年三十就离开新婚妻子，与几名伙伴出远门到"夷方"（今广东）赶马。途中，有伙伴患疾身亡，有伙伴成家留下，有伙伴染上了恶习……历尽千辛万难，青年庄稼汉终于回到了家。他去时刚刚新婚，回来时孩子已咿呀学语。

2018年2月24日，白族文化研究者张锡禄教授，在大理古城开讲《南丝路上的民间文学与音乐：闲话赶马调》，现场演唱了这首《赶马调》中的《除夕话别》，悲婉曲折的故事让人听了唏嘘：

"我娶你差下一番账，不走夷方账不清。"——为生活所迫，新郎要外出赶马还清债务。

"你要去要去我搭你去，烧烧煮煮也要人。你要去要去我搭你去，补补连连也要人。"——新婚妻子对丈夫依依不舍。

"我头骡要配百马行中雪盖顶，二骡要配花绷绷，三骡要配喜鹊青，四骡要配四脚花。前所街把骡马配好掉，又到马街配鞍架，我家机土布买几件，家乡的瓜条也买上，香香的辣子买两驮，永白瓷碗办一双。"——反映骡马的装备及赶马人随身所带物品。

"他思茅得病普洱死，尸魂落在九龙江……"——表现赶马人伙伴风餐露宿、最终死在他乡的悲惨场景。

云南作家安建雄在《时光深处的赶马调》里说，2019年端午节，他到宾居地区参加一个诗会，听那些身着盛装的民间艺人在演唱《赶马调》，具有对马帮文化很高的概括性——

（男）砍柴莫砍葡萄藤，养女莫嫁赶马人。

（女）三十晚上做媳妇，初一早上提出门。

（男）不是阿哥无情义，欠下钱债挂在心。

（女）你要出门莫讨妹，你要讨妹莫出门。

（男）讨你差下这笔债，不去赶马还不清。

（女）讨我差下这笔债，织麻纺线妹还清……

（《春城晚报》2019年06月18日14版）

写到这儿，电视里又放出一首宋冬野唱的《连衣裙》："你说嘿，爱着我的小伙子啊，你是不是还要唱你的歌谣？我说嘿，不爱唱歌的姑娘啊，我明天就要娶你回家……"又让我想起"马帮乐队"阿钢唱的那首《赶圩》。

这些马帮民谣是在告诉我们，千百年来，曾经带给人酸甜苦辣体验的赶马调和岷江号子，是一代代马帮、纤夫在峥嵘旅程中吟唱的生命赞歌，今天，也是我们感恩幸福生活的一道强心剂。

马也有不那么优秀的时候，很多时候就玩不过骡子。这时骡子会得意地也马一眼，打个喷嚏儿：哼，是骡子是马，拉出来遛遛。

马儿啊，你慢些走

内蒙古卫视播放了一个新闻：一匹11岁的枣骝马历经三年离别后，循着记忆跋涉数百里路，回到了生死相依的主人身边。

这匹马出生在扎鲁特旗北部牧区，1岁大时被送到牲畜交易市场，尽管当时的它又脏又丑，却被当地牧民、12岁的恩和巴图一眼相中，缠着父亲格日乐图买了下来。悉心饲养7年之后，小马被父亲卖给了兴安盟科右中旗的一户农家，最后又被兴安盟科右前旗的牧民哈斯买下。辗转了几个地方，但小马始终记得第一位主人。它从居住地出发，经过两天两夜长途跋涉，穿越了一条铁路线、两条高速线和草原上数不清的围栏，回到了阔别三年的故乡……

一

所有牲口里，马儿是收获荣誉最多的动物。

金戈铁马，马首是瞻，一日千里，万马齐喑，风驰电掣，一马平川……将军骑的是宝马良驹，南征北战。状元骑的是高头大马，挂红戴花。秦始皇统一六国，马之功劳占一半。唐太宗连年征战，六骏马战功显赫。成吉思汗铁骑横扫欧亚，没有马连草原都休想走得出……

第一匹马何时出现的？当然不会像孙悟空从石头里嘎嘣儿跳出来。出土资料表明，中国大陆最早出现的马是在云南二里头，时间上限为公元前1700年。云南洱海附近的祥云大波那墓出土的青铜器中，已经有了马的模型；大波那墓的年代，经碳素测定为公元前495年前后，也就是春秋晚期，云南已经有马了。

还有一说，马祖先的化石，是在美国密西西比河流域新世纪地层中被发现的，相当于说马起源于美洲，经过漫长进化成为中亚的"普尔热瓦尔斯基氏马"（也称"蒙古野马"），然后从中亚开始一边进化一边扩散，越跑越远，最终它的足迹遍布世界各国。

马是大型哺乳动物，四肢强健，力大善跑。它的感觉器官发达，眼大位高，视野开阔，记忆力、判断力很强，方向感也极准，可居六畜之首。

没有任何动物，像马这样深入地影响人类的社会历史。

马给人的印象是憨厚、诚实、纯朴，又跟人有方方面面的亲密关系。马的嗅觉也很发达，是感应能力特别强的器官，这使它的听觉或其他感知器官很容易接收外来任何信息，并可以迅速做出反应。

于是，马儿就被套上佳名美誉的花冠：乌骓、赤兔、八骏、九逸、天马、宝马、汗血马、白龙马、千里马等。这些佳称，无不流露出人们对它的喜爱之情。

马通人性，它会在主人伤心时用脸去抚摸一下主人的脸；在主人开心时，与主人一起分享欢乐，或一起上战场，一起游览山河。战马听惯了沙场嘶吼、兵器击撞的声音，就算战死沙场，它觉得光荣；牺牲自己被猎食者吃掉，它也觉得英雄。马总是有自己的想法。正因为这样，它有时在主人面前还要耍大牌、使使性子甚至不听命令，大多数雌马都这副德行。

二

无论在游牧时期还是农耕文明时期，马都是先民不可缺少的帮手，马就是生产力的标志。直到近代社会农业尚未机械化之前，马几乎包办了农村的一切繁重工作。可以说，马儿推动了历史的车轮。

人类进入畜牧时代后，开始用牛、羊、驴、骡、象、骆驼、马等驮运物品，也就是扮演驮畜的角色。

当然，马儿登上历史舞台不是最早的，最早的是车，是马车。

《古史考》说："黄帝作车，引重致远，少昊时略加牛，禹时奚仲略加马"，说明车的出现可能比牛、马的出现要早。车的出现要求道路平直，还不能太窄。《诗经·谷风之什·大东》曰："周道如砥，其直如矢"，说明中原地区的路况不差。难怪以前秦始皇修建了遍布秦岭以北的通衢驿道网。

横断山脉，处处是悬崖峭壁、激流险滩，车道并不是想扩展就扩展、想拓宽就拓宽的，马儿也就不可能像在草原上那样一路狂奔。于是，马车和骑兵来到横断山就英雄无用武之地了。中原王朝的骁雄骑士再能打，但没有通衢大道也经常很被动。隋炀帝三征高句丽，唐帝国南攻南诏国，那没吃到什么好果子，马不给力。

司马相如开辟西南夷后，马儿除了帮军队杀点人，还摇身一变，抖擞鬃毛，变成了驮畜，成了运输工作者。

驮畜形成的运输大军中，马的驮运能力是最强的。

古代南丝之路，由于路段和地形不同，使用了不同的马匹来做驮畜。

唐宋时用得较多的是河曲马。河曲马既用在茶马古道也用在更早的南方丝绸之路。河曲马主要来自四川若尔盖、红原等地，它们体高强壮，马蹄儿圆大有力，能够涉水渡河，行走在高山悬崖和水沼低洼之地。

再就是建昌马，建昌马主要产自西昌、冕宁、会理等地，这种马体格强健，吃苦耐劳，咬咬牙能驮负130来斤，驮物越山，履险如夷。它们熟练地前进、停止、倒退、转弯、爬坡，就像痴爱你的姑娘那般听话儿。

若尔盖的马既能骑乘也能驮运货物

西昌地区出产一种矮马。西昌矮马看上去是个萌宝宝，高约1米，小不丁点儿。毛皮油光水滑，性格温顺。若搁家里，它憨厚可爱的模样会让孩子们天天抱着睡觉。

云南马，也就是滇马，该出场了。

穿越横断山尤其是沙鲁里山、怒山和高黎贡山时，随处可见成群结队的滇马。滇马同样矮小、体健，善负重、能远行，适合在崎岖山道长途驮运，是个好劳模。

早在三国时期，滇马就撒腿儿跑进史书。《华阳国志·南中志》说："长老传言，滇池有神马，或交焉，即生骏驹，俗称，称之曰'滇池驹'，日行五百里。"诸葛亮从成都南征蛮夷，就动用了滇马。《蛮书》云："马出越赕山东面一带……尾高，尤善驰骤，日行数百里……腾冲及申赕亦出马，次赕，滇池尤佳。"宋朝范成大《桂海虞衡志》说："大理马，为西南蕃之最。"

大理的滇马分布很广，它以云南为辐射中心，西南至缅甸，东北抵湖北建始的高坪，东南一直到广西柳城巨猿洞等，都有滇马的踪影。

唐代僧人义净《大唐西域求法高僧传》记述：唐中宗时期，来自四川的糖、布、线、粉丝等生活日用品被运输出去，来自云南大理、丽江、腾冲及周边地区的皮毛、藏金、藏红花、麝香、贝母、鹿茸、虫草等又随这条路来到四川，大多靠的是滇马，滇马的数量几乎占三成以上，组成一支浩浩荡荡的驮畜大军。

据说当年吴三桂意图造反时，还运送过大批滇马入京，迷惑康熙皇帝。

三

马儿在山林里走着走着，就走出了马帮古道。

马帮古道如一粒粒种子传播着文明的生长繁衍，缩短了物质和文化因子的传递时间，缩短了村落的空间距离，并带来了村落的兴旺，同时也促进了城市雨后春笋般地出现。城市一串联起来，又反过来使更多的马帮古道跨越江河，寻找便捷之路。

马帮古道，在有高山峡谷的川西南和滇北，可以延伸到横断山脉的崇山峻岭深处，那儿是人的双脚走不到的地方。

古道的出现，也使人们考虑怎样把溜索、独木桥这些原始渡河工具，换成更牢固结实的桥梁，考虑怎样把木排、竹筏换成更大的木船儿。

马帮古道的走法，仍然沿着江河湖泊延伸。人畜要饮水，也延续了民族古道的生命力。

重要的是，马帮古道带来了商品流通，引来了文化，促进了交流，也创造了独具特色的马帮文化。现在川滇很多景区，更是拿马帮文化大做文章。

南方丝绸之路灵关道、五尺道、永昌道的马帮古道，有着比内地马帮古道更顽强的生命力。这一点构成滇藏川马帮古道一个特征。

怒江马帮古道、澜沧江马帮古道、金沙江马帮古道、元江红河马帮古道、雅砻江马帮古道、南盘江马帮古道……这些有代表性的马帮古道形成了沿江马帮古道系列特点以及地理走向。

怒江马帮古道从西藏那曲往东南顺江而下，一直可以伸到缅甸，途中在六库往东可以进入大理。澜沧江马帮古道从西藏昌都往东南顺江而下一直可以延伸出境到老挝、缅甸、越南。金沙江马帮古道，则把滇藏川很多马帮古道串联在一起。

马帮每一次踏上征程，都是一次生与死的艰险之旅。

马儿怕什么？怕溜索过江。也就是把它吊在空中唰地滑过去。

大江大河横在前面，汹涌澎湃，山洪暴发，惊涛拍岸，无桥无船，如何渡过？就靠人力扯起来的溜索相互伸向对岸。溜索过江，是先把马驮用绳索扎牢，用力推滑到对岸——溜索一边高一边低。如果翻溜，便葬身于狂涛恶浪之中。过溜时，马帮们相互鼓励，鸣枪壮胆，有时还要对着滔滔江水喝一碗烧酒。平时难以驯服的骡马，此时都变成了乖宝宝，不过一直在瑟瑟发抖——它要是会喝酒，一定也会豪饮几碗再过河。

对赶马人和马匹来说，过一条江就是一次生死考验，翻一座山就是一次生与死的搏斗。走在原来的马帮道路上，很多地方弯弯曲曲，那都是马帮用汗水鲜血铺就的生命之路。

民国初期，四川会理以南的关河到黎溪之间，有一段五六公里长的险峻古道，赶马人遇河搭桥，逢山修路，在坚硬的岩石上凿开道孔，装上横木，再在木头上铺上木板加固，铺成悬空的栈道。有的地方需要从绝壁上凿开一条缺口。路窄，仅容一人一马通过，若对面有马帮过来，进退无路，双方便协商作价，一方将瘦弱的马匹推下悬崖，对方通过后笑眯眯给予补偿。好说好商量。

20世纪40年代末，大凉山越西县村人在一山坡下方挖金矿时，掘出了马镫、马鞍、马靴、马鞭和人的尸骸。原来，这里曾发生严重的泥石流，有天晚上电闪雷鸣，风雨大作，碰巧下方一骡马商队驻留于此，百多匹骡马和20多个赶马人，全遭泥石流掩埋。

四

马也有不那么洋盘的时候，比如很多时候玩不过骡子。

生活在横断山脉地带的白族先民，在马和驴的结合下，培育出耐劳程度更胜于马的新品种——骡。

于是，骡子也成为普遍用于运输的重要工具。云南马帮用来运载货物的畜力，大多都选择骡，有的马帮甚至清一色由骡子组成。

于是，骡子就会扬扬得意乜马一眼，打个响亮的喷嚏儿：哼，是骡子是马，拉出来遛遛。它晓得马儿经常遛不过自己。

南丝之路骡马队，常年穿行于横断山的山塬、陡坡、大河、深谷、密林等缺少生命气息的古道上。跋涉中，骡子可以完美地克服马和牦牛的缺点，它拥有持久耐力和卓越适应力，可以连续在恶劣环境赶几个月的路。拿负重来说，骡子每天每匹可以负重400多斤，爬行1000多米长山路，耐力好得很。这一点，马儿把下辈子的力气撸出来，都比不上。它只好慢慢走。

这时候，高傲的骡子又会砰地打个响鼻：马儿呀，你慢些走慢些走。

作为南丝之路水路的岷江码头，形成了独特的民风民俗，有的已随大江东去消失殆尽，有的则沉淀在老百姓日常生活的河床之下。

五尺道水路的传奇船家

我的老家在大巴山长江三峡腹地，那里峡谷奇崛，山高谷深，山路崎岖。读大学时，从县城去重庆最怕坐汽车，在山区砂子路颠簸得晕头转向，污染得灰头土脸，于是大多喜欢选择坐木船，沿大宁河经巫山县西去重庆。

船坐多了，对船的感情也深了。

记忆里，每每乘船过小三峡，行进到激浪滔天、漩涡飞转的金银滩时，我看到船头站着个面庞黧黑、肌肉凸起的汉子，他像个立在阵前准备杀敌的将军，嗨地一声将长篙竿儿戳进水里，用力一撑，船尾的艄公也顺势扳动舵片，让小船儿轻松扭头绕过乱礁激流，溅起哗啦啦的白色浪花，滑出了险滩。

乐山至宜宾段险滩多

这些年采访中，经常接触到南方丝绸之路、茶马古道、古盐道，特别留心这条伟大远征古道的水路走向，也渐渐从地理上弄明白，如果说，成都的簌桥被视为南丝之路的陆路起点，成都的万里桥就是南丝之路的水路起点。

既是水路，就免不了对付各种惊涛骇浪。

五尺道，是战国时代修筑的一条连接中原、四川与云南的通道。由秦国蜀郡太守李冰开通。因路宽五尺，故称"五尺道"。

先有必要介绍一下五尺道，说说它跟水路的关系。

从成都万里桥出发到宜宾这一段水路（**主要是岷江**），是五尺道的北段；而真正意义上的五尺道，是从宜宾开始的。

著名历史学家、敦煌学家向达《蛮书校注》多次踏勘后认为，五尺道的路线是：起自今川南宜宾，经高县、珙县、筠连，入云南之盐津、大关、彝良、昭通，再入贵州之赫章、威宁，最后过云南宣威达曲靖，全长2000多里。

旧时，作为南丝之路水路的起点，成都万里桥商贸繁荣，盛极一时，唐代诗人杜甫有诗曰："窗含西岭千秋雪，门泊东吴万里船。"说的就是当年五里桥停泊的舟船很多，随时准备扬帆远航。《太平寰宇记》说，诸葛亮曾送费祎出使吴国，行至桥上诸葛亮说："万里之路，始于此矣。"

乐山是三江汇合处

唐史记载，唐玄宗逃到蜀地避乱，至成都经过此桥，问左右此桥何名？下属对曰："万里桥。"唐玄宗叹道："开元末，有僧一行对我说：'二十年后，国家将有难，陛下当远游，至万里之外。'这应该就是僧一行所说的地方。"于是驻跸成都。宋代，万里桥更是成为官民宴饮、送别饯行、市民赏梅的乐园，也是繁华热闹的码头渡口，每天无数舟船停泊于此，随时扬帆启航，驶入滚滚长江，再下东吴。

除了万里桥，合江亭也是水路交通要道，成都的商品也在这里上船运往下游各地。府河边的码头过去都十分繁忙，东门外有大码头、二码头、利昌码头等多个停靠码头。当时的成都人走远门，大多会选择水路乘船。

出了成都就走岷江。过去，岷江航道从乐山至宜宾段有许多险滩，最令人毛骨悚然的是道士观、叉鱼滩、黄角涡等河段。历史上，这些险滩不知夺去了多少人的生命财产，使不少船夫家破人亡。道士观险滩位于岷江主航道上，水浪冲击着巨大崖壁，形成直径几十米大的漩涡，足以把一艘货船卷入江底。叉鱼滩像一排水栅横堵在岷江激流中，翻滚的浪头一浪高过一浪，令人眼花目眩，船夫稍有不慎货船就会被浪掀翻。黄角涡水道狭窄弯曲，是最考验舵手的一道险滩，若转舵迟缓，便将招致翻船之灾……

这方面，四川日报前高级记者戴善奎曾有"死亡体验"。

1985年7月初，戴善奎作为长漂活动唯一随队下水的中国记者，为了热身，他提前独自试漂，路线完全是五尺道水路的走法。一个烈日炎炎的上午，他从四川新津县城下水，沿着岷江一路南漂，目的地万里长江第一城宜宾。两天半后他漂到乐山，这里三江合一，水流湍急，滩多浪高，晚上他把皮筏固定在江边，浪很急，打得船身晃荡不已，根本睡不着。他只好沿着江边摸黑行走，天上的星儿朝他眨眼睛，他觉得是在嘲笑自己。

"试漂那天早上，大约七点多，满天朝霞在岷江水面上荡漾着猩红色的波光，简直是一河碎金啊。皮筏船儿下水溅起浪花那一瞬间，我心花怒放，心头比波浪还激荡，但我很快瓜了（瓜，四川方言：傻）。那可不是后浪推前浪那般诗意，我漂到道士观、叉鱼滩两处险滩时，吓得魂飞魄散，那两处河段滩急浪大，水势很快，满眼都是黑黑的漩涡。如用力稍不坚决，船儿马上倾斜。我左手上的那只船桨被打烂折断，只好单手死死抓住船帮。由于抓得太紧，连脚指甲都被抓翻了，血水很快融入江水中。顾不得疼痛，用力蹬紧抓牢，心头只想着别翻船，翻了这条小命儿就挂了……4天后，我磕磕碰碰漂到宜宾，一上岸就扇了自己一耳光，证实还活着。"2016年5月的一天，为纪念长漂30周年，我在成都天涯石东街戴善奎家里采访他，这位知名记者、作家讲起那次"玩命"心有余悸，直言是20世纪80年代的热血青年都喜欢干的事情。

陆路靠马，水路靠船，对南方丝绸之路颇有研究、写过许多田野考察报道的戴善奎说，古代南丝之路水路并不完全是水路，水路只是宜宾以北的部分路段，毕竟比爬坡上坎走陆路要方便。

戴善奎也提到，要顺利在岷江水路上运行，除了要有经验丰富的船家，还要有质量上佳的交通工具：木船。古往今来莫不如此。

"谁谓河广？一苇杭之。"[①]一条大河波浪宽，但用一捆芦苇做成小船，就能横渡过去，人的伟力可见一斑。但在古代，如果没有船筏承载，再伟大的人也无法横渡过去，除非他真有裘千仞水上漂的本事。

文献里的大江木船

西南大学历史地理研究所所长蓝勇教授指出，中国古人很早就对长江上游的木船作了记载，如《战国策》《华阳国志》《晋书》等文献。

唐人王周的《志峡船具诗并序》，是最早对长江上游峡江木船作系统

---

① 引自引自《诗经·卫风·河广》

记载的文献。宋代夏圭《长江万里图》出现了长江上游较早的木船图绘。元明时期，陆游《入蜀记》、王士性《广志绎》、宋人宋应星的《天工开物》和清代陈明申《夔行纪程》、吴焘《游蜀后记》、洪良品《巴船纪程》、罗笏臣《峡江救生船志》等，均有不少对川江木船的详细记载。清代谢鸣篁的《川船记》，被认为是中国第一篇专门记载川江木船的文献，文笔非常生动形象。

20世纪30年代中期，《四川经济月刊》刊载的《川江木船业概况》水运报告，记载了33种川江木船的形态特征和航行区域。20世纪40年代，胡成之《长江中上游的舟筏》文章里，记载了7种川江船型。

邓少琴《近代川江航运史》一文介绍，一些西方人，比同时期中国人对川江木船的记载详尽得多。譬如，英国的布莱基斯顿在日记里对四川木船舱室作了描述："所有这些四川帆船的结构都大致相同，平底、方头、翘尾，牢牢地拼装在一起，以便在穿越急流和碎石河段时抵御冲击。"

英国人盖洛，记载了他在宜宾以北所乘兵船的情况，称"只有一根桅杆，船头呈方形，船尾较高，总长约四十英尺，横梁的长度不足九英尺"，还更为详细地描述了桅杆、风帆的结构功能。

英国人立德则也是这方面的专家，他记载所乘船"船身长约30英尺，宽5英尺，深3英尺。中部有船篷遮盖，我在里面刚好能坐直；船尾有篷，供舵手和厨子歇息；船的前部有一块敞开的地方，是两个船工面向船头站着划桨之处。船上有一根桅杆，主要供拉纤用。"

20世纪20年代，英国人蒲兰田在《峡江一瞥》书中对川江木船作了较多记录，涉及木船造价、尺寸、载重、行程、船员数，还详细描述了纤夫、舵手、厨师、鼓手等职位情况。

20世纪40年代初，英国人沃斯特在其《中国的船民》一书中对川江歪尾船作了详细记载，认为这种船"别具匠心"。

蓝勇还在论文《近代日本对长江上游的踏察调查及影响》写道："西

方人对川江木船商业意义上的记载和研究，始于19世纪80年代，其组织者主要是当时受西方人控制的中国旧海关的外籍职员，为英国人沃斯特。沃斯特在《长江上游的帆船与舢板》报告里，将木船进行了特色分类，如麻秧子、扒窝子、神驳子、老划秋、中元驳等船；也有按用途分类的，如红船、煤船、龙船、捕鱼船、住船、花船、渡船、盐船、面粉船等；还有按地区和类别分的，如重庆划子、宜昌划子、竹筏、木筏。"①

中国古代传统造船业相当发达，仅就木船造船技术本身来看，中国古代比西方毫不逊色。学界早已承认中国的水密舱壁、车轮船、中线舵、橹等发明在世界造船史上的重要地位。特别是水密舱壁技术，早在晋代就出现，而西方在18世纪末才出现。

岷江水道的传奇船家

我在四川省图书馆翻阅民国《乐山县志》（十二卷）时，看到了记录岷江乐山段船工配置情况的记载：作为南丝之路五尺道北端的主要线路，从乐山到宜宾的岷江水道有很多地段江流弯转，水势湍急，暗礁丛生，船工们长期在外作业，非常辛苦，木船就是他们的家。正如白居易诗《入峡次巴东》所写："不知远郡何时到，犹喜全家此去同。万里王程三峡外，百年生计一舟中。"

无论青衣江、大渡河，还是岷江，船工过去都是把性命拴在裤腰带上的。船要逆水行，全靠纤夫赤着身躯，手脚并力，一步步俯伏前行。夏天日晒雨淋，风餐露宿，冬天寒风凛冽，江水枯浅，船行不畅，纤夫身着单衣短裤，缓步在冰冷刺骨的水中，背着纤绳全力拉船。

纤夫拉纤，是个体力活儿。过滩遇坎，为了统一节奏，纤头会放开喉咙唱出号子。浪子急，号子显得格外急促、高昂、有力。纤头一唱，

---

① 引自《中国历史地理论丛》2005年3期。

众纤夫附和，甚至底下的船夫也一起附和："哥子们，头抬起，看到起。前头有个胡家滩，掏起桡子使劲扳，手头篙竿展劲用力撑，千万不要打晃晃，打伙闯过这一滩。用劲，撑起，使劲，扳——扳——扳。"纤夫们随着号子一起使劲，经常将看似不可能的任务完成。

船行途中，当春暖花开或秋高气爽，船工们看到江边姑娘在捶洗衣裳，心情就变得格外舒畅，长声吆吆地唱起来："二四八月天气长，情妹下河洗衣裳，清水洗来米汤浆，情哥穿起好赶场。"愣头青船工心中有爱情在燃烧，他们还会唱："喜洋洋啊闹样样，大佛脚下黄三娘。膝下无儿只有女，端端正正好姑娘。城中少年她不爱，心中只有拉船郎。"

那么，一般船工使用的是什么木船呢？配置情况如何？《乐山县志》（十二卷）以民国四年（1915）前后为例，列举了乐山至宜宾水域木船的配置情况：大多二十来尺长，四尺多宽，载重量四五吨。一般船上配员三人：一驾长、二驾长、头纤。按水流方向不同，三人分工有异：上水时，一驾长站在船尾，负责掌舵，他要利用船尾悬挂的木桨和手中的篙竿调度行船方向；二驾长和头纤站在船头，一人一把长篙，手握篙身，脚蹬船头，乘船时一把一把使劲儿，利用后坐力来推动木船。

宜宾地方旧式木船

西坝王三姐和她的船队

2013年4月秋，我和作家朋友郑光福、谭学军一道，沿成乐高速自驾来到乐山市五通桥区的西坝镇采风。

西坝镇，自古为水陆交通要冲，是古代南丝之路的重要驿站，人称"西坝水码头"。这里最有名的是西坝豆腐和西坝生姜，其中西坝生姜曾是皇家贡品，肉厚、味浓、脆爽、无筋，因形如美女纤纤玉手，故又称"西坝的仙女姜"。

镇上很冷清，大多是老年人和妇女儿童。青砖瓦舍下，很多人不是在打牌就是在晒太阳，这种静谧的氛围和大江的汹涌形成动静对比。那些七八十岁以上的老人大多当过船工。

九曲十八弯的滔滔岷江，隐藏着太多噬人的暗礁，有着太多未卜的生死，尤其洪水季节，有的船工回来了，有的永远没有回来。西坝的老人们大多经历过惊涛骇浪里的鬼门关，他们现在的表情就是经历过大风大浪的样子，格外镇静。

岷江边，一位叫马森福的七旬老人边摇着蒲扇，边给我们聊起乐山水运的往事。

马森福说，他很小时就听曾祖父讲，民国初年，镇上有个女老大很厉害，女人名字不详，大家都喊她王三姐。她24岁就有一支很大的船队，专跑西坝到宜宾的货运。跟别家的木船多是用松木、柏木、柚木、榆木打造不同，王三姐的船都是用沐川上好的杉木打制的。杉木材质结实，有韧性，造出的船吃水浅，浮力大，能载重，劈波斩浪一荡一滑就过去了。三姐最忙碌时搞了四条二十吨位上下的大船，每船有四十来个桡夫子（即船夫）。最大的一艘四十五尺长，七尺多宽，每船隔成六个分舱，即便有一两舱漏水也不致全船沉没。

西坝老船工马森福

"有一年，我才十七八岁的曾祖父从五通桥码头随王三姐的船队南下宜宾运盐巴，他站在高处远远望去，船队升起的重重风帆鼓荡着江风，好像刚打花骨朵儿的荷花，开在橙黄色的水面上。场面太嗨了。"他说。

三姐船队的桡夫子多是孤儿出身，这些长年行走江湖的彪悍男人，心甘情愿跟王三姐走货。船行船停，闯滩斗水，从不撂挑子。大伙儿之间互称"连绳"，意思是上了船大伙儿就是一家人，命脉就像藤萝缠树般纠结在一起了。

马森福以前在岷江上当了20多年船工，他说，以前岷江上的木船没有动力装备，航行是个漫长的过程。以成都到乐山为例，现在的高速公路需1小时，20年前的公路大概需要4小时，过去坐船大概需要数日，1906年日本人中野孤山的旅行日记中就说："从蜀都的锦江解缆出发，顺流急航大概需要3天的时间才能到达。"[1]民国教育家侯鸿鉴在1933年的旅行竟坐了7天的船才到达。这还是下行顺流呢。

---

[1] 引自《游蜀杂俎》。

女袍哥"吃讲茶"平纠纷

陆游当年在嘉州（今乐山）代理太守时有诗云："江水来自蛮夷中，五月六月声摩空。巨鱼穿龟牙须雄，欲取阓市为龙宫。"描绘了岷江洪水来临，船工劲往一处使渡过险滩的情形。

乐山的地理位置很特殊，境内拥有岷江、大渡河、青衣江和众多中小河，码头多了，也形成很多船帮。这些船帮，大多有袍哥背景。

清人龚传黻光绪十三年（1887）编著的《乐山县志》记载：明清时候，青神、夹江、沙湾、五通桥、西坝、犍为都有自己的袍哥船队，各是各的码头，各有各的江湖，各有各的旗号。江湖大了，船主免不了拉帮结派，平时行船，井水不犯河水，互不来往。20世纪80年代，刘晓庆、葛存壮在电影《神秘的大佛》里，就扮演了一个狡黠蛮横的码头舵爷的角色，给人印象很深。当然，逢年过节，如果船队在外扎堆回不了家，大伙儿一高兴，还可以在一起打打牙祭（四川方言：聚餐吃肉），抱出各家的红苕酒，就着干鱼片和烧腊什么的，坐在一起烧起篝火，痛饮几杯，划拳玩牌，再对着天上明月说说女人。

西坝码头的袍哥人家，不光有男人，还有女人。男袍哥们大多尚仁信、讲忠义、拜关羽，但女袍哥对那位从来对女人没感觉的红脸大汉不感兴趣。马森福老人的说法，他的太奶奶（即母亲的奶奶），就是西坝码头很有个性的女袍哥。

"太奶奶不是那种喊打喊杀的人。她长年在家供奉梁红玉的神龛，很崇拜那位抗金女英雄的豪气和智慧。以前在码头遇到纠纷，袍哥大爷之间说不拢就互相砍人。但我太奶奶不同，她们来文的，喜欢邀约到茶堂吃讲茶。啥叫吃讲茶？就是通过茶碗的摆放、喝茶的顺序、茶诗的诵读等方法，来辨别谈判对象的意图，有啥纠纷就利用吃茶来摆平，不用红刀子进白刀子出。这一点倒显得精神文明啊。"

老人呷了一口盖碗茶说："说到吃讲茶，当年我太奶奶用得最多的是织女茶阵。织女茶阵由图像、阵式及饮茶诗组成，女人们把七碗茶斜向横排，两段微微向相反方向突出，模拟北斗七星的星图，这叫布阵。然后由结拜的女袍哥们（一般为7人）依照事先的排位名次自上而下拈饮，这叫破阵。女人们一边喝茶一边唱诗——我还背得几句——'仙姬七夕渡银河，姊妹下凡兄弟多。年年七夕河边待，散榴渡过乐如何？'诗毕茶尽，茶阵破解，七人也就结为了袍哥姐妹。如果有姊妹受了气，其他人一定会奔走相告，替她出口恶气，哪怕打架打到衙门都不虚火。"

作为南丝之路水路的岷江航道上，发生了太多的传奇，形成了独特的民风民俗，有的已随大江东去消失殆尽，有的则沉淀在老百姓的日常生活中。

第三辑

驿站风云

他们在"天府南来第一州"的临邛组建了通商马队，东去成都、长安，西达康藏，南下滇缅，将中国商人探索的足迹延伸到了南亚诸国。

邛崃：西出成都第一站

临邛古城，最好的景致是在雨中。

迷迷蒙蒙的天空，如烟如雾似梦似幻的雨丝儿滴落在青石板上，小巷深处，举着花伞的窈窕女孩款款走来……一个让人寻觅已久的本色临邛，就这样鲜灵灵地呈现在我的眼前。

漫步在临邛古城北大街，喝一口香甜沙软、清爽可口的邛崃凉糕，品尝一碗有着神奇传说的奶汤面，嚼一串用陶器钵盛放的麻辣钵钵鸡，再打包买一袋皮脆肉嫩的烫油鸭带回家，让人品味出居家生活的瓷实滋味，也嗅到了这个历史上著名驿站的人文气息。

临邛，是古代邛国、徙国、笮国、滇国等各族人民与蜀国人民市易的汇集地。民国时期改名邛崃县，新中国成立后仍沿用其名。1994年改名为邛崃市。

小竹杖撑起南丝路大征程

金庸《射雕英雄传》《神雕侠侣》里，出现过一种很不好惹的兵器——打狗棒。"那竹棒儿有如一根极坚韧的细藤，缠住大树后，任那树粗大数十倍，不论如何横挺直长，也休想再能脱却束缚。"一根竹棒儿舞得风生水起，几乎无敌于江湖，只有黄药师的竹制"抖音"洞箫可以和洪七公比试一番。

这当然是小说，是成年人的童话。但在南方丝绸之路的最初发现中，邛崃的竹子真正大出风头。

汉武帝元狩元年（前122），张骞出使西域回来，向汉武帝汇报说，他在大夏国看到两件东西都是四川的：一是邛竹杖，一是蜀布。张骞问当地人咋得到这玩意儿的，大夏国人称是商人从印度买回来的。

司马迁《史记·大宛列传》说："臣在大夏时，见邛竹杖、蜀布。问曰：'安得此'？大夏国人曰：'吾贾人往市之身毒。'"

这说明，早在2000多年前，四川造的商品就已通过某条古道（即后来所知的蜀身毒道），跋涉千山万水，开启了对外国际贸易。

张骞在大夏国看到的邛竹杖，其实是竹子手杖的通称，相当于我们今天在峨眉山看到的藤杖、棕竹杖、灵寿杖之类的东西。

在中国古代，商旅运输货物主要依靠人力、驮畜。蜀身毒道，处在山川险阻的横断山脉地区，遥远险阻，坎坷逶迤，时有高山峡谷，悬崖绝壁，激流深涧，加之野兽出没，商人往来行走十分艰难，这就需要借助竹杖来扶持、来助威。

没想到这么一根邛崃的竹杖儿，竟作为商品销往印度并转至阿富汗。

1995年版《邛崃县志》载：邛竹杖，是利用罗汉竹制作而成的手杖。邛竹又名石竹、罗汉竹，原产于四川临邛。邛竹杖是由邛竹加工而成的。

《华阳国志》卷五之物产篇记载，临邛一带盛产邛竹，当地人制作邛竹杖的基本工艺是：用微火将采来的成年邛竹烤出水分时，用手工方法将之弯成钩状，再用水冷却以定型，遂成邛竹杖。

邛竹，唐代张守节所撰《史记正义》曰："邛都邛山出此竹，因名邛竹，节高实中，或寄生可为杖。"西晋左思的《蜀都赋》称之"邛杖"（邛州出产的竹杖）。这些邛杖远销身毒大夏掸掸国以至大秦等的欧洲国家，也是作为一种文化宗教、信仰、风俗的传播。

小小竹杖，撑起迤逦万里的南丝之路的伟大征程。

临邛，是南方丝绸之路西出成都的第一城，始建于秦惠文王更元十四年（前311），迄今有2300年历史。

临邛也是西汉才女卓文君的故乡，有"临邛自古称繁庶，天府南来第一州"美誉。

地方志记载，秦国灭巴蜀，改国为秦郡。张仪按秦制在蜀郡创筑成都、郫县、临邛三城，并就城设县。《太平寰宇记》云："临邛本秦县。"古临邛即今成都邛崃市，其西即邛崃山，亦称邛山。《华阳国志·蜀志》载："临邛城周回六里，高五丈。造作下仓，上皆有屋，而置观楼射栏。"临邛城的主体为木结构，当时郡县制尚未普及，临邛城实为县的雏形，辖地今崇州、新津、大邑及都江堰一部分等地。

为啥说临邛城是南丝之路西出成都的第一站呢？

除了《史记》所载邛竹的"探路"作用，历史学家、西南民族大学教授祁和晖考证认为：首先，西汉临邛巨商卓王孙、程郑氏与文士司马相如三人，是史有明载的开辟南丝路的历史人物。其次，南丝路首发成都，零关道支线的第一要站即临邛城。而零关道又早于云南的朱提道古道。最后，临邛是成都筑城之后最重要的货品集散中心，铁器、钱币、邛杖、蜀布（即蜀锦）、僰僮、笮马，有的原产于临邛如铁器、钱币、邛杖等，有的经临邛囤聚如僰僮、笮马，再转运各地。另外，成书于公元前4世纪的印度古籍《政事论》，也提到"支那产丝与纽带，贾人常贩至印度"，所说蚕丝和织皮纽带，恰是蜀地尤其是临邛的特产。

迷失山野的骑龙山驿道

临邛，也就是今天的邛崃，始建于公元前311年，拥有2300多年的历史。

临邛是"巴蜀四大古城"之一、古南方丝绸之路西出成都第一站和茶马古道第一镇，素有"临邛自古称繁庶，天府南来第一州"美誉。如今，邛崃还零星保留着南丝之路的古道遗迹。

2005年初，邛崃平乐镇政府在修筑去骑龙观的道路时，有村民报告说，他们发现在土路下面，掩隐着一条非常古老的石板路和卵石路。

考古专家闻讯赶来勘查，在位于邛崃市西18公里处的平乐镇外东约1公里处的骑龙山上，发现了一条沿骑龙山脉蜿蜒延伸、一直通往雅安市名山县中峰镇的古道，也就是今天说的骑龙山古道。

骑龙山古驿道

在这条长满青苔和荆棘的古道上，工作人员如获至宝，清理出汉、宋、明、清四个时期的道路遗迹，出土了唐、宋、明、清瓷片（**基本为邛窑系产品**）及清代"乾隆通宝""同治通宝"和汉代"五铢"铜钱等重要遗物。

据考古发掘资料介绍，骑龙山古道最迟在汉代就已开通并经历多次修缮，再经宋、明、清等不同历史时期，沿用到近现代。

考古人员还发现，智慧的古人善于利用地势让古道两边高，中间低，形成一道天然的防护墙，俗称拦马墙，以增加道路的安全性。宋代，人们就开始利用卵石铺筑路基，加宽路面，并加高了挡墙，增强了防护作用。

这非常有必要。试想，倘若遇到"一骑红尘妃子笑，无人知是荔枝来"那般十万火急的骑行者，稍有不慎就会在弯道处失蹄翻崖，丢了性命不说，还耽误了贵妃娘娘的尝鲜大事儿，那可是要命的。拦马墙的作用显而易见。

如今，荆棘覆盖、青苔满地的路面上，还有很多当年骡马踩踏后留下的马蹄印儿，深深浅浅有八九十来个，"马蹄道"断断续续有1.3公里长。那些石窝的缝隙里，有几根在风中摇曳的蓬蒿、蒲公英，它们年年月月枯荣代谢，忠实地陪伴着古道。

明代初期，邛崃官府又开始大规模地修缮，利用卵石铺筑路基，再在两侧加高挡墙，加强防护功能，这可能是为了军事目的进行的。清代，又经过两次大规模的修缮，利用卵石铺筑路基。

那天，我在古道上来来回回走了好几次，心头升腾出一幅滚滚车流和喧嚣骡马的画面。千百年来，在硬石上踩成如此深的马蹄印痕，非有水滴石穿功夫难成，不知有多少马蹄来回磨蚀，才留下这峥嵘印记。

站在骑龙古道上，山风骤起，寒意袭来。古道一边，藤蔓在石壁上艰难攀爬，经历一季一季风吹雨淋的它，显得苍老了许多。一缕缕阳光穿透叶子的缝隙洒在古道上，那么怡然，那么沉静，远方的路朝向何方延伸？

如今，骑龙山上多数路段早已荒废，并无实用交通价值。但它的存在，却是中国古代交通线路的活化石，是历史文献中所记载的蜀身毒道路段的实物验证。

邛窑：中国彩绘瓷发源地

民国十一年（1922）出版的《邛崃县志》记载，古代名噪一时的"邛三彩"，燃出了邛窑独有的彩绘瓷工艺。这种精美的工艺品也随南丝之路上的马帮运到了印度、缅甸、不丹等国家，受到当地贵族和僧侣的青睐。可见邛崃彩绘瓷的不同凡响。

2014年夏，四川省博物院举办了邛窑陶瓷馆展览，陈列了许多经典邛窑陶瓷产品：绿釉省油灯、青釉三彩钵、青釉绿斑双系壶、三彩鸭形杯、三彩提梁壶……

我大学同学、四川省博物院院长盛建武指着这些浓淡相宜、着笔自如、纹饰抽象的陶瓷说，从这些工艺品可以看出古代邛崃的工匠，有深厚的文化根底和书画艺术功力，他们以"没骨画"技法，率然落笔，粗悍展开，画出的花纹儿潇洒豪放，韵味无穷。

展览中，邛窑瓷器中的雕塑艺术品也丰富多彩，例如各类动物、胡商俑、武士俑、劳作俑、侍女俑、役仆俑等，还有一些实用生活用具、文房用具、储盛用具等上面的彩绘，都美丽得不可思议。"彩绘杯上的飞天纹饰，许多陶瓷佛像、僧侣、胡人等人物造型，正是邛窑文化与中原文化乃至域外文化商贸交往的历史见证。你想，明清时候，印度、巴基斯坦、马来西亚等国家的商人，都跑到成都来购买这些陶瓷工艺品呢。"盛建武是土生土长的成都人，说起这些颇为自豪。

邛窑创烧于南北朝，盛于唐五代，衰于宋。邛崃境内的窑火，燃烧了八个多世纪，烧出了名噪一时的"邛三彩"，也燃出了邛窑独有的彩绘瓷工艺。

邛崃境内这些邛窑，不是单一窑址的专名，而是彼此关系明显、连续性也很清楚的多处古瓷窑遗址的总称，包括南河十方堂、固驿瓦窑山、西河尖山子等七处古瓷窑遗址。

　　800多年的窑火熄灭后，南河之滨沉寂为一片广袤农田，无人知晓暗藏其中的玄机……邛窑再度为世人所瞩目，始于19世纪末至20世纪初叶。当时，被人们偶然发现的邛窑瓷器流传到了成都古董市场，逐渐受到好古者关注，最终现出身形，从籍籍无名一时轰动四方。

　　邛窑的发现，可以说改写了中国古陶瓷史。

　　临邛南河十方堂邛窑遗址中被发现的40米长龙窑，据专家考证，烧造时代为南朝到南宋时期。过去古陶学界认为"唐以前没有超过30米的窑炉"，现在邛窑中挖掘出的40米龙窑，修订了这一结论。

　　邛窑最为人津津乐道的，是瓷器上绚丽夺目的色彩。邛窑彩瓷，釉色鲜艳，蕴含的是高超的釉下彩技术。釉下彩，是邛窑最具特色的装饰工艺，在隋朝时开始出现，入唐以后大量增加。方法是，用色彩在已成形晾干的素坯上描绘，然后罩釉，入窑烧造。

　　在中国考古界，素有"北有唐三彩，南有邛三彩"之说法。

　　"邛三彩"的发现，被认为代表了邛窑釉下彩瓷的最顶尖的技艺水平。它声名远播中外，成为盛唐时期绚丽斑斓的艺术效果的代表之作，在中国陶瓷史上留下了浓墨重彩的一笔。

　　"贵儿呀你真不是一盏省油的灯。"从小到大，我听得最多的就是这句老话，我也没少为这句话被妈老汉揍过。

　　省油灯到底是个啥玩意儿呢？是不是跟外公评书里的宝莲灯一样，只有神话里才有呢？

　　直到有一天邛窑破土而出，省油灯横空出世，我才知道是怎么回事。

　　虽然上述邛窑，未见于史书记载，但对临邛省油灯的记述却非常多。曾在成都生活七年的宋代诗人陆游，就曾描述这种小小灯盏儿的具体做法：把灯芯及油置于灯盏表面的内凹处，注清水于与夹层相通的小孔中，再在孔中加入冷水，目的是降低油面温度，避免油经加热后迅速蒸发。

这位负责任的好诗人，当然也会写上一笔。《陆放翁全集·斋居纪事》是这么说的："书灯勿用铜盏，惟瓷盏最省油。蜀中有夹瓷盏，注水于盏唇窍中，可省油之半。灯檠法，高七寸，盘阔六寸，受盏圈径二寸半，择与圈称者。"

油灯，是起源较早用途非常广泛的一种日用品。考古资料记载，早在距今约70万至20万年前，旧石器时代的北京猿人就开始将火用于生活之中。灯，作为照明的工具，实际上只要有盛燃料的盘形物，加上油和灯芯，就能实现最原始的功用。

邛窑生产的省油灯盏，在唐宋风靡一时。当时的读书人贫寒清苦，常常挑灯夜读，而邛窑省油灯的创造为读书人提供了方便。

省油灯省油效果究竟如何？ 1983年8月，四川大学古陶瓷学者陈德富教授，对邛窑省油灯盏的省油效果进行了科学测试，省油可达20%—30%，夏季比冬季尤其明显。

2017年8月，一个炎热的下午，在邛崃市中心，80后青年何丹制作邛窑陶器的小楼里，我们看到，逼仄的三楼上放着一个旋转的滑轮装置，桌上摆放着包装好的泥土、碾锟、刮刀、修形刀等工具。何丹还原了中国古代的节能灯——邛窑省油灯工艺流程和技艺。"一盏省油灯的出炉，要经过挖泥、筛选、碎泥、和泥、开坯、拉坯成形、晒干、上釉、装窑、烧制等十几道工序，这些步骤统规加起来，至少要一个星期呢。"何丹说。他的故事，正是邛窑文化传承与发展的一个缩影。

"风月无边，长安北望三千里；江山如画，天府南来第一州。"2000多年来，邛崃先民以聪明才智，开采出利用天然气煮盐的火井，还有先进的铁器、精美的丝绸、丰富的茶叶，沿南方丝绸之路远销国外。繁荣的经济使邛崃富甲一方、闻名遐迩，也演绎了西汉大学家司马相如和才女卓文君的浪漫爱情故事。

值得一提的是，当年文君之父卓王孙，在临邛不仅拥有盐厂、铁厂，还组建了通商马队东去成都、长安，西达康藏，南下滇缅，生意做得相当红火，在邛崃这片土地上发展成当时的"蜀中首富"，也将中国商人探索的足迹延伸到了南亚诸国。

行走于临邛的大街小巷，似乎穿梭在连接昨天、今天和明天的时光桥梁中，我读到了令人流连忘返的一页。

至今，在夹关和平乐、百丈、上里等地的冶铁遗址，仍能捡到大量炼铁渣，可以想象当年这一带冶铁生产并外出经营的盛况。

夹关：铁器火星映红"丝路"

邛崃，位于川西高原南部的邛崃山脉，处于云贵高原和青藏高原与四川盆地交通要冲。这里很早就成为人类活动、迁徙的重要区域，成为历史上南来北往、东渐西进的各民族多元文化交汇、融合的地区。

邛崃市夹关镇，更是延长了这一道文脉深厚的历史脉络。

"天台一脉吊此山，地伏二龙景连天。前有金龟锁水口，后面凤凰把翅扇。"南宋诗人陆游在四川临邛夹关二龙山游览时的即兴题诗，也为夹关镇赋予了不同凡响的历史文化意义。

宋山森林里的马道子

清《读史方舆纪要》载："夹关，在州西南。两山夹立，耸峙如门。自关以西，则土汉接壤，蛮獠错处也。昔尝置兵于此，为戍守重地。"此地秦汉时期即为出入川西南的要隘，乃兵家必争之地，唐后历代在这里设防屯守，先后有"笮门关""峡门关""夹门关"之称。

之所以被叫夹门关，是因为镇之西部观音岩处的啄子山、胡大岩两峰对峙如门，中横一水而得名。夹关和平乐、固驿同为邛崃三大古镇，自古有"一平二固三夹关"的美誉。

夹关镇，是南方丝绸之路的必经要道和茶盐古道的重要驿站，古来为商旅来往和移民居留之地，南来北往的富商大贾云集此地，聚市设场，成就了"买不完的夹关"。每逢赶场，来自雅安、蒲江、芦山的人们挤满了这里的大街小巷。镇上，每隔四五百米就是一座亭、台、楼、阁、寺、庙、庵、堂、塔，富庶与繁华远非周边可比，难怪吸引了那么多外地客商。

这些年，作为驴友，我经常和去夹关镇徒步。夹关现存不少古道遗迹。这些驿道，主要位于镇东南方向的宋山森林中。

葱茏苍翠的宋山，给人感觉是个望不到头的竹林世界：楠竹、桂竹、刚竹、粉绿竹、早园竹、罗汉竹、紫竹、茅竹……高低疏朗，盘根错节，最密处完全盖住了天光，黑黢黢十分恐怖。

2016年夏，我们十多名驴友冒雨走在宋山竹林，林子里因湿气太重散发着腐植味儿。古道长蛇般蜿蜒弯曲，忽上忽下，时隐时现。因人迹罕至，石梯上长满地衣青苔，一脚踩上去湿溜溜极不稳当。我们穿过竹林走着，目的地是东面的龙洞沟，发现前面没有路了，而是一道壁立千仞的悬崖，古道也似乎被茫茫云雾吞吃了。领队挥手大喊：后队变前队。大伙掉头寻路。雨越下越大，路越来越滑，很多人因身穿雨衣格外闷热，汗水雨水裹粘一块儿，犹如困在蒸笼里一般。下山时，我和朋友赵平几乎同时摔倒两三次，一身泥泞，狼狈不堪。驴友笑道：好玩儿，你俩这是在比赛谁摔得好看吗？

老乡告诉我们，夹关镇的驿道，是从龚店村的长生桥开始，往上延伸到小鼓儿山顶，其中有两段约0.5公里长，基本完好。驿道宽4米，形状像个鱼脊背

夹关镇马帮后人朱二爷

儿，用石板铺成一条中心线，两旁用鹅卵石铺成路面，当地人管它叫"土夹卵石路"。

许多专家学者把从邛崃平乐、夹关到雅安这一段，称作南丝之路"剑南道"，雅安往西昌则称"旄牛道"。由于剑南道当年主要是牛马运输，当地百姓通称为"马道子"。过去，马道子在山区算得上是大路了。自西汉"旄牛道"开通以来，这条马道子就一直没有停止过它的作用，商贾、马帮、背夫行走在崇山峻岭之中，他们翻越大相岭、飞越岭，从印度等地带回珊瑚、翡翠、椒、姜、珠、贝等热带商品和佛教文化等，也将中原的丝绸、茶叶、药材等带到了印度，甚至传到了欧洲。

民俗文化学者凡丁在《古火井遗名遗迹新考》里则指出，旧时南方丝绸之路，从邛崃过去有西、北、南三条路：西线是邛崃经夹关至芦山，北线是经水口至芦山县大川镇。南线是经平乐、太和至芦山县城。

老街小巷的烟火气息

暑气在蝉声中渐渐消失，伴随着习习凉风，川西的秋天也随南飞的大雁再次归来。

现在的夹关，算是个打造得比较晚的旅游景区，不收门票。镇子里，随处可见刻满岁月痕迹的古老遗存。参天的楠木群、古色古香的老街、独具一格的四合院落、青翠的远山、石桥流水，描绘出一幅水墨色诗画景象。

这里，处处可见形如江南的小桥流水。白沫江上，三座风格迥异的桥引人注目，有高大雄伟的夹关大桥，有没于水中的踏水桥，有宽阔的雄关大桥。凡

赶马人依然流行边走边唱

来古镇的游人，到了桥边一定要拍照留影的，镜头中的小桥流水总是那么窈窕多姿。或许有人想，要是有一只竹筏从河中缓缓驶来，放筏少年手挥篙竿，口唱山歌，那桥边石滩上浣衣的少女便会荡起一层涟漪，踏浪而来……

万福桥，是一座双檐楼廊式石桥，1909年开建，1923年完成，修建时间长达14年。该桥雕梁画栋，古朴壮美。中部阁亭里竖有建桥主要出资人、高兴场的保正①杨应选的塑像，桥头及桥中各处挂有当地名流的赠联。

万福桥北头，时人李阳生所撰楹联令人回味："安步自江上行来，喜春日踏青，夏风祛暑，秋宵对月，冬岭探梅，肘后背行囊，槛旁排酒具，游目骋怀，漫道此间无乐土；举首向楼头望去，看群峰拱璧，双虹卧波，一水中流，两街并立，门前植垂柳，桥下数归舟，山光浪影，庸知是处即秦淮。"将夹关之风光妙笔道来。

万福桥在民国年间因战乱与洪水而损毁。1979年，万福桥原址上新修一座公路大桥。

镇上还有永寿桥、庆元桥等三四座古桥，以及白沫江上游新修的两座带廊拱桥。傍晚夕照下，水上石桥和高大壮观的廊桥，一高一低，投映在橘红色的水波里，显得别有味道。而中秋前后，圆月高挂，苍穹皎洁，虫声唧唧，这些桥梁更是勾连起人们从童年到老年、从家乡到异乡的种种往事。

明末清初，外省多地移民来到这有山有水、土肥地沃的地方，刺激了夹关场的发展与繁荣。清乾隆至光绪时期，场内外先后修建起为数众多的宫观寺庙，禹王宫、万寿宫、南华宫、真武宫、紫云宫、文武宫、川主庙、惜字宫、文昌宫、天罡祠等，高低错落，相间于民居之中。其中禹王宫、万寿宫、南华宫、真武宫、川主庙等，为各地移民所建的同

---

①古时保甲制度下设置的乡职，每十大保即五百户，设都保，其负责人为保正。

乡会馆。会馆中，大家出于同乡友情，他们相互邀请，筹措资金，购置房产。也有暂借一隅之地小住一时的乡亲故人，来此或集会、或宴请、或祭祀乡贤、或照顾乡民、或联络乡谊，抱团取暖，互助互爱，成了人在异乡的精神家园。所以有人说，如今在"吃百家饭"的夹关镇，你很难仅从方言里判别他（她）到底是哪里的人。

夹关镇还保留有几条老街古巷，其中南岸街和北岸街是两条沿河并行的主街，还有半边街、香巷子、李巷子、熊巷子、何巷子、双石桥巷等小街巷。这些老街古巷以及残存的明清建筑，让人有穿越时空的感觉。

北岸街，曾经是成都进入雅康地区的老路，从这里西去，经太和乡盘山路道可到雅安的上里镇。如今省道外移，北岸街成了镇上主要的商业街。一到赶场天，街上人来人往。改造过的长街上，大小商铺比邻而开，新老饭馆对街相望，特色小吃"夹关四绝"——肉汤圆、腌熏肉、过浆鸡、豆花，当地人和游客吃得津津有味。

南岸街，两旁多是青瓦平房，老式木板门面。街上店铺不多，主要是裁缝铺、纸火铺、食杂铺、理发店等，还有茶馆，这都是乡人喜欢光顾的地方。赶场天，小街上总会聚集很多老乡在这里买卖烟叶，看上去似乎都是老熟人，相互间嘻嘻哈哈，吞云吐雾，其乐融融。卜卦算命的露天摊位在小街西头分布着，每摊桌前都有显眼的红布帘子，大字书写其上，招徕生意。

小街上有个老茶馆，面积不大，瓦房，竹篱墙。里头一水儿的竹椅子，人坐上面吱吱嘎嘎叫。任何时候，都有一些上了年纪的老人在这里打牌。小赌怡情，每把下来也就输赢个一块两块的，老乡们也不用现金交易，而是用胡豆或苞谷粒儿做筹码，哪个面前胡豆多的就是手气最好的。

往昔，成都的丝绸、雅安的茶叶、乐山的盐巴、西昌的马匹、云南乃至南亚的珠宝玉器等，经常在南岸街汇聚中转。这条老街，也开了不少旅店，生意好得很。

铁器火星"溅"到南丝路

如今，许多川西古镇都保留着老式铁匠铺，夹关镇也不例外。

十多年前我第一次去游玩，那时的夹关才是最原汁原味的古镇。有一天，我路过南岸街，被一阵砰砰砰的打铁声所吸引。

我从小生活在小镇上，对打铁工匠并不陌生。进去看，一个光着上身的汉子正鼓起肱二头肌，将一块烧得通红的铁坯锤敲得火花四溅，炉火将他的脸庞映照得红彤彤。风箱旁，一个女人在帮他打下手。风箱，是用一根直径一尺的圆木挖空成管状制作而成。风箱的手柄和连杆，早已被磨得光滑透亮。打铁师傅说，这个风箱用了几十年了，里面的活塞密封材料用的是鸡毛。

铁匠铺大门左侧的货架上，摆放着几十件已打好的铁器制品。人坐在门内，货物摆在门外，不吆喝，不还价。遇到赶场天，一块钱两把的镰刀、十二三块钱一把的菜刀……买的人多，大半天就卖光，一天有几十上百块收入，日子过得滋润。

那时候，市场经济远不像现在这么蓬勃，工业化更未普及，像夹关镇这样的川西乡场对铁匠铺的依赖还相当大。从农业生产需要的锄头、犁头、镰刀、柴刀、钉耙、铲子，到木结构建筑所需的铁制连接件，到家家户户日常生活离不开的菜刀、锅铲、锅儿、鼎罐，无一不是出自铁匠铺的敲打。

这家铁匠铺的主人虽然一年四季很辛苦，但他是一个爱美的人，无论铁匠铺的门前铺满多少铁屑儿，无论成天烟尘扑鼻多么令人难受，店主的铺子门前石壁上，总栽种着一丛漂亮的秋海棠。秋海棠，这种矮小草本植物，有着脆嫩而多汁的茎叶，叶的背面呈现红色，密布着如血管一样的脉络。铁匠师傅门前的秋海棠是雌雄异花的植物，玉质的亮红色小花瓣交互对生，雌花和雄花都生长在同一个植株上，雄花的中央有黄色油质的雄蕊群，雌花的下部还有个三角棱状的粉红色子房儿，看上去很漂亮。

在万福桥，听一位卖叶子烟的老人讲，20世纪八九十年代，夹关镇的铁匠铺有三四家，生意都不错，镇上除了铁匠铺传出来的砰砰砰砰打铁声，就是早上的鸡叫声，一天到晚安静得很。

我这些年踏勘南方丝绸之路，注意到一个问题，邛崃许多老镇的铁匠铺，不同于其他地方的铁匠铺，有着更深的历史含义。

先举一个例子。2018年6月，在成都博物馆举办的"天府之国与丝绸之路特展"上，有几件南丝之路沿线出土的东汉铁锸上，均有"蜀郡""成都"等字样的铭文。现场，一件云南昭通市博物馆馆藏的铁锸，颇为引人注目。铁锸为"凹"形銎口，底边扁薄微弧并出翼形刃口，刃口右上方有残缺口，背面铸平，正面隆起，左右两边铸篆文"蜀郡"，中铸篆文"千万"，两面中空成槽以装木柄，右边铸文处锈蚀严重。

这件铁锸是五年前在昭通市城关镇发掘的。铁锸，是战国至秦汉时期常用的一种农具，用来翻土和兴修水利，我们的先祖曾经手握着铁锸，耕耘出了千年农耕文明。

事实上，成都平原输往西南的铁器种类多、数量大，主要包括武器、生产工具和生活用品等。贵州西部和云南等地发现的铁斧、铁锛、铁削、铁犁、铁锄以及铁三脚架，在形制上都与成都平原汉墓中出土的完全相同。四川的木里、西昌、云南丽江等地也发现了铸有"蜀郡""成都"铭文的汉式铁镢。

解说员透露，这件铁锸就是在成都平原的邛崃制造的。至今邛崃夹关和平乐、百丈、上里等地的冶铁遗址，仍能捡到大量炼铁渣，可以想象当年这一带冶铁生产并外出经营的盛况。

一年四季，春种，夏长，秋收，冬藏；一日三餐，日出而作，日落而息。农耕，代代相传于中华五千年，早已融入我们的血脉，根深蒂固。《盐铁论·农耕》指出："铁器者，农夫之死生也。"可见铁器农具在当时农业生产中具有极为重要的地位。西周晚期，冶铁技术的出现让大面积的农耕成为可能，这个阶段的农具从数量和种类都有了较大发展。《管子》一书记载，春秋时齐国已经用铁农具耕种土地，这是我国有关使用铁器进行农业生产的最早文字记载。

《华阳国志》记载，临邛所在的邛崃山，蕴藏有极为丰富的铁矿，所炼之铁刚性很好，深受西南各族同胞的喜爱。临邛，作为我国"黑铁时代"著名的铁业中心基地，生产的铁器闻名川滇。两汉时代，朝廷在临邛设置了铁官，专门管理铁器的生产和销售。

民国十一年（1922）刘夒编著的《邛崃县志》介绍，早期南方丝绸之路的开拓，很大程度上得助于临邛掷地有声的铁器；而临邛冶铁铸造业的勃兴与发展，得力于秦末卓文君的父亲、一代冶铁大亨卓王孙及山东程郑氏等人迁徙于临邛后的艰苦创业，发扬光大。

那时，南方丝绸之路已打通，他们通过这条商贸通道，在滇、蜀两地交易成海内巨富。邛崃夹关镇，无疑是个水陆通达的好驿站。

总的来说，战国至秦汉时期成都平原铁器向西南地区的输出，极大地促进了南方丝绸之路沿线地区的经济发展。前述云南昭通市城关镇发掘出大量描绘水稻播种和栽培等生产活动的汉代画像砖，反映了当地农业欣欣向荣的景象。

通过成都平原铁器的传播，川西南和云贵大部分地区的生产力得到发展，中国西南边疆得以开拓和巩固。

"峨眉山月半轮秋，影入平羌江水流。"李白写《峨眉山月歌》的地方，就是今天青神与乐山接壤的平羌三峡。

汉阳：影入平羌江水流

如今古镇越来越多，像是被人撒了种子从地里呼哧哧长出来似的。别说在乡村，城市周边也不少，成都附近就有洛带、黄龙溪、街子、平乐、安仁、五凤溪、元通、新场……远的名气大点的如云南丽江、江苏周庄、浙江楠溪江、山西平遥等，都是炙手可热的旅游景区。

这其中，又有多少是真正的"古"镇？

旅游古镇千篇一律的标配是：规整平滑的水泥路，替代了粗粝的泛着亮光的青石板，按图索骥的屋檐房被刷上鲜红的油漆。沿街商铺林立人潮如织，赛过旧上海十里洋场……这些轰轰烈烈加入景区克隆大军的新古镇，被我称为"油漆古镇"。

今天的古镇旅游中，我们到底可以欣赏什么？上哪儿去寻觅青砖瓦间升腾的袅袅炊烟？网络时代的古镇魅力该如何去品味？

幸好前不久，我在苏东坡故里、四川青神县的汉阳镇寻到一些久违的古意。

岷江边礁石上的坑窝

蜿蜒南流的岷江，像一个花样滑冰的美丽女舞者，在流过青神、流过苏东坡初恋之地中岩寺后，飘逸回旋出一个斜斜的"U"形，将一座古朴小镇三面环抱。

汉阳镇的历史非常悠久。清光绪三年（1877）由郭世业编著的《青神县志》记载：汉代，一户姓阳的人家从外地迁徙入川，见岷江河泥长年淤积于此，形成平坦的地势和肥沃的土质，是个理想的安居之地，便落户坝上，专事农桑，养蚕缫丝。相继，有许多沿水路迁徙的移民也落脚在这里，生息繁衍，渐渐地形成一个村落、一个集镇。这座小镇也得名汉阳镇，又称汉阳坝。

清光绪《青神县志》还说，青神县汉阳镇依托岷江水运，贸易繁盛，客栈云集商贾往来。西汉时这里就是商业重镇，路线是从成都经岷江水路南下通往乐山、宜宾、重庆及长江中下游。于是自古有"穷青神，富汉阳"的说法。

漫步街上，楼台亭榭，青砖、木墙、石板街道、小青瓦房，相互毗邻的四合院和高高的峰火墙，岷江边的吊脚楼，雕刻着神鸟奇兽的古檐，基本上原汁原味。

街上人很少，两旁的商铺要么关门闭户，要么虚掩着门，店家悠然闲散其中。阳光把树叶的影子投射到油漆失色、墙皮斑驳的牌匾上，偶尔能听到几声狗叫，便增添了几分生机感。

老街中间有个戏台，准确说是一座新修的戏台。除了节假日有些演出，平时很冷清。早先，这个戏台是当地人的"活动中心"，木头边一片杂草丛生，里面空荡得很，而且昏暗，点起蜡烛，火苗在从墙上的洞穿进来的风里摇曳，摇曳这个戏台曾经的辉煌，化作木头上的一层灰尘，留在人们的记忆里。

热天去的时候，你会发现居民人手一把扇子，年轻人手上握的是本县编的竹扇，是用上佳细竹丝编就的扇子，有各种吉祥图案和文字，用薄到透明的青竹丝呈现。扇子在女人手上，如装饰，轻摇罗扇，有微风徐来，间或还香气四溢。上了年纪的大叔大妈们，脸上尽显沧桑，除了穿上宽松的衣服，最爱用葵扇子。那是用扇叶葵天然形成的叶子，剪去边，用布或竹丝把边缝合起来，廉价又适用。他们经历了太多的盛夏酷暑，内心早已生出无边的凉意，扇子在手上有一搭没一搭地晃过，取风只是代表夏天的象征而已。

汉阳镇盐关街住着一位古法秤制作人。他叫陈燕，11岁就随父学习制秤，如今是整个眉山地区最后的手工制秤人。

老陈从选木料、做秤杆、打刀口、包铁皮、铸秤盘、定秤砣、打铜丝、码星线、配吊钩……都严格走古法制作程序，一丝不苟。事实上杆秤制作工艺繁杂，从最初的砍树锯木头，到给杆秤上亮光漆，步步都有规矩，制作一杆秤需要150多道工序。陈燕的家谱记载，他家的木秤，以前不只在汉阳老码头热销，就是在眉山、乐山一带都"掬得平"。20世纪50年代，汉阳码头南来北往的客商大多慕名来购买他家的木秤，用在布匹、茶叶、盐巴、蚕丝、花生等货物的计量上。

老陈自豪的是，他读小学时就听爷爷讲，由于古南丝之路五尺道的贯通，他家的古秤还走这条路进入云南等地。前几年，他的表姐在云南保山旅游时，还在农贸市场看到了陈家制作的古秤，当时眼眶就湿了。

我多次随眉山文化学者邵永义、邓友权走访汉阳镇。一个阳光灿烂的日子，我跟他们走过河滩来到岷江边，看到嶙峋礁石上现出一个个坑窝儿，坑窝高低错落，大小各异。由于刚下雨，石窝里的积水映照着蓝天白云，像

眉山文化学者邵永义吟唱南丝之路民谣

是贮满了泪水。坑窝之间，长出一丛根茎细长、在江风里摇曳的野草。

我想到自己的老家、长江三峡腹地巫溪县大宁河畔也有这样的坑窝。那是千百年来一代代纤夫闯险滩、过激流时用篙竿水滴石穿般戳出的印记。今天，岷江青神段早已不通航船，偶尔划过的木舟儿是居民在悠悠地摆渡捞鱼。

邵永义、邓友权都住在青神县城，他俩被人戏称为青神县文史研究的两张名片。他们每个月都要来汉阳瞎逛一气，在江边喝喝茶。他俩为老码头的繁盛历史激动不已，也不无遗憾地说，这么多年来汉阳"养在深闺人未识"，除了周末有驴友和背包客偶尔来徒步，很少有组团游客光临，冷清得像个长了麻子嫁不出去的老女人。

"楚客去岷江，西南指天末。平生不达意，万里船一发。"①邵永义多次带我去岷江泛舟。他管这一带叫水上丝绸之路遗址。

邵永义说，过去平羌三峡有一段很不好走，沿岸峭壁林立，连山若屏，乱石穿空。木船行至最湍急河段时，船下惊涛滚滚，像是有无数魔怪龇咧着白牙要吞噬船儿。木船的下左前方，三四名纤夫前倾身子奋力拉船，他们脖子上青筋直暴，脚上的草鞋嗒嗒踏踩在水中，草鞋尖不停滴水，纤绳将他们古铜色的肩背勒出一道很深的血痕。常常，船底因硌在鹅卵石上发出哧哧的摩挲声，如果船儿"卡"在险滩激流再也上不去，这时前头拉纤人的胸腔里就会吼出船工号子，后面的人随即应和。木船又像个吃到糖果不再胡闹的孩子，蹦跶着往前走……这些，都被邵永义写进了他的书里，成了发黄的记忆。

邵永义前不久在一部电视剧里客串了一个挎盒子炮的马帮老大，但他鼓着大眼睛、腆着大肚子的样子更适合演黑帮老大。这位从基层干起、后任局领导的作家，开口就是极妙的马帮段子，他总让我想起沙汀写的那个茶馆里的"幺吵吵"："这是那种精力充足，对这世界上任何物事都

---

① 引自唐代诗人张祜《送蜀客》。

采取一种毫不在意的态度的典型男性。他时常打起哈哈在茶馆里自白道：'老子这张嘴么，就这样：说是要说的，吃也是要吃的；说够了回去两杯甜酒一喝，倒下去就睡。'"

平羌三峡礁石上船篙戳出的洞孔

"往年，汉阳埠头百船云集，船工号子响遏行云，高亢激越，运输繁忙。我听老辈子讲，当年每天清晨，鸡鸣三声，阳光水墨晕染般渐次铺开，照亮山川大地，江面上浮光跃金。江面上竹筏船只穿梭往来，在江面上留下道道波痕。江岸，传来岷江纤夫的吆喝声；黄昏，汉阳码头上停靠的船只竹筏相依成串，长达千米。货运繁忙时节，由于人满为患，镇上客栈都被预订一空，连平羌小三峡的木船儿都被租了出去，睡满了意兴盎然的客商。"邓友权说。这位知名电视制作人的描述很有镜头感。他的很多获奖电视节目，都是以岷江母亲河为创作背景的。

五尺道上的熊耳古道

"蜀国春与秋，岷江朝夕流。"[1]汉阳镇，是南方丝绸之路东线五尺道一个重要驿道，至今还真的留下"岷江朝夕流"遗迹。

五尺道以水路为主，路线是从成都出发，南经双流、新津来到眉山青神县，再南下乐山、宜宾，进入云南昭通。在青神县岷江道上，这条驿道偏离水道，从新路口翻越关子门至乐山板桥溪中间，有一段不足10公里的山道，史称熊耳古道。

《图经》云，"诸葛武侯凿山开道，即熊耳峡东古道也"，意指该段古道为蜀汉时期诸葛武侯所开。相传在曹魏、蜀汉、东吴三国时期，蜀汉政权为能隐蔽地在平羌小三峡中屯兵以平定作乱的羌人，足智多谋的诸葛亮亲自调遣人力物力，开凿了熊耳古道。

青神县文史学者岳华刚等人，曾多次踏勘过熊耳古道。他提供的文献资料介绍，走新路口经关子门的这条古道，虽山路崎岖陡峭，但比乘船走水路或是沿大路走汉阳方向，可以减少近15公里的行程，而这一段山道也是目前眉山和乐山市内历史最悠久、保存最完整的一条古驿道。

从高家湾长板坡到关子门，现存古驿道路面宽1.5至2米，全长两公里左右，因下方山湾内近年来新修了一条水泥路到山顶，现古道已基本荒废。在几处仍然保存有石板路面的古道上发现，原古道路面大多采用长0.9至1米，厚0.1至0.2米的当地产红砂石质石板铺成（*也发现有少量的雅石质石板*），一些路面仍清晰可见被骡马铁蹄踩踏石板后留下的脚窝。

从长板坡沿古道蜿蜒上山，要经过一段高高的山埂，古道旁是三四十米高的悬崖。可以想象，当年熊耳古道的马帮从这里通过，稍有

---

[1]引自唐代诗人武元衡《古意》。

不慎就会连人带马摔下悬崖。

岳华刚他们继续前行，穿过一片荆棘密林，经过一个叫黄石包的小山包，黄石包上原来有座鼓腹庙，因庙内供了个大肚罗汉而得名。民国时期，这山高林密之处建有一小庙，也是为了保佑过往行人的平安。如今鼓腹庙早已不存在，只是在山顶还有一块不到200平方米的台地遗迹。

岳华刚记得，过黄石包不到200米，便走上了一条2013年才修通的乡村水泥路，能看见路旁崖壁上保存一处历经沧桑的题记。该题记龛坐东向西，距地表1.2米，宽1米，高1.6米，字径0.38米，风化十分严重，经询问当地老人和仔细辨认，该处题记内容为"乐山县界、青神县界"8个字，证实这里就是古代乐山和青神的交界处。

"熊耳古道最险峻处就在青神、乐山交界处的关子门，是开凿垭口形成的一处古关隘，地势险要。"岳华刚总结说。

同行踏勘的邵永义和眉山书法家朱继文也证实，民国战乱时期，熊耳古道一带山高林密，路陡坡险，常有土匪出没打劫行人。因此很多行人和商贩在准备过关子门时，多会选择在山脚长板坡处结伴而行，除非武艺高强，胆大包天者，很少有人敢单独通过。

"山里人纯朴，加上家又安在当地，所以关子门附近的人是不会去当土匪的，只听老人们说土匪窝子在乐山板桥溪大岩腔一带，解放后有几个与土匪有勾结的恶人被枪毙了。"朱继文说。

南丝之路青神段熊耳古道，自它开通后便成了连通青神坝子和乐山平原的一条便捷驿道。唐宋以来，文人行商走此路者多有记载讲述，有关人文景观，比比皆是，一直到清晚期时，熊耳古道上尚设有新路铺、关子门铺和板桥铺等关防铺递。应该说，熊耳古道和关子门古关隘是南方丝绸之路中一处典型的历史缩影。

"影入平羌江水流"

《青神县志》记载，唐代大诗人李白曾在蜀中写了21首诗。这21首诗里，《峨眉山月歌》极为有名："峨眉山月半轮秋，影入平羌江水流。夜发清溪向三峡，思君不见下渝州。"

大诗人的步履，给岷江尤其是平羌三峡踩踏出穿越千古的人文地理足迹。

《峨眉山月歌》，出自《李太白全集》卷八。这是李白年轻时的瑰丽作品。峨眉山是蜀中大山，也是蜀地的代称。李白是蜀人，因此峨眉山月也是他缅怀故园之月的诗意寄托。

这首诗是李白初离蜀地时的作品，大约作于唐代开元十三年（725）以前。

当时李白才25岁，他入川游历峨眉山，隐居青城之后仗剑远游，出蜀道时经嘉州途中所作。是时，李白从青城来到成都，取道岷江水路，买船东下直达渝州（今重庆）。他看到，青神县汉阳镇附近的平羌三峡，十里长峡，蜿蜒曲折，江流碧波似玉，宛如罗带，两岸山峦连绵起伏，苍翠欲滴。诗人诗情喷涌，提笔写就这首千古绝唱。

四川大学历史文化学院教授彭邦本认为，李白写《峨眉山月歌》的地方，很可能就是今天青神与乐山接壤的平羌三峡。

王象之《嘉定府龙游县记胜》书中，还引用杨天惠《水石墨记》说"李白之歌平羌，岑参之谣青衣，薛能之集江干，司空曙之赋凌云山，是皆模写物色之形容，以夸诩于世多矣，用李白之歌平羌冠于首"，王象之对李白的诗有极高评价。王象之在他写的《舆地记胜》中也云："成都路府喜府平羌镇有锦江禅寺，重云阁，太白亭，亭与峨眉相直，即太白题诗处。"

岷江流域具有3000多年的历史文化传统，春秋时期就是蜀王开明部族故地。秦灭蜀后实行郡县制，辖区分别属犍为郡和蜀郡，到了唐代分别隶属嘉州和眉州，后经历史变迁现位于乐山、眉山境内。

美丽的平羌三峡，成为追忆李白的重要名胜。苏东坡在《送张嘉州》诗中引用李白诗前两节"峨眉山月半轮秋，影入平羌江水流"后，感慨地写了"谪仙此词谁解道，请君见月时登楼"的诗句。

彭邦本考证发现，作为岷江航线的重要港口码头，李白笔下的平羌三峡，从唐代开始就设置了水上驿站，配备船只接送客货。唐代叫清溪驿，宋代改为平羌驿。此地积淀了这么多的历史文化底蕴，自然风光又如此绮丽，难怪大诗人对此津津乐道。

平羌三峡，是古代从成都顺岷江而外出四川的水路通道，此地十里长峡间峰峦叠翠，猿声不绝。峡区河道蜿蜒，江面急者如海啸，缓者如明镜，两壁水面下多岩壑。泛舟观景，"一崎处一停桡"，十八块突兀的大石围崖对峙，人称"十八罗汉抢观音"；一座近30米长的巨型"石棺材"顺江平搁，令人惊叹；一尊尚未凿完的"平羌大佛"和彼岸的"鸡公石"，更是峡中引人入胜的奇景……

古往今来，许多文人骚客坐船过此，饱览平羌秀丽的景色，写下了著名诗篇，比如南宋诗人陆游在《离嘉州宿平羌》写道："淡烟疏雨平羌路，便恐从今梦入魂。"

清代诗人赵熙在《板桥溪》诗中写道："落日载扁舟，平羌碧玉流。小寒山入定，新绿竹呈秋。草园明双莺，桑园式一舟。未嫌孤客宿，彼美出乌尤。"诗句描绘了平羌三峡艳丽秀雅、恬静妩媚的风姿。

平羌三峡出口，有一著名小镇板桥溪，依山傍水，是个古老村镇，盛唐以来，就是进出三峡的驿口。

由于峡口风光优美，景色迷人，历代诗人经过平羌三峡时写下了不少诗句。比如，唐代诗人杜甫在《宿青溪驿奉怀张员外十五兄之绪》有诗曰：

漾舟千山内，日入泊枉渚。

我生本飘飘，今复在何许。

石根青枫林，猿鸟聚俦侣。

月明游子静，畏虎不得语。

中夜怀友朋，乾坤此深阻。

浩荡前后间，佳期付荆楚。

这首诗，是杜甫永泰元年去成都经过嘉州（今乐山）时所作。《舆地纪胜》说，青溪驿在嘉州犍为县境内。此诗活灵活现地描绘了岷江流域的美丽自然风光和动物的顽皮出没，以及他跟友人月夜相聚时其乐融融的心情。

太平渡口船只胪列，桅樯如林，号子起伏，物畅通流。到20世纪30年代初，太平镇已成为川黔滇极负盛名的大埠头。

太平镇：因盐而兴的川南古渡口

川南赤水河南岸，有个水陆交通枢纽：太平古镇。

太平镇隶属四川古蔺县，与贵州习水市醒民乡一桥相通，成为古蔺出川入黔的东大门。这里，很早就是商贾聚散的古渡口，成就一方驿镇，群山环抱中，房屋依山傍水，层层叠叠，素有"小重庆"之美称。这里也是南方丝绸之路支线"牂柯道"（即夜郎道）上人烟稠密的集镇。

通往昆明和越南的必经地

太阳在淡淡云层中若隐若现，清凉的风吹在脸上，空气里似乎带着花草的清香，沁人心脾。古街上来来往往的人似乎在这柔和的日子里放松了心情，放慢了脚步，享受着这宁静的生活。街西头，一棵上百年的黄葛树破墙而出，树根迂回曲折，紧贴墙壁，与墙壁上的爬山虎交相辉映。

群山环抱中的太平古镇，犹如一个历经沧桑的白发老人，身上承载了太多累赘。古蔺县地方志介绍，战国至先秦时期，太平古镇属古习国部落和夜郎国，该镇被人称为"落洪口"。蜀汉时诸葛亮南征，曾在这一带出兵布阵。明代以后，来自江西陇南县太平堡的商人朱复桐，为纪念先辈朱熹在白鹿洞书院讲学传道，将"落洪口"更名"鹿平场"。后来，朱氏后裔为了怀念家乡的"太平堡"，将其易名为"太平渡"，沿用至今。

太平镇依山而建，赤水河边有一处码头遗址，四周绿苔重重，树木繁茂，时有游客来参观。这个码头，就是川南有名的太平渡，现在叫红军渡。

太平古镇历史悠久，房屋多为清末和民国时期所建，因地势陡峭，多依山形走势。鳞次栉比的建筑中，有一种阁楼风格的房子很引人注目，那就是吊脚楼。1935年红军总司令部旧址内的吊脚楼，就是这种建筑的代表作。

这座深宅大院地处半山腰，是当年朱德总司令设在太平镇的指挥所，房屋为穿斗式和混合式建筑，院内古朴传统、宽敞清净。附近，曾用作红军医院的刘宅、李宅，也是川南院落民居的代表建筑。

太平古镇

走在古意悠悠的石板街上，聆听小贩长长的吆喝，偶尔与坐在屋檐下卖草鞋的老人对话，或与那卖米粑的年轻媳妇聊天，就会觉得时光倒流，仿佛置身于沈从文先生笔下的《边城》。这里不仅有古老的街道、纯朴的街民，还有优美、动人的风物传说，"春燕衔泥""茶盐星火""九溪烟雨"……境内还有古蔺扬琴、划龙船、耍花灯、牛灯、打连厢等多种民俗文化。

镇上居民不多，民风浓郁。几位坐在屋檐下聊天的老人说，每到春节、端午节、中秋节，镇上是最热闹的。居民们用绳子将红彤彤的灯盏系于竹竿上，高悬于瓦檐、露台上，或用小灯砌成字形挂于家屋高处，大户官绅则喜欢将火力旺盛的燃灯，高挂在河边舟船的桅杆上。寒夜里，那些远方归来的游子，从几公里外的远处都可以看到家乡的灯盏，感受到故园温暖的召唤。

古蔺县文史资料介绍：清乾隆年间的中秋节，满镇灯火辉煌，不啻琉璃世界。一赵姓盐商大开府邸，所悬花灯高达8丈，十分醒目。赵家花灯与月影中赤水河的波光相映成趣，非常幽美。夜深人静时，赵家人还请来镇上文史和教师爷，聚于灯下饮酒作诗，谈笑风生，几近通宵。

古蔺县太平镇，位于赤水河中游西岸古蔺河与赤水河交汇处，古名"落洪"（也写作"乐共"，乐与落、共与洪均为通假字），它与土城之间的赤水河中游这段水路，战国秦汉时就已通航，太平镇是古代由土城通往昆明和越南的必经之地，其路线经过地点是：土城、太平渡（今永乐）、镇龙山、赤水河镇、毕节、赫章、宣威、昆明、文山、越南。解放前后，在土城出土了一批明代和清代的越南钱币，证明了这条古代丝绸之路"牂柯道"的存在。

三国时蜀汉大将马忠，就是沿着这条路线将庲降都督府从土城（今平夷）迁往赫章可乐（今味县）的。太平镇右侧三华里处的九溪口（赤水河西岸），二十多年前曾在这里发现一座东汉墓葬。那里，沿着赤水河西岸的两山脊间有一条南北向的小溪（即九溪河），沿小溪有一条古通道，由其南端的土城乡炉缸嘴东渡赤水河后通往仁怀市合马镇。这是一条宋代就已开通的茶马丝绸古道，宋代播州西部地区出产的茶、马和丝绸等，其中一部分就是从这条路线运抵太平渡后，顺着赤水河北出运往泸州的。

因盐而兴的赤水河名镇

太平镇是川南历史上因盐而兴的名镇。

明末清初，因川盐入黔的交通需求，官署在太平镇设立了一个水路驿站，众多盐商涌入太平设号，商贾云集，贸易繁忙。太平渡口船只栉列，桅樯如林，号子起伏，物畅通流，古镇逐渐繁荣。到20世纪30年代初，太平已成为川黔滇地带极负盛名的商贸枢纽。

那天，我们在太平镇采访时，在赤水河红军纪念碑边听到断断续续的号子声。一看，是镇上居民为参加民俗文化节在排练节目。"使劲拉过险滩哟……""喔着着，喔着着……"曾担任镇上船舶管理员的杜树清老人还哼起一段赤水河船工号子。"赤水河号子普及得很，贵州人也唱，老辈子几乎人人会，那是陪伴着我们祖祖辈辈的劳作工具。"他说。

太平镇红军四渡赤水纪念碑

　　杜树清是民俗表演队的"导演"。他告诉我，他爷爷过去是赤水河一带有名的船老大，在惊涛骇浪经历过九死一生。那时河上的船舶，大多是"盐船"，包括中圆棒、五舨船、黄瓜皮（即炭花船）、麻叶鳅等。下水航行，主要装载生铅、硫黄、煤炭、毛铁（即生铁）等土产，直达合江。上水航行，主要运载川盐。船工水手的配置，一般是每载重量5吨，配置船工1人。陡急滩前，同行船舶船工合力同拉一船，依次上滩，名曰"换中"。无船换中，则另雇当地农人协助拉纤，"拉腰滩"过滩。上水牵挽困难，下水航行更凶险。

　　赤水河流经太平镇一带，滩陡水急，舟行维艰，一不小心就会船毁人亡。于是，杜树清祖父发明了一种牯牛船和鳅船（即麻叶鳅）。

　　《古蔺县志》介绍：牯牛船又名梭耳船、艄船。底皆夹板（双层），结构坚实，干舷较高，能经受急浪冲击。牯牛船不用舵，船头船尾，都是用艄。船中小台，高约5尺（约1.7米），司舵者居其上，作为后驾长（后领江）驾船的蹲板。这个操作大艄的平台，远比用舵船舶的蹲板要高，站在这个高高的平台上，从滩的上方就看得见滩下，正确操作，安全过滩。

　　赤水河河面狭窄，水急滩陡，放船下滩，船只必须操纵自如，稍一迟缓，便会糜碎土沉。为了保证安全，牯牛船结构特殊，船尾歪侧，遇到紧急情况，船头掉向特别灵活。因又称作"歪屁股船"，与航行乌江的歪屁股船，颇相近似。

　　穿过古蔺县城流来的古蔺河，在太平渡（今太平镇）汇入赤水河，形成一个重要码头，历史上进出古蔺的货物多在这里下船。天平镇上也有盐号若干，巨大的人员聚集和消费，促进了场镇的兴旺与繁荣，四面八方的商人，前来经营贩运盐、酒、布匹、百货、木材、山货土产生意。太平镇这处小小码头，也发展成南丝路支线"牂柯道"人烟稠密、远近有名的大集镇。

　　《古蔺县志》还介绍，旧时太平镇一带的背盐工十分活跃，民国后期到解放初期，每年由赤水河运往茅台镇的盐有上万吨。盐运的发达也带动了茅台镇商业的发展，因此茅台镇一度改名为盐商镇，当地至今还流传着"家唯储酒卖，船只载盐多"的诗句。特别是在盐运的推动下，茅台镇生产的美酒也通过盐商远销各地，声名远扬。以1952年为例，为了鼓励盐运，政府规定"无论人背还是船运，每运盐至70到75斤，就可以得到其中的9至10斤作为奖励"。后来公路修通后，汽车逐渐代替了人力原始背盐。

处处洋溢"长征气息"

古老镇子，与红军长征"四渡赤水"有着血脉深厚的关联。

1935年春夏，中国工农红军在川、滇、黔三省边境进行了举世闻名的四渡赤水战役。战役历时72天，其中在古蔺县转战达54天，县属太平镇，就是红军长征二、四渡赤水的重要渡口和三次转战的地方。

霏霏细雨中，我们沿着石阶攀上山腰，来到太平渡陈列馆。陈列室里，200余件文物摆放得井井有条，红军用过的号谱、医书、手榴弹、宣传画、锅盆、苏维埃纸币、铜币等让人浮想联翩。

远离城市尘嚣的太平镇，处处洋溢着长征的气息。街头，红军渡口、长征街、长征大桥等以红军长征命名的建筑随处可见。当地人说，这里也创造了许多"之最"——"四渡赤水"次数和渡口最多，收养救护红军伤员、失散人员最多，帮助红军渡河、当向导、筹军粮、搞宣传的人最多，红军留下的遗物最多，留下的故事最多……

这里的孩子们，因长期浸染在这片红色土地上，从小受到正能量教育，个个淳朴可爱，见到外地人总是热情打招呼，还主动跑来跑去当向导，讲解自己从老辈人那儿听来的故事。

太平镇上，我注意到，几乎家家户户的大门都是用乌黑色木板做成的。这些看上去很厚实的门板，也曾载动一段悲壮故事。

80多年前那个春天，中央红军往来飞渡赤水河，每天要面对敌军飞机大炮的狂轰滥炸，一片狼藉，不断有红军将士倒在血泊中，鲜血染红碧水。危难之际，太平镇上的群众自发组织起来，他们冒着枪林弹雨将自家的门板拆掉，又凑了三十多只木船，在赤水河上搭成浮桥，输送红军战士渡过赤水河。

当时，敌军炮火呼啸而来，狂炸近两个小时，河堤被砸塌数十米，掀起的水浪冲得比人还高，滚滚硝烟遮住了人们的视线，一时大部队艰难渡河，不断有人负伤后落在水中，又很快被百姓救起。红军突击队顶着激烈枪炮渡河上岸，后卫跟上的部队和船工立马将绳子割断，撤离所有的船只门板，切断尾追敌人的去路。经过一个小时惨烈作战，最终取得太平镇阻击战的胜利。

那天，杜树清老人还讲起"分果实会场"的故事：1934年腊月，红三军团一部首次进驻太平镇，镇上未及逃离的群众对红军心存疑虑，不知所措。红军打开地主朱蜚声家的粮仓，开仓分粮，杀了肥猪，抄出财物。

那天，红军干部找来打更匠周国清，请他鸣锣通知群众来镇中心荣盛通盐号集合，群众先是怕来，直到周国清第三遍锣，才犹豫着从四面八方赶来。红军做了个简单讲话，立马将粮食、猪肉和财物分给群众。那天老周特别高兴，分肉的小战士说他辛苦了要奖赏他，别人一人一块猪肉，周国清一人得了两块。以后，荣盛通盐号前的院坝，就被镇上的人称为"分果实会场"。

红军四渡赤水之战，是中国战争史上以少胜多、变被动为主动的战例，太平古镇，也因此成为川南一带颇具悲壮色彩的地方。

第一次去太平镇，给我留下难忘的印象。那是一次向古驿道的致敬之旅，路途也比较艰难。

2015年秋，我和巫溪老乡、林业学家任能国等7人，开着两辆车从川南福宝镇进入贵州境内，沿遵义市所属的长期镇、官渡镇和习水县城西进返川，进入太平古镇。这条线路，听当地人说，就是往年由川入黔的古驿道。

那几天正是雨季。当时我们钻入山林，行驶在一条很窄的乡村路上。山道弯弯，路面湿滑。沿途雾霭流动，山色如黛，满眼是湿漉漉绿幽幽的竹林，竹叶上淌着晶亮雨水。黔北荒野，好久看不到一户人家，车载GPS两眼一抹黑，一个劲儿喊"请掉头行驶"。一坨坨浓雾袭来，迷迷茫茫，能见度仅七八米。

这时，丛林里一条10来米宽的河道横在面前，河水浑黄，荡起浪花，河底不知深浅。河上，是一座用石头垒成早被冲垮的人行桥。黑黢黢的森林里，雨哗哗哗越下越大。走在前面的任能国下车，捡起石子朝桥下的河道扔过去，想试试水深，没用。"万一车子在河中间翻了，荒郊野外，手机又没信号，咋弄？"这时，河对岸丛林里颠颠簸簸开来一辆雪佛兰，车上跳下三位小伙姑娘，他们隔岸挥手，大声问："你们四川人咋跑这原始森林里来啦？要干吗呢？"接着下水探了探路，说应该可以过去的，"莫怕，我们人多，车子开翻了咱们抬起来就是。"一长发姑娘说。我们哭笑不得，想着雨越下越大，天色也晚了，再不走更走不了，就才小心翼翼启动车子，一步步挪移着踏水而过……事后想来，那一趟真是不"太平"啊。

"自滇以北君长以十数，邛都最大；此皆椎结，耕田，有邑聚。"这句话，是西汉史学家司马迁留给四川西昌人的一份文献厚礼。

大通楼：血与火淬炼的驿站关楼

以巴蜀为源头的南方丝绸之路，穿越逶迤群山和深峭峡谷，蜿蜒数万里，勾勒出一条最古老的国际交通线。西昌，是这条交通线上一个重要驿站。

西昌迄今保存着汉唐明清以来的许多古建筑，文物古迹丰富，明代大通门、安定门雄伟壮观，古城古巷，民居民院别具特色。

老城老街的存在，为这座现代化城市刷上一层历史底色：斑驳的青砖、长草的飞檐、悠长的街巷、残破的石碑……犹如天宇那一轮皎洁的月亮，总是在太阳宣泄了漫天炽烈之后，散发出自己的清幽银光，勾连起人们丝丝如缕的记忆。

大通楼：四通八达的驿站关楼

西昌大通楼，始建于明朝洪武二十年（1387），城楼巍峨，瓮城依旧，城堞壮观，是市民怀古颂今、休闲观景的好去处。

大通楼也是明建昌古城四大城门（北为建平，南为大通，东为安定，西为宁远）之一的南门城楼。土红的墙体，朱红的楹柱，灰白的石刻以及青灰的城堞，使这座古楼显得庄重古朴。迂回在走廊楹柱之间，仿佛回到过去。举目环顾，似乎在翻阅一页页积满尘土的史籍。墙上的诗文，柱上的楹联无不诉说着西昌的历史。

历尽风雨沧桑，大通楼毁了又建，建了又毁，屡毁屡建。就像城墙上那株千年大榕树，枝枝叶叶，绿了又黄，黄了又落，落了又长。1998年大通楼再次重建，占地面积2800平方米，楼高23米，大致保持了明代的建筑风格，复原了明代砖石城墙，还原了瓮城，成为西昌一大历史文化景观，也是南丝之路的古老见证。

斑驳的墙面，留下一年又一年的印记，一排排房屋整齐排列，檐角向上轻轻翘起，似乎是一个绝美的笑容。褪色后的红砖青瓦也倍显沧桑。大通楼的神秘是让人捉摸不透的，但它似乎忍不住了，它埋藏了那么久的事，它埋藏了那么多的事，终于再也无法隐遁了，它想要倾诉，它想给这一片艳阳下的天、一片沉郁的地娓娓诉说那些古老而神秘的往事……

乾隆晚期，湖广填四川再掀热潮，一批湖广、江南、川陕、云南商贾先后在大通楼下的西街落户，营销茶叶、盐、丝绸、棉布、瓷器等。同时将西昌的羊皮、生丝、药材、生漆、蜡虫、板材等土特产品运往大江南北，生意做得红红火火。

明清时期，是西昌封建经济空前繁荣时代。大批汉族移民从湖广、江南、川陕迁来。他们在这块热土上屯垦开荒，经商办厂，修城凿池，尚礼兴邦。数百年间人文荟萃，人才辈出。人因地灵而杰，地因人杰而灵。泸峰松涛愈加欣然，邛池夜月愈加柔美。大通楼正南边题有一联，联曰：

泸峰松，邛池月，松涛月色，山河锦绣；
升庵诗，马骀画，诗情画意，古城风流。

春去秋来，日落月升，寒暑更迭，一代代穿左衽粗布衣、面色黝黑的马帮在城墙下歇脚打尖，他们喝口水，擦擦汗，又咬咬牙继续前行。

一串串骡马上的铜铃声，从远处走来又消失在远处。长长马队驮着货物串巷而过，在青石板戳下高高低低的坑洼。大通楼附近有一家往昔的马店早已年久失修，墙壁上泛黄的石膏层脱落后留下裸露的鹅卵石。如此斑驳的场景，在我眼里却有一种沧桑的美。

和平时期，西昌大通楼是货物的贸易中心；战争年代，这里是用兵之地，由于地处边陲，战争往往更加原始和残暴。

唐代后期，"南诏国"雄踞西南地区，与中央形成对峙局面，式微的中央政权对西昌弃之不顾，实行羁縻政策。当时从南诏通往内地，有一条早在汉代就已开通的主要道路，名清溪关道。

清溪关从羊苴咩城（今大理）出发，经会理、西昌，进入成都。西昌位于清溪关道的主干线上，拥有便利的交通条件，可以沿着清溪关道扩大控制范围、延伸势力，且不论是军事进攻还是撤退，都能与中心地区保持联系，得到援助。因此，西昌也成为南诏国进攻成都的桥头堡。

公元831年，第十代南诏王劝丰祐，兵占西昌后实施"三光政策"，西昌城池毁于兵火，大通楼成为一片废墟。为了对西昌进行绝对控制，第十一代南诏王蒙世隆从云南"遣乌、白二蛮以实之"，数万户南诏子民前往西昌定居，改变了这里的民族结构。

2019年春，我在位于泸山北坡的凉山彝族奴隶社会博物馆参观时，看到展板上那些"城颓""城毁""城废"的字样，有些不寒而栗。馆里文献记载，上述第十代南诏王曾在西昌大肆屠城，喋血河谷，未死之人被割掉耳朵和牲畜一道押走，沦为奴隶。那一次，大通楼在兵燹中被毁灭得面目全非。

大通楼城墙上还发现过明末的"大西城砖"，它记载了西昌另一段血腥往事：明末大西军张献忠部属刘文秀曾破城入城，大肆掳掠，杀人无数，而后老百姓和乡绅出资重新修筑了城池。古老西昌也算是"一寸山河一寸血"。

2000多年前，司马迁来到西昌

"自滇以北君长以十数，邛都最大；此皆椎结，耕田，有邑聚。"这句话，是大名鼎鼎的西汉史学家司马迁留给西昌的一份厚礼。它至今铭刻在大通楼二楼的墙上。大通楼，也因这句出自《史记·西南夷列传》的话，更显身份尊荣。

司马迁此言，明明白白告诉世人：2000多年前的邛都，居住着一支叫"邛"的民族，是滇之北面几十个部族中最强大的一支。"邛"跟"夜郎""滇"一样耕作稻田，建造都城和村庄，头上梳着锥形的发髻，过着定居的氏族生活。

这是有史以来第一例将2000多年前西昌的民族民俗、社会形态、生产技术介绍给大千世界的记录。或许可以说，如果没有司马迁，西南的历史、凉山的历史、西昌的历史就会出现一段空白。西昌本土的记者满怀深情地写道：

"（司马迁）这条记载说的是，在云南（滇）以北的广袤土地上居住着几十个氏族部落。'君长'即为部落酋长。没有建立国家，也没有行政区划，处于原始社会末期的氏族社会。几十个氏族部落中，邛都最为强大。部落的氏族成员，不分男女都束着一个高高的发髻儿。耕耘稻田，种植水稻。

"两千多年过去了，当今的考古工作者，沿着司马迁提供的历史线索在安宁河两岸及邛海四周开展考古调查与发掘。结果表明，这些区域的浅山和坝区都广泛分布着新石器晚期遗址及其墓葬。绝大部分遗址为聚落遗址。即司马迁所记的'邑聚'。所发现遗址，大则上万平方米，小则数千平方米。现代村落的地下大都掩埋着一个古遗址。墓葬为土坑墓或大石墓，遗址中发掘出许多精美的陶器、石器以及装饰品，墓葬中发现有碳化稻谷。巍然神秘的大石墓在国内外引起震动。这些考古发现与司马迁的记载完全相符。"①

当时，远在长安的司马迁，是何时来到横断山腹地的西昌的呢？

四川大学历史地理研究所所长李勇先提供的文献资料表明：元鼎五年（前112年），南粤造反。汉武帝派兵平定以后，于元鼎六年（前111年），汉朝正式设置牂柯、越巂、沈黎、汶山、武都等五郡。此后又设置益州、交趾等郡，并赐滇王王印，让他继续统治当地各部。当时担任郎中的司马迁也奉朝廷使命，前往巴蜀以南地区，进入邛、笮、昆明等部族中，宣扬汉德，调查当地风土民情。

司马迁《史记·太史公自序》曰："于是迁仕为郎中，奉使西征巴蜀以南，南略邛、笮、昆明，还报命。"后来，司马迁根据这些调查资料，结合相关文献记载，撰写了《史记·西南夷列传》，成为后世研究西南少数民族历史文化的珍贵文献。

大通楼，除了司马迁的千古绝唱，还有一代文豪杨慎的断肠悲歌、晚清书家何绍基的赏月咏叹，以及乾隆举子杨学述的建昌竹枝词。大通楼一楼茶厅北面悬有司马相如一副楹联，更具地缘政治含义：

> 琴台虽搭就，泸水依稀，摇扇诸葛今安在；
> 舞榭既筑成，大道空阔，持节相如可还来。

"持节相如"，指的是西南夷重要开拓者司马相如。2100多年前，他第一个代表西汉王朝来到邛都，说服了当地部落氏族"邛都夷"推行郡县制，服从汉武帝，统一由中央政府管理。

当年司马相如历尽艰辛，冒生死而不顾，"桥孙水以通邛都"，何等不易。郡县制在西昌、在西南夷的成功实施铸就了一座历史丰碑。从此，西昌乃至整个西南地区进入中华民族这个大家庭。

---

① 引自《凉山城市新报》2014年11月19日《司马迁妙笔西昌》。

春天的大通楼，花团锦簇，美丽异常。关楼下有一片黄桷树形成的树荫，那些粗大的树把根深深扎在城墙的缝隙，树身缘城墙而上，显得古朴有力。古楼附近还盛开一丛丛好看的蓝花楹。其时阳光洒落，往远望去，一片蓝紫，恍若童话世界。蓝花楹树高大，枝繁叶茂，春季先开花后长叶子，伸出来的枝条也特别迷人。蓝花楹每年只有十多天的短暂花期。正因花期短，才美得更加灿烂珍贵。城墙西侧，还栽种着一丛丛怒放的三角梅，红色、紫色、黄色、白色，这是被攀西高原热烈阳光打扮出来的颜色，甚至散发出火锅般的热辣味道。

站在关楼上，西昌老城尽收眼底。到处是围绕衣食住行的买卖和吆喝，烈日将他们的身子投下浓浓的阴影。我忽然想到，这大通门的取名很有意思，作为西昌历史上最热闹的大门，大通门下，马帮、商贾、车辆、骡马、轿子进进出出，川流不息——从这里可直通西南内陆大通道蜀身毒道，北上成都，南下昆明，而后跨出国门。

大通楼，好一个四通八达、商贸繁荣的地理隐喻。

南丝之路"走"活一座城市

大通楼是西昌古城老街的一道缩影，更是西昌乃至凉山人手里一张发黄的古道名片。

西昌，地处滇蜀之间，气候宜人、土地肥沃，作为安宁河流域最大的河谷平原，早在新石器时代就已经有人类在这里繁衍生息。汉置邛都县、唐置越嶲（xī）县、宋设建昌府、元改建昌路、明设建昌卫、清置西昌县。西昌城依山傍水，风光旖旎，俗称月亮城。

"月是故乡明"这句话用在西昌人身上最贴切。西昌海拔高、污染少，空气透明度非常高，这儿的月亮看起来比其他地方更大更圆更亮。古今中外，有不少名人都在西昌留下足迹，也是他们把西昌"月亮城"的美名带到了天涯海角。

"鸡声茅店月，人迹板桥霜"，曾几何时，一代代马帮伴随着銮铃声、马蹄声、吆喝声，回响在横断山东南端芒康山—云岭的高岭大河。历史上南丝之路的开通盘活了这座城市，给西昌带来了文化和经济的繁荣。

历史上，西昌作为四川和云南进行商贸往来的中转站，起到了桥头堡作用。常璩说："益州西部，金银宝货之地。居其官者，皆富及十世。"[1]两汉时期，四川盆地以南云贵高原的河谷宜农之地，已产生了僰侯、邛都、夜郎、苴兰等大奴隶主及其他中小奴隶主部落。这些部落，又成为盆地部落采购奴隶的对象。所谓"蜀布"，便随这一形势的发展而输入这些地区，用以兑换奴隶了。

因为这些地区纬度低，河谷燠热，奴隶主们需着苎布，而本地不产这种苎布，只能从巴蜀商那里取得。这时云贵高原地区与四川盆地之间的商道就兴盛了，走的是临邛经严道（今荥经）逾邛崃山（今大相岭）、袂水（今大渡河）和灵关山（今小相岭）到邛都这一条路。邛都是汉商的终点。

1988年9月，西昌市文管所与四川大学联合对黄联镇东坪村的汉代冶铜铸币遗址进行了发掘，发现了大量木炭、炉衬、耐火砖、风管、坩埚、铜锭、陶范、陶器、五铢钱、铜镞、铜刀、铁锸等文物。从遗存的11座冶铜炉和数十万吨矿渣来算，至少还可以冶炼出2万至3万吨铜。该遗址面积达18万平方米，为目前国内发现的最大冶铜铸币遗址之一，出土的五铢钱和钱范精美规范，工艺水平极高。这也与《汉书》所载"邛都，南山出铜"相吻合。汉代以后，与西昌相邻的台登（今冕宁县泸沽镇）的铁矿和定笮（今盐源县）的盐矿，也相继进行了开采。

由点到面，以西昌位核心的大凉山，是南丝路踩踏出的热土。凉山彝族奴隶社会博物馆资料显示：春秋时迁徙到凉山地区的古羌人被称为"越嶲羌"，数千年来，活动在凉山南丝之路上的民族还有邛人、笮人、

①引自《华阳国志·蜀志》。

汉人、叟人、濮人、摩莎夷、僚人、东蛮、乌蛮、白蛮等，南丝之路在凉山民族的交流、团结方面起到了不可替代的作用。

2000多年南方丝绸之路的历史轨迹，也在凉山沿途留下很多遗迹。位于甘洛县境内的清溪古道上的马蹄印，向人们述说着过去的艰难岁月。还有甘洛境内的海棠古城，越西县境内的"零关"石刻题记、丁山桥、保安古城、中所成南水乡、小山古道，喜德境内的登相营古驿站、冕山营古城，冕宁的泸沽峡、孙水关，西昌的天王山汉墓群、邛都古城、礼州古镇、东坪汉代冶铜铸币遗址，德昌的奎星阁；会理的北城门、凤营古道等等，无不是国际贸易通道上的重要遗存。这些遗址，就像一根长长的项链上串上的颗颗珍珠，发射出绚丽的光芒。

一幕幕峥嵘历史大剧，曾在大凉山上演：突袭邛人首领任贵的东汉武威将军刘尚，"五月渡泸，深入不毛"的蜀汉丞相诸葛亮，多次带兵攻打成都的南诏王酋龙，著名意大利旅行家马可·波罗，才华横溢的明代四川状元杨升庵，还有折戟大渡河的太平天国翼王石达开……都在南方丝绸之路上留下足迹。

2000多年来，南方丝绸之路和藏彝走廊一直是凉山的交通孔道。直到今天，贯通凉山南北的成昆铁路、108国道、成昆高速公路，在凉山境内的大部分路段与古代南方丝绸之路相重合。这是历史与现实的交叠，是昨天与今天的聚首。

凉山彝族奴隶社会博物馆门前那组雕塑群颇有深意：伟岸的彝族男子，吹响翻身的号角；粗大的绳索，捆绑过奴隶；砸开了的枷锁，再也不能回到从前。山鹰在蓝天高高飞翔，鲜花在西昌大地上自由地开放。

生命有期，道无止境。关于大通楼，关于西昌，关于大凉山，或许还有许多不为人知的后续。

日影一点一点地覆盖着小城，那些古宅人家，那些青石深弄，那些高墙幽窗，以及古旧的廊檐、高耸的砖墙，都让人想到了穿越。

德昌的火草麻布和骡马旧市

这些年走过不少民族地区，发现大凉山德昌县十分特别。打个不太准确的比方，如果说，"满汉全席"是一道刺激人味蕾的美食盛宴，德昌就是一道俘获人耳目感官的视觉盛宴：清代钟鼓楼、锦川石拱桥、永兴大石墓、字库塔群、圣心堂教堂、旧骡马市场，以及傈僳族竹楼、火草麻布、刺绣技艺、嘎且且撒勒舞⋯⋯

第一次听说德昌，是2007年5月首届中国成都国际非物质文化遗产节。那是成都早期的国际盛会之一。开幕那天，市民奔走相告，风烟滚滚，排闼而去，现场人山人海，只差挤死人。我几乎是被汹汹人流"抬"着走的，瞥到旁边有个德昌展区，不想再随波逐流，大喊一声"哎呀，有蛇"！才被"轿夫"们出于躲避甩在地上。

傈僳族的干栏式竹楼

德昌县有一首民歌《弹歌》："断竹、续竹、飞土、逐肉。"说早在数千年前，德昌的先祖就知道用竹子制作箭头、弓弩等武器，用于娱乐、捕猎或战争。

傈僳族大多居住于高山、坡地、河谷地区，数十家为一村寨。靠江边地区户数集中，山区分散，村寨之间也相距较远。德昌傈僳族主要聚居地为南山乡、金沙乡，分别距德昌县城17公里、27公里。这两个乡以前出过不少南丝之路的马帮。

金沙乡位于金昆高速东侧的安宁河畔，是四川省四个傈僳族乡最大的一个乡，有近3000个傈僳族人。那天上午，导游羊丁带我们去参观。这位穿红色窄袖上衣、淡蓝色百褶裙，帽檐缀满银饰的漂亮姑娘，两年前从民族大学毕业后回德昌搞乡村旅游。

羊丁和我们一见面就笑着说："我叫羊丁。你们知道我姓啥呗？"她说，傈僳族人的姓氏很特别，跟自然崇拜有关，什么家畜、家养、植物、农具，都可以靠拢去。比如李、丁姓自称"别杂扒"（养蜜蜂），即"蜂"氏族；王姓自称"觉杂扒"（竹子建房），即"竹"氏族；杨姓自称"阿尺杂扒"（养羊最多），即"羊"氏族。"外地人开初叫我们姓名，听到虎豹牛羊啥的，硬是不习惯，不敢张嘴。哈哈哈。"这女孩儿说话像叮咚山泉一样好听，笑起来露出贝齿般的雪亮白牙。

金沙乡观音堂村，是个新兴乡村旅游展示区，到处散发着竹子的清香。羊丁姑娘带我们走进一栋竹制干栏式建筑参观。她说，傈僳族竹楼建筑，一般是先在地基上打入数十棵木桩为基柱，木桩打好后，除选用几棵高大的支撑整个房间的柱子外，其他的在上面铺以竹制楼板，上以茅草覆盖，房屋以上篱笆作墙壁。这种小楼以数十棵木桩为基脚，故称为"千脚落地"房。

竹楼上住人，一般用竹篱笆隔为两格，两间屋中央都设一火塘，备三脚架，作为煮饭烤火之用。火塘内终年生火。遇有客人来临，主人则把火塘边让给客人住。竹楼下一般作养牛、猪等牲口用，竹楼四周辟为园地，种以瓜果、蔬菜之类。

傈僳族的竹楼简单、实用，它既可以防湿、防兽，且便于搬迁和兴建。一座新房往往在一天之内能建成，否则认为是不吉利。建时就地取材，全寨相助。新楼一旦落成，寨中男女老少便前来致贺。

舟六《建筑的魅力》里介绍，四川德昌傈僳族的竹楼是一种干栏式建筑，主要用竹子建造，这种竹楼建筑，下层高七八尺，四无遮拦，牛马拴束于柱上。建筑极为便易，只需伐来大竹，约集邻里相帮，数日间便可造成。

同是傈僳族，丽江傈僳族的建筑不一样，那里多为木结构楼房，四周用长一二丈的方木料垒成，上覆木板，形状类似木匣。因受汉族建筑的影响，丽江傈僳族也时兴修建土木、砖木的房子。

那天在观音堂村，羊丁还带我们参观了许多好看的竹桥：梁桥的平直、索桥的凌空、浮桥的韵味、拱桥的优美。绿幽幽，黄灿灿，真是无竹不成桥。

当然，除了竹楼，傈僳族还有一些石头房子，石材的地基、石材的墙体、石材的屋面、天然的材料。这样的石板房，雨季，屋顶石板遮挡，水不入室；晴天，满室潮气蒸发，沿缝隙四散飘逸，室内很快又可干爽如初。居住于内，冬暖夏凉。房子中央摆了个大火塘，上面放三块石头，作为烧饭时的支撑，冬天，全家人都围着火塘吃饭睡觉。这也可以看出如今的傈僳族人在吸收外来建筑文化方面的睿智和包容。

在金沙乡民俗文化广场，有个20来岁的小伙子，熟练展示放蜂标、割蜂巢等"危险"动作，驾轻就熟的操作，赢得现场赞叹。

"养蜂，算是咱傈僳人家的生财之道。"羊丁姑娘说，傈僳人家的房前屋后大多悬挂着马蜂窝，马蜂嗡嗡嗡来回飞舞，犹如在鸣奏乐曲。作为曾经的狩猎民族，捕猎野蜂是傈僳人狩猎的一项技能，每年8月前后取第一次蜂蛹，9月、10月再取一次，摘取后将蜂巢缝好循环利用。

火草麻布和傈僳刺绣

文献记载，德昌傈僳族，早期居住在"窝勒"（今攀枝花市郊）一带。清嘉庆年间，族人因战争逃往今米易、德昌境内。因交通不便和长期的"隐居"习惯，德昌傈僳族至今保留着许多旧时的传统习俗，最有名的就是"火草麻布"。

制作中的火草麻布

我在2007年成都首届非遗节上，就领教了德昌傈僳族的火草麻布。

当时，参加非遗展示的德昌傈僳族文化人李文华介绍道，每年农历六七月，傈僳族妇女纷纷出门上山，采撷深箐里的野生火草叶，她们将火草叶片用水浸泡后，撕下白色绒膜，捻成火草线儿。

原来，居住在高山上的傈僳族人，祖祖辈辈依靠火草麻布遮雨御寒。这种火草麻布，是用火麻编织成的。火草，是德昌本地长的一种植物，叶子背面长有一层白色绒毛。人们从叶子上刮下绒毛，晾干，再将绒毛捻成细线织入麻布中，就叫火草麻布。火草麻布虽是一种麻布，但里面织有火草，质感柔软，穿在身上缓和舒适，被傈僳族人视为麻布中的极品。

以往，妇女们每到农闲时便要待在竹楼里，制作麻布，有一首火草歌谣很著名："傈僳儿女们，六月好时光。火草叶面绿，背面白晃晃。叶儿闪悠悠，火草窝儿旺。六月不扯草，过时无用场。"这种麻布制作起来很复杂，从割麻、制麻线再到织布，有几十道工序，做一件衣服往往需要几个月时间。现在，很少有人能坚持做下去了。

傈僳族火草麻布还能坚守多久？导游羊丁讲，如今，德昌金沙乡55岁的火草麻布领军人物李从会，仍带着一群人在传承其制作工艺。为了保护这种国家级非物质文化遗产，德昌县成立了一个火草麻布种植合作社，划了10多亩地种植火草，合作社由傈僳族文化学者李文华的妻子熊国秀负责。不仅吸纳了越来越多本镇的贫困户加入，还吸引了邻近乡镇贫困户主动加入……她们在李从会、熊国秀的带领下，实现了居家就业，增收致富，提升了脱贫信心。"傈僳族人组织人力种植火草与麻，目的是让制作火草麻布有材料可取，避免咱们祖先留下的工艺失传。以后我不当导游了，也去跟姐姐们学学。"羊丁姑娘说。

在金沙乡、南山乡等地，我注意到，这里的傈僳族男子多穿白色衣服，样式较简单；女性的服饰要繁复精致得多，年轻妇女头上通常包青布帕儿，身穿百褶裙。百褶裙的当家布料就是白麻布，是用火草麻布制作而成的。

羊丁指指自己身上的百褶裙裙边说，在德昌傈僳族，中老年人的服饰刺绣，明快古朴，年轻人的则鲜艳夺目，搭配精美，绣饰繁缛。"好看吧？瞧我这裙上的图案，三跳针、羊蹄叉、波浪花、八角花、树林、蝴蝶花、小狗狗，挑花、顺针、平绣、立体绣、乱针绣、贴布绣，啥子都有——快给你女朋友买点带回去，她会很开心哦。"羊丁笑着对我身边一黄头发小伙怂恿道。她的手腕上戴了一串加里曼丹沉香手串儿，深褐暗光，油脂浓厚，香气浓郁，衬出她的秀美气质。

德昌火草布的"衍生产品"，是傈僳族刺绣。这是因为，傈僳族刺绣大多用于火草布服饰。这种刺绣技艺，分布于德昌县金沙乡和南山乡以及汉区的巴洞乡团结村、宽裕乡新裕村等。

作为古代南丝之路的重要驿站，德昌生产的傈僳刺绣经常随马帮走出大凉山，进入云贵川少数民族地区甚至东南亚国家。羊丁说，去年她和男友在越南芽庄游玩，看到当地人在卖傈僳刺绣。"好惊喜呀，在国外见到我们中国人的刺绣。记得那是一条蓝色碎花儿背裙，裙边绣着一排好看的蝴蝶花儿。这跟芽庄的大海背景倒挺吻合。男友当时就买了两套送我。"羊丁黑长睫毛下那双琥珀似的眼睛，闪烁着安宁河般的晶亮澄澈。

傈僳族这一名称，最早见于唐朝时期的著述。时人樊绰在《蛮书》中称之为"栗粟"，认为是当时"乌蛮"的一个组成部分。它和彝族、纳西族在族源上关系密切。到明代，仍把傈僳看作是"罗罗"（即彝族）的一个分支，明《景泰云南图经志书》说："栗粟者，亦罗罗之别种也。"傈僳这一名称，上千年来沿用至今。

老城昔日的骡马市场

如果把南丝之路旧时沿线的西昌和米易比作一根扁担，德昌就是这根扁担中间的支点。但如果从历史向度看，德昌又长期向北边的西昌倾斜。

明代中期，德昌才有了较正式的集镇、驿站，才真正凸显"北达京畿，南通蒙昭"的要冲地位，才让更多的人将目光停留在这个有2000年历史的古城。

清咸丰年间的《德昌所志略》载："德昌旧城，明末圯，城周三里。"记载说德昌旧城又名香城，在今所田坝。"所"即明代军地合一的卫所制的"所"，明初洪武二十七年（1394）设立德昌守御千户所，隶建昌卫。清乾隆二十七年（1762）裁所，改设巡检司，邛都县属。

1998年版《德昌县志》记载：自古以来，德昌的铁器制作非常发达，民间场镇均有个体铁业，生产锄、镰、耙齿、铧、刀、斧、铲、夹等农具、用具和铁皮锁。到1945年前后，光德昌县城从事铁业生产的就多达50余户，集中于青云街，故青云街又名铁匠街、锁匠街。诸多产品中，以铁皮锁最负盛名，年产铁皮锁 2 万多把，远销云南大理、下关和四川犍为、乐山、眉州等地。

必须在德昌老城逛一逛。一个周末的早上，我离开南山傈僳族乡，乘中巴车来到德昌县城。下车，先找一家小馆子吃了碗荞麦面。之后，步行穿过没有多少人的老街上翔街，来到了当地有名的钟鼓楼。

钟鼓楼又名魁星阁，始建于清道光二十八年（1848），两度遭焚重建。作为"北达京畿，南通蒙诏"地理标志的钟鼓楼，能保存古建筑风貌至今，真是一大幸事。

钟鼓楼飞起的阁角，从上到下挂着三匾额，北面是"歌风、魁星阁、会际风云"，南面是"吟月、魁星阁、光昭星斗"，书法苍劲有力。遗憾的是，再也听不见悬挂在檐角的风铃的清音了。想着遥远年代里的风尘往事，作为南丝之路上的一站，来往马帮骡马颈下的铃铛声混合着钟鼓楼檐角的风铃声，光着脚板的汉子把鞭子甩得山响，马蹄儿沉重地叩响油亮的青石板，城门洞上栖息的燕子呢喃声混合着车水马龙的市井声……

我下榻在钟鼓楼南侧一家旅游客栈，晚上，皎洁的月光洒落古城，一片如水银辉。我躺在竹椅上，跟客栈老板的父亲董大爷闲聊。董大爷出生于 1938 年，是个记忆力惊人的老人。他年轻时曾开货车去过重庆，对我这

傈僳族旧俗中有为马帮祈福的仪式
李贵平摄

"半个老乡"很热情。他一边咂吧叶子烟，一边摆起德昌老城的龙门阵。

董大爷说，倒转去五六十年，这钟鼓楼北面有个骡马交易市场。那条街长260多米，街道两旁栽有拴牲口的木桩，还有骡马客栈，是南来北往的马帮客商拴养牲口的地方。交易市场有两个篮球场那么大，就像现在的农村赶场，经常汇拢来自西昌、普格、会理、盐源等地的马帮客商。

那些马帮，有的是来置换新骡马准备走长路的，有的是因盘缠不够来变卖骡马的。除了驮畜，还有乡场的人来交易驴、牛、羊、猪等牲畜。市场中间，三四排长长的栏杆上拴着各类牲口，它们或站或卧，有的在蹭痒痒，有的在舔犊，还有一些不安分的在相互撕咬。来买卖的马帮和老乡们，眯缝着眼有说有笑，行家们则仔细检查牲畜的牙口，估摸它的年龄、身价。"我们这些光屁股娃娃，喜欢爬到牲口上翻滚瞎玩，弄得一身脏兮兮的，回家后遭妈老汉甩耳巴子。"董大爷摸摸雪白的胡子，笑着说。

"一张桌子四只脚，说得脱来走得脱。"那时，骡马市场东边有个"马家茶馆"，门口总是放着七八张茶桌。来这买卖骡马的人是茶馆的常客，他们一边喝着茶，一边在袖口内捏着码子，用手指头比画骡马价钱。那些动作外人看不懂。

待日头西斜，大人扯嗓呼小孩，大马嘶唤小马，马帮赶着已成交或未成交的牲畜，嘚嘚嘚离开了。夕阳在他们的身后拉下很长的影子。

骡马一多，消耗的草料也多。附近村寨的人嗅出了商机，纷纷上山割草出售。酷暑天，卖牲口草料的忙得满头大汗。他们把骡马喜欢吃的各种草料，比如羊草、谷草、燕麦秸、木樨草、熟地草、狗尾草、小麦苗、稗子苗、籼稻草……小山般堆码到骡马市场的草料库里，不少人靠这个还发了财。

"东市买骏马，西市买鞍鞯，南市买辔头，北市买长鞭。"我觉得《木兰辞》里的佳句，套在董大爷口里的骡马市场，犹如漂亮的傈僳族百褶裙穿在羊丁美女身上一般，恰到好处。

离开德昌城时，已是黄昏，我登上客栈顶楼，俯视着这个古代南丝之路上的重镇，在心里丈量着它的历史长度。夕阳下，微红的日影一点一点覆盖着那些古宅人家，那些青石深弄，那些高墙幽窗及古旧的廊檐、高耸的砖墙。我的眼睛渐渐模糊，以为自己穿越到一个很远的地方，或者很远的年代。

在德昌县锦川乡芦苇河与安宁河交汇处，有两座石拱桥，上面一座是成昆铁路桥，下面一座是108国道公路桥。两桥一高一低，飞跨于两山之间，远看就像两道彩虹挂在悬崖峭壁上。这两座桥，均建造于20世纪60年代国家"三线建设"期间。

锦川石拱桥，是南方丝绸之路往来川滇商旅的必经之路。1998年版《德昌县志》记载，锦川石拱桥与另一座位于麻栗寨的大高桥，均为清康熙年间建成的石拱桥，目的就是为了方便南来北往的商旅马队。麻栗大高桥到20世纪90年代依然保存完整，锦川石拱桥却命运多舛，数百年来几经损毁。建桥处曾是四通八达的古渡口。河岸两边高山耸峙，壁立千仞，夏季洪水暴涨时水位可达一二十米。很难想象，当年的马帮，有多少人失足坠入恶浪翻滚的老碾河，又有多少做妻子儿女的含泪等待他们回家。

如今，连接锦川石拱桥两旁的古道依稀留存，断断续续，它们是历史轱辘上断裂了的链条。因长期无人踏至，石缝之间已被草丛所覆盖，路面的花岗石也早已被曾经络绎不绝的客商、骡马、行人来来往往踩踏得光亮如镜……

交通奇观，五道并行——秦五尺道、关河水道、昆水公路、内昆铁路、水麻高速汇奔于前，成就了"一目三千年、五路过雄关"的罕见景象。

石门关：一目三千年　五路过雄关

顺着旧石梯来到半山腰，透过树丛，我看到观音寺上方的岩壁上，镌刻着三个遒劲有力的字："石门关。"经岁月风吹雨打，字迹已有些模糊。指示牌注明，这是隋朝开关时镌刻上去的。

石门关还有个名字：豆沙关。

豆沙关镇大门

话说当年诸葛亮率蜀军南征，来到石门关下。守关将领想考验一下诸葛亮，将几大把豌豆混入沙中，称若能在三天内从沙中拣出豌豆，就放他们过关。诸葛亮苦思良久，看到满山绿幽幽的竹子，想出了用竹编筛子筛豆儿的方法，结果一个晚上就把豌豆和沙子分离开来。守关将领便放蜀军过了关。后人为表示对诸葛丞相大智大慧的崇敬，也将石门关喊成"豆沙关"。

我脚下的大关河，蜿蜒流淌在石门关南边，重峦叠嶂间，它不知绕过了多少山的阻拦，谢绝了多少山的挽留，欢唱向前。如果展开一张山区地图，你才能看清，这条河像是经谁的手任意画出来的一团乱线，弯弯曲曲，盘根错节。

蓄积移山之力的大关河流经此地，将壁立千仞的石岩一劈为二，形成一道巨大石门。在这里，秦五尺道、隋代古城堡、僰人悬棺等历史文化古迹，众水归海般让中原文化、荆楚文化、巴蜀文化、僰人文化、古滇文化神奇地融合交流。

石门关在历史上是南丝之路、茶马古道、博南古道、盐米古道及滇缅公路必经的要隘，罕见形成了"五道并行"的景象。

站在关口向南眺望，蓝天悠远，大地苍茫，阵阵鹞

石门关秦代五尺道遗址

鹰飞过关楼上空。"五道并行"令人震颤——秦五尺道、关河水道、昆水公路、内昆铁路、水麻高速公路。

五条道路，高低错落，汇奔眼前，各行其道，成就"一目三千年、

五路过雄关"的奇观，被誉为古代交通变迁的活化石。

脚下关河水道，也承载过一个帝国的荣光。清朝乾隆时，大关河航道在此扬帆启程：云南东川的京铜、昭通的朱提银，沿石门关下的朱提江千里迢迢运往北京。沿途白帆林立，樯橹浮动，号子震天，军事关隘山麓也成了货物堆积、票号往来、人头攒动的集镇埠头。银光闪闪的朱提银自古享誉海内外，《汉书·地理志》曰："朱提，山出银。"《后汉书·郡国志》亦曰："朱提，山出银、铜。"两汉时，滇北重镇朱提就因铜矿蕴藏丰富，为当地青铜文化的发展提供了保障。

今天，古驿道早已失去交通功能，但其他"四道"还在川流不息，车船繁忙，时而船舟横渡，时而汽车疾驰，时而火车轰鸣……河面白鹤掠过，天上雀鸟欢叫，绘制出一幅波澜壮阔的交通走廊。

姜驿古道是四川境内原零关道的最后一站，也是云南零关道的起点，这里有从盐源到大姚之间三四十公里的历史遗迹，十分罕见。

姜驿：一脚踏两省的零关道高地

最初知道姜驿，是20多年前。

我从师范学院毕业后被分配到大巴山老家任教。总在窥视山外世界的我扔下档案户口，跑到云南光学仪器厂谋了份差事。厂子坐落在昆明南郊滇池之畔。白天在课堂发力，晚上对影子发呆。学校新来一位叫钱琼乐的女教师，是个喜欢把T恤衫扎进牛仔裤的长发女孩，睫毛下一双

姜驿古镇全景

黑眸似被滇池水洗过，阳光下的身影精灵般修长灵动。她笑说，外省青年寂寞吧，有空我陪你逛逛！周末，两人的单车碾过昆阳、安宁、呈贡、宜良……咱楚雄老家有个姜驿好玩嘞，元谋猿人也在那儿。有一天她说。我笑说看不到猿人看看猿人住的地方也挺好呀。不久后老家教育局向我招安，承诺让我转行并调入县城，便与"猿人"失之交臂。

离开昆明是个月光如水的晚上，成昆铁路沿线的山岭没有阻隔我对那个姜驿的向往，沉重碾过的车轮没有碾碎我对那位姑娘的记忆。

四川境内零关道终点站

2010年元旦故地重游，滇池清瘦，芦苇柔弱，四野寂寥，假期的云光厂大门关上了我和钱姑娘最后的联系，十多年时光如滔滔滇池足以把一个人漂得不知踪影。瞅着时间充裕，我回到昆明，经禄劝县辗转前往大山丛中的姜驿。我不知道是冲一个古镇去的，还是冲一个姑娘去的。

金沙江截断川滇横断山脉，从香格里拉向东流淌，北岸属四川，南岸在云南，姜驿却是唯一一块居于北岸的云南领地。这是一块被江北连绵大山簇拥托举在掌心之上的一块净土，它三面环江，山峦挺拔，沟壑纵横。姜驿将傈僳、彝、苗等少数民族热烈地在怀抱之中拥吻，在远离喧嚣的一隅安静地休养生息。

湛蓝明亮的阳光晒干了我心中的阴霾。乘车来到姜驿附近的金沙江畔，眼前，江水细浪滔天，逶迤东去，远山被镀上一层赤黄和赭黄。我踏上渡轮过江，山峦越发高峻，群山如黛，一条狭长的山箐位于前方，弹石路面颠簸不堪，车子一会儿隐于黄沙尘烟之中，一会儿钻进风中摇曳的草丛里。

沙沟箐是金沙江支流，这条河的南侧是有名的火焰山。当地有"三十五里沙沟箐，四十五里火焰山"的民谣。火焰山是渡过金沙江进入姜驿的主要通道。山呈龙腾蛇伏之状，山梁多裸露，少树，呈赤红色，山石嶙峋，阳光似乎有无数条火龙横空出世，这跟我后来在新疆吐鲁番看到的差不多。

姜驿是四川境内原零关道的最后一站，处在一脚踏两省的重要位置。川滇两省本来一江相隔，可云南的这个小镇很长一段时间被孤零零扔在四川的版图中。

四川会理以南的零关道，从黎溪镇南经河口乡横穿姜驿，一直延伸到金沙江南岸的龙街渡。我想看的古道，是从沙沟箐之畔的火焰山脚延续到山顶，犹如大地升向天边的阶梯。河畔密实的芦苇在风中摇曳摇头，拒绝了我对古道的想象。

先去姜驿老镇。姜驿镇位于一座大山的顶端，冷清，只有两条街道，镇上居民除了闲聊或闲逛，大多在自家门口摆个摊儿打发日子。许多人不知道什么是灵关道，更不晓得什么南丝之路。但一说起这里发现过元谋人骸骨就打出香甜的饱嗝儿，元谋猿人成了他们最好的下饭菜。

下榻的客栈位于镇西，客栈老板是个禄劝县过来的退休教师，姓陈，他四五岁的儿子刚和小伙伴打架回来，衣裤上满是泥巴。他手里的小狗儿不住地朝我摇尾巴。

陈老师安顿好房间后带我去楼上楼下参观。这是一栋典型的彝族建筑，以石为墙基，用土坯砌墙或用土筑墙，墙上架梁，梁上铺木板、木条，上面抿捶成一个60多平方米的平台房顶，同时也是个露天晒场。楼下，客房床上的被褥有些凌乱，就像马帮刚刚离去似的。院子挂着一些驮架、马鞍、马镫、头饰等马帮物品。这里很安静，准确说很死寂，只有在马槽吃草的骡马不时打个响鼻，才让人觉得有一点生气。

客栈最可爱的是四合院，院东侧长着一棵十三四米高的柏树。陈老师说，这种柏树学名叫侧柏，先祖栽的，有七八百年历史。《诗经》有"淇水滺滺，桧楫松舟"的句子，是说用桧树做船桨，用松木凿挖出舟身。这棵大侧柏在夏秋经常分泌出好闻的柏木气息。彝族年之前，陈家人有说有笑地围坐在熊熊燃烧的火塘边，用柏枝儿熏制老腊肉和香肠。火塘是彝族人的宝贝，据说过去他们很少有被盖，到了深夜被冻醒时，往火塘内加几块柴，吹燃火，又继续睡觉。

房间隔壁住着个从赤水来旅游的小伙儿小郭，三十来岁，瘦高个儿，话不多，以前在曲靖干过媒体。我们一见如故。

经陈老师介绍，我们认识了一位叫木呷的彝族大叔。木呷人很豪爽，说话粗声粗气，他主动给我们介绍元谋的景区。高原艳阳拒绝了年初冬天的涉足，木呷脱下衬衫，在烈日下露出油亮的肱二头肌。"古道火焰山一带，从四川延伸到云南来的，现在废弃了。"木呷说，他以前在火焰山一带运过山货，闭着眼都能走完火焰山的沟沟坎坎。大叔还爽朗地答应做我们的向导。

徐霞客笔下的姜驿古道

姜驿到金沙江边这一段古道，在历史上非常有名，是古代灵关道的一条"热路"。明代万历进士刘文征所撰《滇志》卷三五描述道："渡金沙江北五亭达姜驿。初行谷中，沿溪而上，十里升火焰山，其高三十里，峰回路转，陡绝之处，翼以木栈。至山巅三里许即姜驿，驿久颓圮，近署茅屋三四家，后有夷寨，罗婺居之。"《滇志》还记载，明朝的姜驿古道宽达三到四米，车马繁忙。这个宽度在当时算是相当可观的规模。

这些描述，在我心里燃烧起想早点去探访的欲火。

次日上午9点，我们包车出发，沿着崎岖山路行约4公里来到火焰山。站在火焰山之巅，蓝天四垂，青山隐隐，阡陌纵横，村落茅舍一览无余。木呷说，从火焰山山腰一直到山脚都有古道遗迹。

从火焰山顺坡徒步，走了二十来分钟，发现一段近百米长的石板路，路旁乱石林立，蓬蒿遍地，杂草丛生。虽年代久远，许多石板已毁损，但依稀可见道路最初的模样。

徐霞客当年路过姜驿

山野沉寂，只有满目的植物和时不时跑出来的动物，为古道的存在增添了几许活力。继续走，经过一棵又一棵木棉树。木棉树上，鸟雀和山鼠争相吮吸花里的蜜汁。调皮的山鼠摇动树枝把蜜汁洒泼到树下我们的身上。这时候，木呷大叫一声，鸟雀儿噗噗飞散，山鼠也很快窜逃。木呷说，他经常在这儿看见对面岩石上有野猴出没，一群一群活蹦乱跳。野猴胆子很大，瞅到单身路人就唰唰唰攀过悬崖，跳过来骚扰。

沿着约两米宽的石板路，来到山腰上一座寺院：观音显灵寺。寺院古柏参天，绿树环抱，鸟雀欢鸣，与空旷的山坡形成鲜明对比。几株一围多粗的酸角树下，摆放着几个石台供过往行人憩息乘凉。守庙的居士周婆婆已有82岁高龄，她和朱开喜认识，看到客人来，满脸笑成一朵菊花，去拿出糖果和木瓜招待我们。

下山时木呷大叔说，他很早以前听老辈子讲，姜驿古道超出了一个乡镇的地域范围，很长很远，它包含从四川盐源到云南大姚这一中间地段，至今保存三四十公里的遗迹。可能这跟姜驿地处偏僻人迹罕至有关系。这些历史上的货运大道在荆棘野草中自生自灭，没人管它。今天我们看到的，不过是三四公里一小段。

"以前我爷爷他们的马帮、商队成群结队走这条路，运送布匹、盐巴、茶叶、生漆、核桃，热闹得很。1987年底县里搞文物普查，在观音显灵寺附近的石板路上，还看到上百个被骡马长年累月踩踏出的马蹄印儿呢。"木呷说。

《元谋县志》介绍，清嘉庆元年（1796），重修姜驿至龙街的栈道，此古道南通大理、永昌，北通会理、成都，是零关道重要通道。途经之地，云水激荡，山川奇峻，或千峰嵯峨壁立险峻，或道径迂回高峻入云，或溪河纵横江流滔滔。

文献记载，崇祯十一年（1638）底，大旅行家徐霞客在游历云南时到达姜驿。当时，徐霞客带着仆童在腊月夜风的吼叫声中，一路前行到达火焰山，他后来在《滇游日记五》中留下珍贵的记载："……渡江北十五里为江驿，与黎溪结界，江驿在金沙江北，大山之南。由其后北逾坡五里，有古石碑，大书'蜀滇交会'四字。然此驿在江北，其前后二十里之地，所谓江外也，又属和曲州；元谋北界，实九十五里而已。江驿向有驿丞，二十年来道路不通，久无行人。"江驿后为"姜驿"。

徐霞客还在《滇游日记五》里，记录了他在元谋以北看到的四川彝族马帮的酷劲儿：一身戎装，皮质的头盔、铠甲，护膝，锋利的腰刀，超长的长矛，上面绣制了火与云彩的花纹——火是彝人的图腾，云彩是一种美好的想象。

徐霞客笔下的姜驿"久无行人"，这是事实。数百年的风雨冲刷让古道面目全非，人迹罕至。曾经的古代货运大道，摩肩接踵走过贩夫走卒，走过商贾名流，走过政客官吏，走过文人墨客。马蹄声声，踢溅起腾空的烟尘，沟通了金沙江两岸的文化与经济交流，也牵系着历朝历代统治者政治掌控的神经。如今，古驿道沉睡在荒山野岭，与野草荆棘为伴，永远不再醒来。

踏上川滇两省界牌梁子

回到姜驿已是黄昏，我看到村口有一块雕刻着村规民约的告示碑，石碑已逾百年，字迹很难辨认，大致说清朝当地的土司修了一段14公里长的官道，用了多少民工，挖了多少土石，耗了多少银子云云。

在姜驿乡小学，有两块珍贵的清康熙年间石碑《为疆界滇蜀各有攸分等事碑》，那是清康熙年间当地土司争地留下的纪念碑。

姜驿街上有几棵粗壮的古树，树身分别刻着"大中红军""当红军打土豪劣绅"等字样，字体以漆染红，人们称之为红军树。这是中国工农红军进入姜驿，团结各族人民推翻反动统治的重要见证。

晚上，我请木呷大叔和小郭吃饭，陈老师有事来不成。先问清什么是特色菜，要了两桶竹筒米酒，点了些楚雄野生菌、姚安套肠、驴肉汤锅、饵块。许是走累了，两人大快朵颐，吃相狼狈。那道驴肉汤锅让我印象深刻，汤汁呈乳白色，汤里放入银杏果、红枣、当归等底料，香喷喷的，喝得我们肚儿滚圆。

木呷大叔那天也高兴，好像遇到了多年未见的老朋友。他喝了七八两竹筒米酒。装竹筒酒的竹子，先前用白醋浸泡过，不生虫，喝起来有新鲜竹子的清香。木呷说起自家老辈子，浑身嘚瑟："他们以前是个马锅头，马队拉排场大，九匹一群，三群一伙。选三匹健壮识途的好马组成头骡、二骡、三骡，在前头带队。头骡打扮得像个媒婆，额头佩黄红色标记，中央缀一面圆镜，说是辟邪，纯银的笼头，系上九个铜铃儿，耳后佩红缨一对，鞍上插帮旗。二骡驮背所需药品，三骡是马锅头或病号的坐骑。看上去浩浩荡荡，别人远远地看到他们的旗号，就抱拳作揖，大声问好……"

灯火阑珊，街头依稀飘来猜拳喝令声，声音很大，划拳输了的端起碗喝一大口酒。木呷说姜驿人乐饮、善饮，在艰苦求生的寒荒岁月中，

姜驿灵关道遗迹

姜驿灵关道遗迹有七八公里

酒能消解苦难，激发斗志。在附近的马腊、白果、太平一带，人们习惯饮用高粱酒，以马腊村酿制的最为有名，酒是红色的，度数不高，爽口，当地人称之为"马腊柔红"。

月亮自东山缓缓升起，泻下一片银辉，忙碌了一天的姜驿镇顿时静谧下来，只听见似有似无的狗吠声。借助皎洁月光，我走出门，看见邻家的土掌房上悬挂着几串玉米棒子和南瓜，也许那是他们一年生活的希望。

在陈老师的客栈住了两日，我越来越喜欢这里了。我发现，他们家随时被各种鸟雀光顾，好像这里就是它们自己的家。飞到这儿的喜鹊，选择陈家隔壁的杨树筑巢，那种筑巢的毅力和勤勉是其他鸟类比不了的。鹊巢硕大结实，在远处高处老远就能瞥见，仿佛在宣示陈家就是自己的领地。斑鸠的巢有点随意，它们在门前的树枝间绿叶间，用几根小棍子搭起巢，只要它们的斑鸠蛋掉不下来。斑鸠就在屋檐下这样简陋的窝上孵化小斑鸠……

临别前头一晚，陈老师跟我们走在院子里闲聊。他说，大约在1996年夏天，姜驿乡半箐村的几个农民在田间劳作时，意外发现了几排类似动物骨骼的石头。他们向乡文化站反映，立即引起云南省文物部门的重视。随后近十年时间，省文物考古研究所、楚雄州博物馆和元谋人陈列馆联合组成发掘队，在姜驿发掘出至少6个个体的恐龙化石。后经中央电视台报道后一下闹开了。这片红土地热得发烫，几个农民没想到，他们无意间在田间的几个动作，竟把姜驿乃至元谋这片土地上的生命史推到了1.6亿年前。我后来看到报道说，姜驿恐龙化石遗址分布区较广，东至贡茶、新海，南至画匠，西达姜驿乡政府，北抵四川省会理县黎洪乡和江竹乡之间的区域，总面积近40平方公里，是云南省已知分布面积最大、恐龙化石埋藏最丰富的地点。

姜驿所在的元谋县，地处金沙江沿岸，四周高中间低，地形呈盆地状，气候炎热，是人类祖先的重要发源地。这块土地上，有着许多让世界翘首仰望的奇迹——元谋人、土林、虎跳峡等。

那天上午，告别木呷大叔离开姜驿，我和小郭按他的指引往西北方向步行六七公里，翻上祭牛山桠口，来到"滇蜀分界碑"（国务院立滇蜀7号界碑）前。远望金沙江大峡谷，背后就是四川会理县境，山峦重叠，雾气空蒙，色泽绚烂，暖阳温柔地抚摸着迤逦山岭。一条黄泥路蜿蜒而上，隐没于山中，低矮的灌木丛在风中摇摆不止。

望着对面的山峦，我和小郭会心一笑，同时迈出一只脚横跨于两省之间。曾经的云南人身份，让我忍不住围着界碑在两省之地走来走去。岁月野草疯长，而脚步在无尽的缠绕中走得磕磕绊绊，再也找不回30年前那种轻快感了。我的思绪蜿蜒在那条南丝之路古道上，也萦回于那段青春时光的绵绵联想中。

喜洲商帮的后裔至今活跃在云南保山、腾冲、瑞丽乃至东南亚国家，为富一方，延续着喜洲人根脉相连的梦想和荣光。

大理：东西两道"会师"地

沿着滇藏公路，从大理古城一路往北，半小时车程就进入洱海边的美丽古镇喜洲。

每次来大理旅游，我都先不去这个知名古城，而是径直去北边的喜洲。就像一个食客，在琳琅满目的佳肴面前，他一定晓得先从哪里下口。

最初知道喜洲，是看了央视播放的一则环保公益广告：一群白鹭在枝头嬉戏，树下是灰瓦白墙的民居，民居背后是一座云雾缭绕的大山。画面充满诗情画意，旁白也优美："这是它们的家园，生命在这里繁衍，有个安宁的栖息之地，是快乐的。它们的树下是居民区和小学，可它们从未被打扰。当清晨来临，人们和鸟儿一起醒来。"

这让我怦然心动：喜洲这么好，得去看看。

深宅大院：喜洲街头的门面

2016年冬，我带家人去喜洲游玩，之前我出差去过一次。来到喜洲，首先映入眼帘的是阳光下那两棵枝叶繁如盖的大青树，高十二三米。据说这是一种在中国北方难得见到的乔木，学名高山榕树。两棵大青树年代已很古老，树冠广阔，树姿丰满壮观，在地上投下浓重阴影。两树一阴一阳，一棵萌发另一棵落叶，周而复始，交替繁荣；一棵结果另一棵则永不结果。

大青树下有个小湖，几只雪白的鹭鸶在湖面上时而嬉戏亲昵，时而竞相游动。远方错落有致的雪峰，映在碧绿湖水上，煞是好看。

大青树附近的石碑上铭记一个故事：1941年冬，客居昆明的老舍，经大理来到喜洲，这位年轻时留学英伦的作家对这个洱海边的古镇赞叹不已："进到镇里，仿佛是到了英国的剑桥。街道很整齐，商店很多。有图书馆，馆前立着大理石的牌坊，字是贴金的！有王宫似的深宅大院，都是雕梁画栋。有许多祠堂，也都金碧辉煌。"

青石板铺路的街头，经过岁月洗礼的正义门楼，守望着巍巍耸立的五台峰。穿过古镇，犹如穿越历史的时空隧道，让人仿佛找到了南诏古国的悠远神韵。

喜洲四合院

随便走进哪户人家，不是白族民居传统的"三坊一照壁"，就是"四合五天井"；不是门楼上遍布着石刻，就是房檐下饰满了木雕。主人们通常不介意这些不请自来、东张西望的陌生人。他们还会放下手头的活儿，笑嘻嘻地告诉客人，门前的牌坊寓意何在，堂前的牌匾又所从何来……这里的一砖一瓦，都见证着并不遥远的历史，那些古道上马帮如织的岁月，那些喜洲商帮叱咤风云的往事。

这些民居，大多是昔日喜洲商人"荣归故里"建造的。它们以前是喜洲人的门面。也就是说，哪家的房子越漂亮，主人家在外面挣的钱就越多，越有面子。

今天的许多中国商人，习惯了在国内赚钱、到国外定居，这似乎渐渐成为一种潮流。但在过去，恰好相反，商人们普遍在外经商、回家置地建房——山西商人如此，故而有乔家大院、渠家大院；安徽商人如此，故而有西递、宏村；喜洲商人，也是如此。

从大唐南诏开始，喜洲便成为商旅云集的城镇。到清代，喜洲的马帮文化更是走出云贵高原，并在清光绪年间形成驰名中外的喜洲商帮。

到民国时期，喜洲商帮不仅在上海、香港等国内各大城市设有商号，还把商号设到了缅甸、印度、越南等国。"跑缅甸走印度"，就是他们经商四方的写照。

20世纪20年代末，喜洲商帮经济实力得到很大发展，形成了颇有名声的四大家、八中家、十二小家的"二十四家"集团。他们除在海外经商，还在家乡兴办了一些工厂和学校、医院、图书馆等。

漫步喜洲街头我发现，最常见的公共交通工具，既不是公共汽车，也不是出租车，而是马车。矮而结实的云南马拉着三排座的两轮车，往返于镇子和周边村庄。它们在青石板老街上嗒嗒嗒地跑过，似乎在告诉人们：咱这个地方，是靠马帮和背夫一步步"跑"出来的。

马车上的师傅，会乐滋滋地给你讲些故事。表面看，你还以为他们是经过整齐划一培训过的，是像空姐那样咬筷子练习过微笑的。仔细听，都发自内心，也都来自不同的"体系"——据说每家每户都有关于喜洲的老龙门阵，只是版本不大一样。

早在唐朝初年，时称"大厘"的喜洲就是一座繁华市镇，称雄一方的南诏国定都于此。《南诏德化碑》中，它是"流波濯锦"的手工业发达之所。《云南志》中，它是"邑居尤众"的人烟繁盛之地。明清时，喜洲帮和腾冲帮、鹤庆帮并称为"滇西三大商帮"，名扬滇川两地。

严家大院的经商之道

每个人都说，不去严家大院看看，白来了喜洲。

严家大院，位于喜洲小镇的中央，占地2500多平方米。这是一座多个院落套连的深宅大院。走进翘角飞檐高大繁复的大门，进了过厅就是"四合五天井"的大院，有漏角、天井，四通八达，仿若迷宫。曲径通幽之后，是别有洞天的另一个"四合五天井"大院，最深的后院则悄然伫立着一栋西式风格的别墅洋房。这别墅洋房完全采用现代建筑形式，内设地下室、阳台、走廊、落地玻璃窗，四周花木盆景，环境幽雅别致。虽经岁月的洗涤，红色的朱漆门窗，大理石雕刻的白色围栏仍不失其当年风华。

比起华美如故的建筑，它早已逝去的主人严子珍更让人难忘。

严子珍（1870—1941），大理喜洲人，白族。民国白族富商，喜洲商帮"永昌祥"商号创办人。严子珍自幼丧父，与母亲相依为命，他七八岁时就去卖水补贴家用，十几岁时进入商号当学徒。聪明勤奋的严子珍，凭着过人的商业才华，一步步打拼，终成远近闻名的喜洲首富。

严子珍生前信奉"诚信即资本"，他创办的"永昌祥"商号建立了一套科学的管理和经营机制，主张讲信誉、求名牌、重商德，有着严明的十条号规。譬如号规第六条规定："本号人员必须维护信用，礼貌待客，不许以假货充真、或以次充好，短斤少两等行为。"

永昌祥最盛时，70多家分号遍布大江南北以及中国香港、缅甸瓦城、印度加尔各答等地，员工超过3000人，资产达2000万银圆（约合现在40

亿人民币），搁今天，也是规模不小的企业。

严子珍最初做生意，是在南丝之路和茶马古道发家的。20世纪20年代初，他组建了大理地区一支马帮，除了将四川的生蚕丝卖到缅甸，又从缅甸买了棉纱卖到云南，又将云南的茶叶、烟草等物资销售到西藏和四川。

严氏马帮，在无数个春夏秋冬披星戴月，踏过一道道笮桥、栈道，走出了一条通往滇南和域外的求生之路，起初非常艰难。

我在严家大院里，注意到许多"走马"物品，比如马鞭、马鞍、行李包、汗衫子、青帕子、半肚子、烟杆儿、麻窝子、脚码子等。麻窝子就是草鞋，脚码子则是绑在鞋底的防滑钉，在行走冰雪路面和泥泞湿滑道路时必不可少。这些旧物品旁边，还有几页歪歪斜斜誊写着山歌的黄草纸，比如有一首《脚码子》是这样写的："人人穿上脚码子，暴雨泥泞都不滑；一手提着丁字拐，杵路歇气全靠它；汉圈刮汗如雨洒，想要小解站稳哈。"很多地段，骡马无法行走，只能靠背夫一步步踩过去，就像四川大相岭里的雅安背夫。

20世纪30年代后期，严家生意越做越大，最终成为喜洲严、杨、尹、董四大商帮的领军人物。

喜洲四大商帮中，仅次于严子珍的二号人物董澄农，曾经也是有名的股实大户。20世纪30年代中期，董澄农大胆采纳德国顾问的建议，从滇南地区收购大量废矿渣，从中提取钨砂，大发其财。

历史的大幕开开合合，在一代代马帮的喘息声中，无数贾客、脚夫、官员、僧侣、传教士，还有包括司马相如、司马迁、诸葛亮、忽必烈、杨升庵、徐霞客、马可·波罗、埃德加·斯诺……都曾在喜洲古道上留下足迹。

离开喜洲时，回望古老镇子，那两棵四季常青的大青树依然繁茂如冠，在青石板路上留下斑驳光影。当年风光无限的大院主人，早已随南丝之路和茶马古道的滚滚尘埃，不见踪影，留给后人的是眼前这一幢幢小鸡啄食、鸟雀栖息的深宅大院。亮得刺眼的阳光，在刻画着龟麟雀蛇、神兽仙禽的屋脊投下浓重的阴影。

我知道，当年那些发轫于南丝之路和茶马古道的商界大咖的后裔，犹如那棵根基厚实的大青树，俯首深吸着洱海的源源水气，它昂头将每株枝叶伸向蓝天与苍穹争夺空间——至今，喜洲商帮的后裔还活跃在云南保山、腾冲、瑞丽乃至东南亚国家，为富一方，各领风骚，延续着喜洲人根脉相连的梦想和荣光。

灵关道五尺道"会师"地

喜洲不能待一辈子，还得去大理。

大理，是南方丝绸之路极为重要的一个集镇，是南丝之路东、西两道"会师"之地。

南丝之路西道为灵关道，路线是从成都平原沿西南方向古道，经今邛崃、雅安、荥经、汉源、越西、西昌、会理、攀枝花、大姚，西折至大理。东道为五尺道，路线是从成都南行至今乐山、犍为、宜宾，再沿五尺道经今大关、昭通、曲靖，西折经昆明、楚雄，进抵大理。两条道路在大理合为一条，继续西行，经保山、腾冲，出德宏抵达缅甸八莫，或从保山出瑞丽进抵八莫，跨入外域。

作为四川和云南与东南亚国家的经济动脉，南方丝绸之路久负盛名。美国作家埃德加·斯诺称其为：云南的皇家古道、通往印度的黄金之路。

1930年，埃德加·斯诺（《西行漫记》作者）由越南河口来到中国昆明，然后过大理，次年出腾冲，到缅甸。他随马帮探访旅行过程中，见所未见，闻所未闻，以随笔《马帮旅行》将云南独特的风光、民风、民俗、民情作了历史性聚焦。

阳光的酒调得很淡，却很醇，浅浅地斟在每个杯形的小野花里。当年埃德加·斯诺想来也是醉了，他在书中留下了一段浪漫的记忆：

"当落日西沉到蔚蓝色的山峰下面，一位年轻的中国女子骑马走过城门。她裹着的小脚穿着一双很合脚的红色的绣花鞋，她穿着蓝色软缎的裤子，红绸子的夹背心。她像男子一样骑马，她那黑白杂花的小马驹背上披着鲜红的龙毯。她走近我风尘仆仆的坐骑时，抬头看了我一眼，微微一笑，然后又将头俯至鞍前鞠了一躬。我高举帽子，挥舞致意，她以年轻女皇的风姿骑马而过。这就是我记忆中的腾冲。"[1]。埃德加·斯诺这段话，就是写的大理古城内的生动情景。

我在镇南门大理博物馆看到资料：昔日，以大理、昆明为核心的云南交通干线，最初都是民间商贸往来的商道。随着生产力的发展和商品交换的日益频繁，云南的滇马等销往内地，中原的丝绸、临邛的铁器、蜀的竹杖贩运到云南，远销缅印和越南。

云南大理的马帮，还通过丝绸、琉璃、黄金、宝石等的贸易，担负着对外交往的神圣使命。由于云南山高谷深、水流湍急等自然条件的限制，所有运输几乎全靠人畜之力，加之云南盛产良马，因此马帮运输就成了最方便、最经济的形式。

民国《大理县志稿》记载，1910年滇越铁路通车之前，云南各地各民族商人纷纷出资组建马帮，从事对外贸易。到清末民初，云南各地的少数民族都有从事马帮运输的，先后形成了大理帮、喜洲帮、凤仪帮、蒙化帮、云龙帮、鹤庆帮等20余个规模较大的马帮。

这方面，云南著名学者、历史学家方国瑜先生的《滇史论丛》《云南金石文物题跋》《纳西象形文字谱》《中国历史地图集西南部分》《云南民族史讲义》等，都有精彩描述。

大理西去保山之间，有个永平县，也跟南丝之路有关。永平古称"博南"。从永平县穿境而过的博南古道，是古代南方丝绸之路在云南的枢纽，是整条南方丝绸之路唯一没有岔道的一段，也是如今保存较为完

---

① 引自《马帮旅行》。

整的一段，当年被美国记者埃德加·斯诺称为"通往印度的黄金之路"。

历史上，大理等地的商家同印度、缅甸等国家的商贸往来非常繁忙，真正走出了一条"黄金之路"。穆根来等翻译的《中国印度见闻录》介绍：唐宋时期，以大理、永平等为核心，销往印缅的滇产货物主要有马匹、犀牛皮制品、麝香、丝织品等。南诏、大理时期，云南畜牧业发展迅速，云南马曾作为重要物资被南诏大理商人输往缅印，这种贸易曾一直延续到元代。

意大利人马可·波罗曾在云南阿木州（**今通海**）了解到相关情况，并在其游记中记道："（**云南马**）肥大而美，贩售印度……产良马不少，多售与印度人而为一种极盛贸易。"宋代大理的皮革制艺提高较快，特别是犀牛皮制品曾远销印度及阿拉伯地区。马可·波罗于是指出："中国人用（**达摩的犀角**）来制造腰带，根据花纹的美观程度，在中国一条的价格可达2000到3000或更多的迪纳尔。在达摩王国，这一切人们都是用当地的货币贝壳购买的。"

大理古城的皮革制作工艺名头也很响，明清时期，大理商人将犀牛皮革制成成品后，再转贩缅印各国。

随着滇印贸易的不断发展，近代有不少大理商人活跃于印度商界，其中有不少人还在印度的加尔各答、噶伦堡等地设有分号……商家们通过马帮穿越沟壑纵横、高山险阻、瘴疠横行的艰险地带，筚路蓝缕，跋涉山林，开辟出一条寻求生存与发展的"生命之路"。

大理古城历经沧桑，当年的茶马交易与丝绸之路已经远去。如今，古城内有许多的小商店、小吃街、酒吧、酒店，物产丰富，琳琅满目。

这条驿道的路线是，自巴塘县城向东南方向沿巴久曲河谷地，延伸约50公里，驿道使用年代为明、清、民国，终止于20世纪50年代中期。

“竺国通衢”：刻在岩壁上的修路文献

古代南方丝绸之路，是从成都出发沿旄牛道、五尺道等，经云南大理、保山等地出境去东南亚国家，也就是说，主要线路是在西南地区的横断山脉南端延伸。但我在2019年一次采访中意外发现，位于横断山北端的甘孜州巴塘县，也有一条西去印度的著名驿道。

这条驿道的路线是，自巴塘县城向东南方向沿巴久曲河谷地，延伸约50公里，路宽1.2到1.5米，驿道使用年代为明、清、民国，终止于20世纪50年代中期。

铭记这条古驿道实际存在的，是巴塘县城东南3公里处的鹦哥嘴石刻群。鹦哥嘴峡谷，也是一个弥漫过炮火硝烟、见证过康藏改革并最终促进汉藏民族团结的古战场。

鹦哥嘴：康巴藏区的官商大道

巴塘，地理位置十分特殊。她像个娇俏小姑娘，被川、藏、滇三个汉子争相拥入怀抱，高原精灵噘嘴儿一笑：谁都不给——她静卧于三省（地）交界处横断山北端的深闺里，枕着金沙江涛声，娴静地看着崇山峻岭南来北往的人群，听着南腔北调的口音。

2019年9月下旬，我第二次来巴塘鹦哥嘴采风。正值初秋，金灿灿阳光洒满葱茏河谷，两岸坡地的青稞熟了。远远望去，几个光着上身的男人把收割来的青稞铺在晒谷场上，开着手扶拖拉机来回碾压，麦粒儿嘎吱嘎吱蹦脱出来。女人用六齿叉来回划拉，让麦粒儿吸收阳光的味道。青稞也叫裸大麦、米大麦，是大麦的一种特殊类型。农舍下方的河滩上长着四五株柽柳，枝条细柔，姿态婆娑。柽柳吸着水气慢悠悠活得很长，有的可达百年以上。

鹦哥嘴峡谷，是康藏历史上十分重要的进出驿道，它位于巴塘县城东南3公里处的东隆山脚下，因山地形状若鹦鹉之嘴而得名。这里，东隆山与喇嘛多吉山隔着巴久曲河相望，高山峡谷，地势险要，自古是进出巴塘的交通要隘，直到1958年9月川藏公路巴塘段通车，鹦哥嘴才结束了历史使命。

山岗上的鹦哥嘴石刻群

千百年来，从康定西经雅江、理塘、巴塘进藏的商人和马帮，通过这条驿道，源源不断地输出铁、布、银、铜、竿马、丝绸、缎匹、金银、生丝、药材、茶叶、酒、纸、扇等商品进入印度，又从印度等地输入毡、缯布、珍珠、海贝、玉器、玛瑙、琥珀、棉花、象牙、鹿茸、燕窝等。年年月月，春去秋来，骡马往来，脚步繁复。

鹦哥嘴石刻群位于半山腰，我们小心翼翼地走过一段人迹罕至的石径，石径草蛇灰线般蜿蜒于荆棘草丛，四周长满绿幽幽的枸杞，枸杞枝条儿细弱，或弯曲或俯垂，这种不动声色的多刺植物，让前面几位穿裙子的女士走得磕磕碰碰。

"竺国通衢"：岩壁上的筑路文献

与日月相伴、与风雨同在的巴塘鹦哥嘴石刻群，是康巴藏区漫长历史沿革过程中极具文献价值的活化石。

那天在巴塘县城金弦子广场，巴塘县志办主任唐定太告诉笔者，鹦哥嘴因其特殊的要冲位置和石块存在，自古成了康藏地区官员和文人题字的好地方。县教育局的汪涛指出，石刻群集中反映了清朝中后期和民国时期，巴塘发生的历史事件以及当时官员、文人抒发政治抱负，也见证了这条古代官商大道尤其是远赴印度通道的实际存在。这在川西地区十分罕见。

鹦哥嘴石刻群由三组石刻组成。第一组在山脚，由"竺国通衢"和几十尊藏传佛像组成。"竺国通衢"刻在一块大石头的下部，石高3米，长约6米，刻于清道光年间，意为通向印度的通道。我们弯腰钻进一丛核桃树下才吃力地看到大石和字。周围佛像线条流畅，栩栩如生，因日晒雨淋，苔藓侵蚀，已难以辨认佛像种类。

"竺国通衢"石刻证明，这里是昔日通往印度的交通咽喉

"竺国通衢"石刻提到的天竺国，究竟是个啥地方呢？

范晔《后汉书》记载："在月氏之东南数千里。俗与月氏同，而卑湿暑热。其国临大水。乘象而战。其人弱于月氏，修浮图道，不杀伐，遂以成俗……土出象、犀、瑇瑁、金、银、铜、铁、铅、锡，西与大秦通，有大秦珍物。又有细布、好毾𣰆、诸香、石蜜、胡椒、姜、黑盐。"[1]，提到了古印度的方位和特产。

第二组"易简师超"位于鹦哥嘴电站上方，刻在一块石壁上，书写者罗长裿本为道员，当年他被赵尔丰请到巴塘做幕府，后任四川边军五营统领，为表明其志向写下这四个字，其意为"改变文化，师从班超"。

第三组位于半山腰山坡，主体有"凤都护殉节处"和"孔道大通"，为由清朝光绪川边学务总办吴嘉谟题写。"孔道大通"意思是：通往西藏（康定）的关口已经通畅之意，而不应理解为孔孟之道进入巴塘的路已通畅。"孔道大通"右边的几行小字为《筑路记》。《筑路记》由赵尔丰、马维骐、钱锡宝率文武委员所立，时间是1906年10月，它对修路的原因、过程、维修及作用等做了说明。文中提到的"冈谷阻深，徕者惴恐""治

---

① 引自《后汉书·西域传》，中华书局，1973年。

径途，利行旅"也佐证了"孔道大通"是为庆祝道路竣工时的题字。

那天在现场，北京大学中文系教授陈保亚钻进核桃树查看"竺国通衢"刻字时，大为惊叹。这位多次踏勘川滇藏"大三角"的茶马古道命名人，回京后在《征服垂直极限：从横断山走廊到茶马古道川藏线》文中写道："巴塘县鹦哥嘴石刻，有清道光年间的'竺国通衢'、光绪年间的'孔道大通'和宣统年间的'易简师超'等代表作，附近还有乾隆时代修建的关帝庙。证实了这一带曾是汉藏文化频繁接触之地，直到清朝还很活跃，这里也是通往印度（竺国）的咽喉之一。"①

鹦哥嘴石刻群，不仅体现了书写人高超的书法技艺，更体现了刻者的精湛技法，可谓入石三分。汪涛等当地学者认为，遗憾的是，长期以来自然的风化、雨水苔藓的侵蚀、无主的状态等，成了石刻群面临的最大问题。

"凤都护殉节"与改土归流

必须提到鹦哥嘴半山腰很重要的"凤都护殉节处"石刻。

"凤都护殉节处"石刻铭刻清朝钦差大臣凤全被杀往事

①引自《科学中国人》2020年第2期。

"凤都护殉节处"距巴久曲河约30米高，为清光绪时期川边学务总办吴嘉谟题写，它是鹦哥嘴石刻群富有历史深意的实物遗迹。

"凤都护殉节处"六个大字，笔锋遒劲有力，勾连有韵，章法有序。环视鹦哥嘴四周山势绵延挺拔，岩石苍劲嶙峋，绝壁处刀削般险峻，峡谷最窄处不过八九米。河水汩汩滔滔，翻卷出陷阱般的漩涡儿。当年有大自然威力相助，凤全和他的50多名随员不毙才怪。

那天下午在金弦子广场，县志办主任唐定太和巴塘弦子传承人王扎西等人接待了我们。扎西年过花甲，精神矍铄，脑子灵活。老人手持毕旺（即拉弦乐器），先是边唱边拉表演了一段巴塘弦子，再讲"凤全被戕"经过。抱来一大叠文史资料的唐定太则"补充发言"。

20世纪初，面对英国人以印度为跳板紧逼中国西藏的侵略步伐，清政府不得不考虑康巴藏藏区的安全。1904年11月，清朝派遣驻藏帮办大臣凤全，移驻察木多（今昌都），经略川边。

当时，凤全一行由打箭炉（康定）来到巴塘，他看到这里地处枢纽，山川青秀，气候温和，地方平旷，麦秀菜青，一抠脑门儿不想去昌都了。经多次奏请清廷"勘办巴塘垦务"，留驻巴塘。

凤全一到巴塘，抖落身上的雪花也想抖落藏地的陈俗。他见当地丁宁寺喇嘛权力很大，可以调动武装力量，心头不爽，主张实施限制僧侣数目，规定凡土司管辖地区的寺院人数不得超过300名，13岁以下的小住持须立即返乡还俗，最终将丁宁寺的僧众由1800人削减到300人，同时鼓励农人开垦荒地。

这番折腾，分明是要砸上层僧侣和土司的饭碗儿呀。巴塘人自古信奉宗教，崇拜"神山"，少有开垦荒地的习惯，诸事都由土司做主。凤全的"改革"是顶起磨子唱戏——吃力不讨好。

凤全本人性情傲慢，他初到巴塘，巴塘正副土司一众前来叩头晋见，凤全让他们长跪不起，还用长叶子烟杆儿敲着正土司的红色顶翎说："你这蛮狗头儿，还佩戴红领花翎？"土司气得咬牙切齿，恨不得飞起一脚把他踢进金沙江。

1905年2月21日，一场纷纷扬扬的大雪将巴塘城笼罩在银白世界。丁宁寺喇嘛突然发难，召集所属七村沟民众500多人，手持棍棒砸坏了垦场，并与前来镇压的清兵发生冲突。

28日，丁宁寺的人又集聚3500多人将巴塘城团团围住，当夜烧毁了法国教堂，杀死传教士，还砸毁了凤全的寓所，将凤全等人围在大土司官寨内。

凤全这才发现事情搞砸了。一颗雄心被土司的冷笑和漫天冰雪冻成冰疙瘩儿。经谈判，土司及喇嘛寺堪布（寺院住持）霸气申明，凤全一行必须离开巴塘，否则难保性命。钦差大臣头顶着羽翎吃力点头。

3月1日上午，凤全一行56人踏着积雪启程，刚走到城外鹦哥嘴就遭伏击。鹦哥嘴地势险要，河谷陡峭，坑坑洼洼处填满白雪。僧民事先垒石于山岭，待凤全一行登至半山小道，突然将滚石檑木推落，数千僧民吹响牛角号从山谷雪堆里猛冲过来。晶亮的冰凌映现出钦差大臣惊恐万分的神色。枪炮声中，凤全及卫队兵丁根本没有还手之力，全数殒命，鲜血染红白茫茫山谷。

《清史稿·土司传》卷六记载："光绪三十一年（1905），巴塘七沟村民起义，攻巴塘，杀都司，驻藏帮办大臣凤全东走，东行数里，至鹦哥嘴，被杀。"

雪域高原的枪炮声传到北京，清廷立派四川提督马维骐、建昌道尹赵尔丰率军分道进击。6月，清军攻克巴塘，诛杀丁宁寺堪布、巴塘正副土司及其部下百多人，再杀七沟村百姓六七百人。浓烈硝烟弥漫巴塘城，尸骸遍地，河水赤红，鹰隼野狗饕餮狂欢，整个康区都笼罩在肃杀氛围里。

当时亲历战事的查骞在《边疆风土志·赵尔丰轶事》中写道："赵尔丰军入，尽搜杀卯溪七村夷，骈戮数百人。以此役侶乱自老夷，获高年夷匪年过七八十岁者，尽投金沙江中，将首恶七人剜心沥血，以祭凤全。"此时，胡须花白的赵尔丰已经杀红了眼。

赵尔丰铁血推行改土归流

《巴塘县志》"兵事"篇记载：1905年9月下旬，经赵尔丰三个多月疯狂镇压，巴塘全境平定，赵随即被升任川滇边务大臣。他常驻巴塘，以巴塘为起点实行清廷改土归流政策，废除土司，设置郡县，派遣官员，清查户口，规定赋税，招募内地汉族农民到康区开垦。改土归流前，康区的土司有138家，其中最大四家是巴塘土司、明正土司、理塘土司、德格土司。在赵尔丰的铁腕镇压下，四家大土司均被消灭，其余小土司无力反抗。

为什么要改土归流？原来，以前中央并未对康巴藏区进行实际管理，都是土司自己说了算。要改掉土司，任用流官（相当于援藏干部）并不容易，当年乾隆大小金川之战费了九牛二虎之力，前后折腾28年才拿下，说明藏区民风剽悍。

数年后的辛亥革命，迁任四川总督的赵尔丰因镇压保路运动、制造"成都惨案"激发民怨，被四川军政府都督尹昌衡处决于成都，终年67岁。

王扎西老人说，当年赵尔丰太过血腥，是阎王爷的化身，多年后只要孩子哭闹，说声"赵尔丰来啦"，孩子立马敛声屏气。

那天黄昏，我又来到鹦哥嘴。这里的历史磁场让我欲罢不能，很难断然抽身。脚下，碧绿的巴久曲河飞花溅玉，叮叮咚咚向东流去，一如扎西老人的毕旺弹奏声。夕阳在天上鱼鳞般铺开，状若织锦，也在峡谷一侧投下暗红的阴影。回望山头，树木藤蔓挡住了视线，我不知道，当年徜徉于鹦哥嘴的50多个阴魂，是否让刻字工匠握凿的手颤抖不已，岩壁上撒落的石屑是否遮盖了草丛中的血迹。

"我死后，哪管洪水滔天！"路易十五这句话，像是专门说给赵尔丰听的。这位临死前步履蹒跚的老者，在颓然倒下那一刻，朝服上撒落的琥珀佛珠变成一长串省略号，肥胖身体也在遥远广阔的康藏大地撞出一道回响……四川近代著名学者李思纯（1894—1964）评价说："金沙江以东十九县，尚能归附，皆归于赵尔丰之余威。"认为赵尔丰改土归流所收边地，东西3000余里，南北4000余里，西康建省之规模因此粗具；他主政康区六年期间，推行移民开垦，修筑道桥，兴办学校，一改土司时代的奴役做法，在民众中灌输平等思想，这在当时十分难得。

那次考察，我们是从理塘自驾去巴塘的。为了体验古驿道的原始路况，大伙儿故意没走318国道，而是沿国道南侧翻越海拔5000米的格聂神山垭口，经喇嘛乡、波密乡来到巴塘县城。途中，时而暴雨冰雹，时而山体滑坡，好几次差点翻车。在密林里穿行到深夜，四野黢黑，伸手不见五指，车窗外只看得到天上格外晶亮的星星。途中，考察队很多人因道路颠簸和缺氧产生高原反应，陈保亚也出现剧烈肠绞痛，幸亏巴塘县人民政府连夜派出救护车在山林里找到他，才救回他性命。队员夏如秋驾驶的指挥车陷在泥泞里水箱被损坏，勉强开到巴塘后不得不拖回成都维修。离开巴塘继续前行时，18名考察队员还剩13名，余下5人回到了成都。

第四辑

人物踪迹

司马相如、唐蒙、张骞三人生年大体同时，各有功勋。来来往往的名人大咖激活了西南夷驿道的生命灵性，催生了灿烂的民族文化。

司马相如持节出使建奇功

一般人印象中，司马相如闻名于世主要靠耍耍笔杆子，抚抚琴弦，撩撩妹儿，摆摆摊儿……这就冤枉人家了。司马相如是一个了不起的全才，是一个在中国历史上做出过重大贡献的人。

司马相如（前179—前118），字长卿，今四川蓬安县周子镇人（一说成都人），西汉著名辞赋家，后世尊为"赋圣"和"辞宗"，代表作有《子虚赋》《上林赋》等。

司马相如是第一位百科全书式的巴蜀文化巨人，他

周子镇是司马相如的故里

在开发西南夷、疏通蜀身毒道民族关系方面功绩卓著，堪为中国最早的区域经济学家、中国西部开发第一人。

从"狗娃子"到皇帝身边人

我多次去蓬安县周子镇采风，这是坐落于川北嘉陵江畔的一个老镇，有上千年历史。我惊叹于这么个小地方，竟与很多赫赫有名的文人大咖亲密接触过：唐代诗人元稹、画圣吴道子、宋代大文豪苏轼、理学家周敦颐、清代思想家姚莹……传说周敦颐的《爱莲说》就是在这里写成的，周子镇因此得名。

那天，站在传说中司马相如练剑的地方远眺，嘉陵江滔滔北来，南去重庆汇入长江；远处青山隐隐，云蒸霞蔚，阡陌纵横。我想，撇开司马相如和一代才女卓文君的惊世爱情，单从他受汉武帝委托手持"西部开发"尚方宝剑，成功安抚少数民族地区，就可知他那双手多么有力。

相如剑，相如笔，相如笺，相如酒，相如石……街上居民，总爱夸他们的古代老乡如何厉害：这娃儿出生在江边，打小是个阮小二那样的费头子（方言：淘气鬼），经常跟小伙伴打得鼻青脸肿，但他脑壳好用，一手长剑哗啦啦舞得全镇树叶都要掉光。又说司马相如最早叫犬子（相当于农村说"狗娃子"），他仰慕蔺相如才改了名儿，蔺相如多牛啊，连廉颇那么大的将军都对他负荆请罪，相如娃子改名是为了向偶像致敬……

蓬安地方志资料介绍，司马相如二十多岁时用钱换了个小官职，从此发迹，官越做越大，成了汉景帝的武骑常侍。

"汉景帝武骑常侍"说起来是皇帝身边的人，其实捞不到啥好果子吃，汉景帝也不觉得此人有三头六臂的能耐。一次，相如为梁孝王写了篇闻名后世的《子虚赋》，想间接讨好景帝。可景帝本来对辞赋不感兴趣，认为是几个臭文人吃饱了撑的。司马相如闷闷不乐，和邹阳、枚乘、庄忌等文青一同成了梁孝王的食客。不久孝王死去，司马相如失去靠山，回到成都，摆摊儿找饭吃。如果不是汉景帝很快去世，司马相如怕是要一直干个体户。

汉武帝刘彻继位后，无意中读到《子虚赋》，连连说好，拍案叫绝。这个"马粉"还以为是古人之作，连叹不能与作者同时代。恰好，侍奉刘彻的狗监（主管皇帝猎犬）杨得意是个蜀人，他俯身对刘彻说："陛下，此赋我同乡司马相如所作也。"刘彻惊喜，马上召司马相如进京。

司马相如进宫后，向汉武帝表示，《子虚赋》写的只是诸侯王打猎的事，算不了啥，请允许我再作一篇天子打猎的赋吧。这就是《子虚赋》的姊妹篇《上林赋》。《上林赋》以子虚、乌有先生、亡是公为假托人物，设为问答，放手谱写，以维护国家统一为主旨，歌颂大一统帝国至高无上的形象，又对统治者有所讽谏，开创了汉代大赋一个基本主题，内容上巧妙衔接《子虚赋》且更有文采。汉武帝读得龙颜大悦，又连连说好。

此赋一出，司马相如一夜爆红，大火，被汉武帝封为郎（即郎官）。西汉郎官隶属九卿之一的郎中令，也就是皇帝的侍从武官，担负内廷宫殿执勤工作。

唐蒙开通犍为郡的功过

司马相如担任郎官数年后，盼来一个外出立功的机会。他要去替唐蒙"捡脚子"（方言：收拾残局）。也是从这个时候起，司马相如才真正登上历史舞台。这一年是公元前135年。

有个背景情况先交代一下：司马相如之前，西南地区虽说早有南通印度的古道，也就是蜀身毒道，但并不通畅，山高路险，贸易也有壁垒，有些地区的边贸还带有国际黑社会性质，并非公买公卖，也非货畅其流，往往是成都的货卖到临邛，临邛转卖给雅安，雅安转卖给凉山，凉山转卖给云南，云南转卖给缅甸，一节一节，贸易链条紊乱……成都商人不可能押货直抵南亚各国。除了道路阻隔，更多是人为障碍。即便如此，这条凶险崎岖的古道，依然把蜀地丰沛的物产源源不断地转销至南亚、中亚、西亚和欧洲。

汉武帝是偶然听说蜀身毒道的。公元前139年，张骞奉汉武帝之命出使西域，曾在大夏见到从身毒国贩运过来的产自蜀地的邛杖、蜀布，他认为应存在一条从成都到南亚、西亚的道路。张骞回来及时向汉武帝做了汇报（见《史记·大宛记》）。

公元前135年，也就是张骞西出长安4年后，一位叫唐蒙的地方官员把皇帝安排的事儿搞砸了。唐蒙原是个在南越国都城番禺（今广州）做宣传工作的县令，有一次他吃到了产于蜀郡的"枸酱"（一种醇香的酒），灵敏地嗅到一条关于神秘商道的消息。他向朝廷毛遂自荐，出使"西南夷"打通夜郎道（今贵州遵义一带）。汉武帝同意了唐蒙的请求，任命他为郎中将（一说中郎将），带一千士兵和负粮者万余人，从巴郡符关（今四川合江县）进入西南夷，经过5年努力，唐蒙建立了西南夷开发的第一个郡——犍为郡，郡首府在"鳖"，也就是今贵州遵义一带。不是指现在乐山市犍为县那个地方。

由一瓶四川的枸酱，拉开西南夷开发序幕，唐蒙算是开发大西南第一人。《史记·索隐述赞》赞曰："汉因大夏，乃命唐蒙。劳浸、靡莫，异俗殊风。夜郎最大，邛、筰称雄。及置郡县，万代推功。"这瓶传奇的枸酱，也成为后来举世闻名的茅台酒、五粮液的滥觞。

不过，唐蒙这一功勋，是在安抚中动用血腥武力达到的，他甚至还斩杀过部落大首领。后果很严重，花费也巨大，引起当地人骚乱反抗。这件事也被司马迁写入《史记》："唐蒙已略通夜郎，因通西南夷道，发巴、蜀、广汉卒，作者数万人。治道二岁，道不成，士卒多物故，费以亿万计，蜀民及汉用事者多言其不便。"

当时西南夷本来情况也复杂，民族成分众多而相互杂处。"夜郎、滇、邛都等皆盘发于顶，耕田，有邑聚；巂、昆明等皆编发为辫，随畜迁移；而徙、筰都、冉駹等则兼营农牧。其中大多为氐羌人或濮越人。"①。说这些少数民族在装束上多为头梳髻于顶，耳戴大耳环，腰佩圆扣饰，腿束带，跣足；有的穿窄长衣裤和高筒皮靴，高鼻深目，蓄长须。他们原是中国西北伊犁地区和中亚一带的游牧民族，后沿横断山脉河谷南下至云南西部地区。

司马相如成"安边功臣"

汉武帝对唐蒙很不满意，忙派司马相如前往西南地区抚慰。"上闻之，乃遣相如责唐蒙等，因谕告巴、蜀民以非上意。"②

司马相如不辱使命，一边写下宏文《谕巴蜀檄》《难蜀父老》，号召巴蜀百姓"尽臣人之道"，理解支持开发西南夷，一边率大军逼临蛮夷部族。他先礼后兵，攻心为上，兵不血刃，不战而胜。结果，司马相如接受邛、筰、冉駹诸部归附，拆除旧关，在沫水（大渡河）、若水（雅砻江）和牂柯（今贵州中部）设置新关，打通灵关道（峨边以南），在孙水（今安宁河）上架设桥梁，开辟通往邛地的路线。南丝之路开始了官方意义的开掘。

司马迁对司马相如这一动作评价很高，在《史记·司马相如列传》里写道："是时邛、筰之君闻南夷与汉通，得赏赐多，多欲愿为内臣妾，请吏，比南夷。"

司马相如自己可能都没想到，一篇《难蜀父老》四两拨千斤，以解答问题形式，成功说服众人，促成少数民族与朝廷的合作。

相如回京报告汉武帝，皇上很高兴。

从此，汉朝统治区域西以沫水（今青衣江）、若水（今雅砻江）为界，南与新开发的牂柯道相连接，设置都尉，领十余县，即"为置一都

---

① 引自《史记·司马相如列传》。

② 引自《史记·司马相如列传》。

尉，十余县"，包括后来沈黎、越黑两郡之地，都纳入大汉帝国统治范围。简直是一次外交舞台的民族团结盛会。

司马相如所开西南夷，有多大范围呢？

西南夷包括四川西南、青海南部、西藏东部、云南和贵州等地的中国西南部。西夷道（*南丝之路西道即灵关道*）的路线是：从蜀郡成都南出，经临邛、青衣（*名山*）、严道、旄牛（*汉源*），过清溪峡至甘洛、阑县（*越西*），经邛都、会无（*会理*），渡抵达叶榆（*大理*）。因此道通过汉源境内的灵关，故又称灵关道。

到唐代，西夷道都一直繁忙，是商旅往来、使节进贡的主要通道，同时也是唐王朝与南诏、吐蕃征战的重要通道。这是后话。

西夷道和东线的五尺道，南下在大理汇合后再向西行，过云南驿，至下关，从下关南下经巍山、博南（*永平*）、永昌，翻越高黎贡山，到达"乘象之国"腾越再出境。

司马相如是我国历史上著名的"安边功臣"，可惜人红是非多，好景不长，他被人告发曾接受贿赂，遂遭免官。岁余又被重新起用，仍为郎官。他只能哭笑不得罢了。

司马相如、唐蒙、张骞这三人，生年大体同时，各有功勋。司马相如辞赋中有不少写及"蜀·西南夷"的商道之文。唐蒙在云南发现了蜀商贸易物品，而张骞在"大夏"见到了蜀乡商品。他们三人在鼓动汉武帝开发西南夷、促进民族团结和交流方面，算是英雄所见一致。他们亲力亲为的田野考察，也激活了这条古驿道的生命灵性。

司马迁对他们在西南夷开发上的作为给予了较高评价："唐蒙、司马相如开路西南夷，凿山通道千余里，以广巴蜀，巴蜀之民罢焉……当是时，汉通西南夷道，作者数万人，千里负担馈粮率十余钟致一石，散币于邛棘以集之。"①

_____

① 引自《史记·平准书》卷三十。

前面说了，在西汉张骞、唐蒙、司马相如之前，灵关道很多地段早已是马蹄声声，人来人往。最先是，擅长桑蚕产业的古蜀时期蚕丛氏的逃亡隐身路线，成就了最初的蜀身毒道——蚕丛氏为沿线土著，带去了那条亮晶晶吐丝如云的天虫。后来，蜀王杜宇从朱提（**云南昭通**）一带入主成都平原的路线，鳖灵经宜宾溯岷江入川的路线，以及拒不降秦的开明末期蜀王子蜀泮率众三万过云南、达交趾（**今越南北部**）建瓯雒国的路线……一代一代开拓者翻山越岭，走出了一条伟大而艰辛的远征之路。

相如文君的传奇爱情

"司马迁在《史记·司马相如列传》中，不仅津津有味地描写了二人从望影相慕、凭琴识心，到成功乘夜'私奔'的全过程，还写了这对才子佳人回成都后穷愁潦倒，又返回临邛当垆卖酒、当街涤器、终成富人的因由。这些都非遣兴闲笔。"西南民族大学教授祁和晖在《"南丝路"为我国最早之国际商贸通道》文中这段话，很有意思。

在成都，有许多跟司马相如扯上关系的标识性地名，比如琴台路、驷马桥。

琴台路位于成都人民西路，路中间有一组卓文君司马相如伉俪的雕塑。文献资料说：卓文君与司马相如曾在这条路开了一家酒铺，卓文君亲自当垆卖酒，她淡妆素抹，站在置放酒瓮的土台上卖酒，不卑不亢，神态自如。为了生存和爱情，司马相如暂不抚琴，他与酒店伙计一样，身着短脚裤，提壶洗碗干杂活，跟我们现在看到的摆摊炸油条的小伙子没两样。那时候，"狗娃子"因在汉景帝那里得不到重用，刚回成都杵着。

驷马桥位于成都北门，原名升仙桥，桥下河水即今日沙河。《华阳国志》说："城北十里有升仙桥，有送客桥，司马相如初入长安，出北门过升仙桥，豪情满怀，题其柱曰：'不乘高车驷马，不过汝下'也。"后人取司马相如题字之意，将此桥更名"驷马"。

这里，我们结合琴台路及成都金牛区地方志办公室提供的资料，来还原一下司马相如和卓文君的传奇爱情。

西汉初年，因关中饥馑，汉高祖刘邦下令饥民可以迁入蜀汉地区就食（见《汉书·食货志》）。这一历史时期迁徙入蜀的人口，不仅数量较多，文化水平及生产技能也较高。原赵国邯郸富豪、冶铁世家卓王孙也在被迁之列。如果没有这次卓氏迁蜀，也就没有卓王孙千金卓文君与司马相如自由恋爱的故事。

《史记·货殖列传》载，程郑"亦冶铁，贾（雇用）椎髻之民，富埒卓氏，俱居临邛"。卓、程二家将中原的先进冶铁技术带到四川，使四川成为古代铁器生产的重要基地之一。临邛，位于成都以西40公里处，在两汉时期都设有铁官，可见其冶铁业之发达。直至唐宋，临邛仍出铁。换句话说，当时从中原来蜀的卓王孙是个"铁老大"，一个大富豪。

当时，临邛县令王吉是司马相如的好友。相如寄居其门下，可终究不是长久之计，二人决定演一出"双簧"。临邛富豪们不知司马相如有多大来头，瞅着想巴结他。相如便获得了进入"铁老大"卓王孙府宴饮的机会。

卓王孙有个漂亮女儿，名文君，刚守寡。她久仰相如文采。赴宴中，文君从屏风外窥视相如，司马相如之前也久闻文君是个才貌双全的女子，却佯作不知。当受邀抚琴时，便趁机弹了一曲《凤求凰》，以传爱慕之情。文君听到司马相如的琴声，偷偷从门缝中看他。这一眼看得火石电光地老天荒。宴毕，相如找文君的侍婢转达心意。文君胆大，深夜逃出家门，与相如私奔到了成都。卓王孙大怒，声称女儿违反礼教，他连一个铜板都不会给女儿。

司马相如的家境，基本属于家徒四壁，最多只能在超市买五袋大米先搁家头。卓文君在成都住了一些时候对司马相如说：狗娃啊，这样子拖下去不是办法呀，你跟我到临邛去，向我妈老汉兄弟姐妹求情，借些钱，态度好点，咱就可以混口饭吃啦。司马相如便跟她一起去了临邛。他们把车马卖掉做本钱，开了家酒店。干老本行，卓文君当垆卖酒，掌管店务；司马相如系着围裙，夹杂在伙计们中间洗涤杯盘瓦器。

卓王孙闻讯后，觉得自己这张老脸被女儿扔地上，太丢人了。他气得大门不出二门不进。弟兄长辈赶来劝说：哎呀，如今文君跟那文青已经生米煮成熟饭，你还想咋的？那司马相如毕竟是县大老爷的贵客，你就不能给他点面子啊？卓王孙一声叹息，只得分给文君奴仆百人，铜钱百万，又把她出嫁时的衣被财物一并送去。后来，卓文君和司马相如又夫妻双双把家还，在成都购买田地住宅，过着富足的生活。

那时，汉代的成都，无论从城市人口、建成区规模和经济总量看，都是仅次于京都长安的中国第二大城市，中华上古、中古农耕文明和城市文明的第二中心。所谓"巴蜀熟，天下足""女工之业，覆衣天下"。小两口儿在成都小富即安。

唐代诗人张祜对这对传奇伉俪礼赞有加，写《司马相如琴歌》赞曰："凤兮凤兮非无凰，山重水阔不可量。梧桐结阴在朝阳，濯羽弱水鸣高翔。"凤啊凤啊不是没有凰，只是为了寻找那个能和自己共栖的凰飞过万水千山，他还要继续寻找、继续赶路。梧桐生长在太阳初升的地方，名叫朝阳。凤在弱水里洗干净羽毛后再鸣叫着高飞，鸣叫是为了呼唤共舞的知己，高飞是去往太阳升起的地方。

千百年来在蜀中民众的心目中，司马相如和卓文君早已飞到了太阳升起的地方。

"岂意飘零瘴海头，嘉陵回首转悠悠。江声月色那堪说，肠断金沙万里楼。"

——明·杨慎《宿金沙江》

杨慎：贬谪卅五载"川滇笔记"

"每人心中都应有两盏灯光，一盏是希望的灯光；一盏是勇气的灯光。有了这两盏灯光，我们就不怕海上的黑暗和风涛的险恶了。"罗曼·罗兰这句话，用在杨慎身上十分贴切。

杨慎一生坎坷，他在放逐滇南的35年流放生活中，并未因环境恶劣消极颓废。他每到一处，往往借咏边塞奇花异草，抒发政治热情。他还时时关心民众疾苦，不忘国事。杨慎那些生动细腻的旅游笔记和留驻川滇驿站的诗文，更是从一个大学问家的角度，记录了明朝南方丝绸之路的地理风貌和民俗风情，具有非常珍贵的文献学、地理学价值。

成都市北郊新都区，有个始建于初唐的桂湖公园。大门两侧有一大一小两株紫藤，大的一株为明代状元杨升庵亲手所植，主干直径达86厘米。两株紫藤枝蔓在大门上方交缠，向东西两个方向绵延，形成一座罕见的百米紫藤长廊。在我看来，这一左一右走向的幽绿紫藤长廊，也是杨慎35年奔走川滇的命运隐喻。

谪戍云南，七次往返川滇

杨慎（1488—1559），号月溪、升庵，四川新都（今成都市新都区）人，明代三大才子之首，著名学者、诗人和文学家，他对哲学、史学、天文、地理、医学、金石、书画、音乐、戏剧、宗教、语言、民俗、民族等学科都有极深的造诣，一生著作达400余种。

杨慎的诗文更是有大家风范。罗贯中《三国演义》开篇语中有一段词："滚滚长江东逝水，浪花淘尽英雄，是非成败转头空。青山依旧在，几度夕阳红。白发渔樵江渚上，惯看秋月春风。一壶浊酒喜相逢。古今多少事，都付笑谈中。"就出自杨慎之手。

杨慎是东阁大学士杨廷和之子。明嘉靖三年（1524）因上疏议大礼，惹恼皇帝，加之同僚挑拨，连受两次廷杖，并被削籍谪戍云南永昌卫（今云南保山），35年后也就是1559年，客死云南戍所。

明代流传一句谚语："宁充关外三千里，莫充云南碧鸡关。"意思是：宁愿充军到离关外三千里的苦寒之地，也不愿意充军云南。这里有个历史背景，朝廷选择云南永昌作为杨慎的戍地，并非单一的刑律判罚，而是严峻的政治事件。明朝刑法规定，流放分为四等：安置、迁徙、发外为民、充军。而充军又按戍地不同分为极边、烟瘴边、沿海口外、边卫四等；按时限不同分终身与永远，"终身"到本人死为止，"永远"则罚及子孙，勾丁补缺，本人死后由子孙顶替。杨慎属"永远充军烟瘴"的重罚，令"永不许还朝"，用四川方言说，真是霉得起冬瓜灰。

从明嘉靖三年（1524）到嘉靖三十八年（1559），35年荏苒时光，如同一场既汹涌又漫长的洪水，足以让一个人一波波地受到灭顶之灾，呛水、扑腾、窒息、死亡。但杨慎没有，他在大水来临时抱住了一块木板随波逐流，一边漂流一边窥视有没有可以攀援上岸的葛藤，最终他爬上去了，虽然爬得很难很痛苦。他双手裂破，满脸是血，总算在动荡中暂时捡回一条性命。

我仿佛看到，滔滔洪水中，杨慎水淋淋地爬上岸，他坐在礁石上，定定神儿，拧干衣袍，望望四周，心想应该为自己寻一条可以活命的木船或筏子。于是他行走，不停地行走。他转换角色从一个学问家变成了旅行家，足迹几乎遍布往返川滇的驿道。他走昆明，去大理，到保山，赴建水……苦难变成了阅历，35年间他写下了大量栩栩如生的诗文：《滇程记》《滇载记》《滇候记》《南中集》《南诏野史》《云南山川志》等。这些诗文，就是支撑他可以活下去不被溺死的木板，诗文铭记着一个旅行者对南丝之路地理、风光、民俗、人情、民俗、建筑、饮食、掌故、友朋等生动真实的记忆。

明嘉靖三年（1524）秋，36岁的杨慎出京赴滇戍边，他沿大运河南下，溯江西上至江陵，进入贵州。明嘉靖四年（1525）正月初一，杨慎从贵州镇远到达新添，适逢春节，逗留过节后又走，经半月行程，路过贵竹司（今贵阳）、威清卫（今贵州清镇市），于元宵节到达平坝卫，并以《踏莎行·贵州尾洒驿元夕》纪其事："罗甸林中，新盘山下，林灯社鼓元宵夜。"

明嘉靖四年（1525）二月下旬，杨慎经普定、安庄、查城驿、白水、关索岭，过北盘江，复行经过普安，抵达滇黔分界平夷所，进入云南，经交水（今沾益）、南宁驿（今曲靖）到达昆明。

在昆明期间，杨慎遇到了故友毛玉。毛玉是昆明人，这位同样戴乌纱帽、穿圆领袍的男人是个性情中人，和杨慎政见相同，同情他的遭遇，殷勤地为这位"罪人"提供帮助。嘉靖四年（1525）七月，毛玉之子毛沂将杨慎迎到家中，修建了一座"碧峣精舍"供杨慎临时居住。碧峣精舍，也成了杨慎后来在昆明时住得最久的居所，他晚年更是在此读书、讲学、著述，与滇中人士讲学谈艺。杨慎死后，昆明老百姓在碧峣精舍修建祠堂作为纪念，民国重建时把毛玉也请进了祠堂，称"杨毛二贤祠"。这是后话。

当时朝廷的律法十分严格，杨慎抵达昆明后，他廷杖之伤尚未痊愈，长时间旅途生活拖垮了身体。昆明只是个中转站，杨慎未及就医也没得到适当休息，就在云南巡抚黄衷的催促之下继续赶路，经安宁、楚雄、云南驿、龙尾关、漾备驿（今漾濞）、永平，抵达谪戍目的地永昌府。负罪出京，历时大半年，"赭衣裹病体，红尘蔽行车"，旅程辛苦，自不待言。

可怜一代文豪，贬谪35年间，曾7次翻山越岭回到四川，又7次被押了回来。当杨慎最后一次戴着枷锁回到昆明高峣，已是71岁老人了，他再也经不起折腾。命运洪水更凶猛地冲来，杨慎再次呛水，大病不起，终于在第七次回滇的次年，也就是明世宗嘉靖三十八年（1559），客死滇域永昌。

有道是：千里孤坟，无处话凄凉。

《滇程记》《滇载记》的"行走笔记"

贬谪云南35年期间，杨慎写下了大量诗文，铭记着一个大学问家对南丝之路（灵关道、五尺道、沐源道等）山川、风物、气候、关隘等的真实记忆，具有很大的文献学、地理学价值。

我在四川省图书馆和成都新都区桂湖杨慎故居陈列馆等地收集杨慎"路线图"时，犹如外地司机初次开到重庆盘龙立交时两眼一抹黑，百度导航提醒请切换到高德导航，高德导航提醒请切换到百度导航，让人如堕五里雾中一般：贬谪35年，7次往返滇蜀，建昌道、五尺道、沐源道，陆路、水道，几十个驿站，诗歌、笔记……让我掉入一个由纷繁时空构架的巨大网络里，很难厘清线路。这里只能避轻就重，把跟南丝之路有关的"路线图"勾勒一下。

明嘉靖六年（1527），杨慎编著《滇程记》，详细记载了作者对被贬出京后，途经鄂、湘、黔、滇四省的沿途见闻，翔实可信。所记山川俚俗风谣和地理风貌等十分珍贵。《滇程记》现有万历三十三年（1605）刊本、云南图书馆藏传抄本。

《滇程记》开篇，杨慎写出他对于明代入滇通道的认识："中州达滇有三路，自邛、雅、建昌、会川渡金沙江入姚安、白崖曰古路，秦常頞略通五尺道、武侯南征乃大辟焉，唐曰姚巂路。起泸州、溯永宁、走赤水、达曲靖，曰西路，唐天宝中，出师伐南诏亦由此进。至元世始开邮传，今因之焉，出湖藩、转辰源、经贵州曰东路。"

从开篇可知，生活在明中期的杨慎对元代始开、在明代受到重视的入滇道路还是比较熟知的。他初次自己入滇，走的是普安入黔道，因为普安入黔道是明朝中原入滇的重要通道。普安，位于贵州省西南部。普安入黔道，开通于元代至元二十八年（1291），开通以后迅速成为云南通往中原的要道。南下时，不仅杨慎从此路入滇，稍晚于他的徐霞客（1587—1641）也是沿此线入滇，说明这是一条"热路"。在杨慎的笔下，这条古驿道道路险阻，峰巅嵯峨，山耸连绵，盘折重叠，溪河密布，山高谷深，坡陡地薄，大江滚滚，白浪腾空，银花飞舞，天险难渡。

除了《滇程记》，杨慎还写了许多记录入滇行程的诗作，比如《关岭曲》四首中，就有"关索危岭在何处，猿梯鸟道凌青霞"[1]，"不见行路难，哪知在家美。不见险与巇，哪知平如砥"[2]。道路的险峻、旅途的艰辛、身心的疲惫，在这些诗中一览无遗。

这里说说杨慎第一次返蜀探亲的情况。

明嘉靖四年（1525），杨慎寓居云南安宁连然街，次年六月，他"惊闻父寝疾，匹马间道疾驰十九日抵家"。这是杨慎谪戍云南后第一次返蜀。他探父心切，从安宁出发，行经乌蒙（今云南昭通县）、盐津县石门关旧道，经到叙州（今四川宜宾市以南）北上，抵达家乡蜀中新都，风

---

① 引自《关索庙》。

② 引自《京阙何迢迢》。

风火火，仅用了19天。

这条道路，是传统意义的五尺道线路。早在唐代，樊绰已在《蛮书》中详述了这段行程之险要，"阁外至夔岭七程，直经朱提江，上下跻攀，伛身侧足，又有黄蝇、飞蛭、毒蛇、短狐、沙虱之类"。而石门东崖的傍崖阁路"横阔一步，斜亘三十余里"。虽然道险至此，但途程较短。从乌蒙到叙州，取陆路需七八日程。

途中，杨慎途经乌蒙铺时，作《乌蒙铺》一诗纪其事，诗云："绝壁千重树万里，琼林锦石带丹枫。何僧肯住悬崖寺，虎啸猿啼夜半钟。"修建在悬崖上的古庙之状、虎啸猿啼之声，极言乌蒙古道之险峻，同时也可见这条道路行人稀少。

杨慎第一次返蜀探亲，花的时间比较长，前后约十个月。四年后他又再次回川探亲，依然走的五尺道，途中经历相对平淡。

嘉靖十七年（1538）冬，杨慎第三次返蜀，走的是建昌道（*也叫灵关道，汉代称零关道，任乃强先生叫"蜀身毒道"*）。他北上到达大渡河畔的黎州（*辖今四川汉源县*）。大渡河每年春秋两季"水涌瘴发，行人渐绝……虽有不得已而行者，不遭风涛之限，则罹岚瘴之灾，流尸积谷"，而大相岭"高五六十里，四时多雪，昼日晦暝"，劫掠不断，"非遇哨期群百数十人则不敢过"，以致明人多倡议废此路，改修峨眉新道。十二月杨慎到达荣经，并在此地度过除夕，作《戊戌除夕赠荣经徐尹》[1]，嘉靖十八年（1539）正月至邛州，与邛州太守等相聚，二月方抵达新都。

明世宗嘉靖十八年（1539）五月，杨慎开始从成都返滇。五月回到雅州，六月二十四日路过西昌，在西昌他兴致很高，和友人游邛海、登泸山，作《宿泸山》纪此事。《西昌县志》记载，原文为："六月二十四日登泸山观火炬，相传有诗云：老夫今夜宿泸山，窥破天门夜未关。谁

---

① 引自《升庵文集》卷十八《五言律诗》。

把太空敲粉碎，满天星斗落人间。"

杨慎后来几次往返滇蜀两地，也常走灵关道。那时的灵关道，同样是一条极度危险的崎岖之路。杨慎在他的另一本重要地理学笔记《滇载记》里，还多次写到了灵关道黎州（汉源）段的"栈道"。在他笔下，黎州的栈道有土栈和石栈之分，土栈修于原始茂密的森林山地，铺木为路，杂以土石；石栈是在悬崖绝壁上凿孔，孔中插入木梁，上铺木木板。栈道使人胆寒，又极为壮观，陡峻奇险处，牲口亦望而生畏。

杨慎后面几次返蜀，行程相对从容些，均选择了建昌道（零关道）。嘉靖十七年（1538）十月，杨慎奉戎檄返蜀，他选择《滇程记》所记的"自邛、雅、建昌、会川渡金沙江入姚安、白崖"古路，回到四川。

建昌道是古代南丝之路的主线，路线是从成都出发，南下经双流、新津、邛崃、名山、雅安、荥经、汉源、甘洛、越西、喜德、泸沽、西昌、德昌、会理进入云南境内，经永仁、大姚、姚安、祥云通至大理。早在商周时期，这条道路已经在民间通行。西汉武帝时，司马相如"通零关道，桥孙水"，开启了官方开通这条道路的先河。唐代称此路为清溪关道，是商旅往来、使节进贡的主要通道，同时也是唐与南诏、吐蕃征战的重要通道。宋代称此路为西川道。明代称此路为建昌道，沿袭了元代的道路走向。明洪武十四年（1391）曾对建昌道"辟取山石，从江镇砌，阔三四丈。蕃箐河水九十九渡，于是新开直径，造桥五十有四，往来者便焉"。经整修，建昌道再次畅通。

从杨慎的《犯星歌四首》之"金沙江水绕环洲，江岸家家对白鸥。渔父长歌欸人曲，盐商爱上白夷楼"可知，杨慎当年行走建昌道，好几次是经由环洲（今云南武定）入川的。十月的建昌道，绿树遮天，花野遍地，"十月妖花红满烟，万家蛮书绿遮天。眼中忽见浑相识，梦里曾游瘴海边"。

建昌道沿途，以金沙江、大渡河、大相岭和九折坂最为难行。三国蜀相诸葛亮的"五月渡泸"见证了川南拉鲊古渡的难行，"四时多瘴气，四五月间发，人冲之死"①。

"滚滚长江东逝水，浪花淘尽英雄……"四川攀枝花市文史专家刘胜利、张鸿春等考察认为，《三国演义》开篇词《临江仙》就是杨慎在拉鲊古渡写成的。嘉靖十七年（1538），杨慎从保山回乡省亲从拉鲊古渡渡江，次年从新都返回保山途中再过拉鲊古渡，夜宿于这座小山村，不仅写下《宿金沙江》，还写了这首《临江仙》。

明嘉靖十八年（1539），杨慎的《元谋县歌》，生动描述了他渡河之难行和沿途看到的灾民惨景："遥望元谋县，冢墓何累累。借问何人墓，官尸与吏骸。山川多瘴疠，仕宦少生回。三月春草青，元谋不可行，九月草交头，元谋不可游。"

对会理和大理"情有独钟"

杨慎谪居云南时，大部分时间寓居于昆明西南约20公里的安宁、昆明西山高峣。嘉靖二十二年（1543）三月初，杨慎第六次返蜀。他十月离泸返滇，岁末经赤水返蜀。故而，经由泸州的"乌撒入蜀道"，成为杨慎后来几次往返川滇时常走的道路。

"乌撒"是彝话，汉译骏马的意思。乌撒是宋末活动在今威宁等地的一个部落首领之名，后转化为部落名，再后转化为地名。地点在今贵州西北部威宁彝族回族苗族自治县，北、西、南三面与云南省毗连。在明朝，乌撒、乌蒙、芒部等地的土知府很多时候是由女性承袭的，如水西的奢香、乌撒的实卜、乌蒙的实哲等。彝族妇女素有强悍为王的传统，她们善交际、懂管理、知事理，有的还会武艺，不乏大家风范。

川南叙永，作为乌撒入蜀道入黔的必经之路，受到杨慎较多关注。《续修叙永永宁厅县合志》说："鱼凫关，在叙永东十里。明杨升庵过此，

---

① 引自清道光学士何东铭《邛嶲野录·关隘》卷十五。

题联云：'华夷统镇连千里，黔蜀分疆第一关。'"杨慎也多次在《滇载记》和诗歌里，对叙永的风土人情和山川地理做了描述。

除了叙永，杨慎还对另外两个地方情有独钟，一是会川（今会理县），一是大理。

杨慎曾分别在嘉靖三年、五年、八年、十八年（1524、1526、1529、1539）因父病、父亡及"奉戎檄归蜀"等原因，多次途经会川，与这两个地方结下不解之缘，留下对联、诗词等近20首。

会川，历来是川滇两省交界的军事和经济重镇，是川滇两省商旅物资的集散地，素有"川滇锁钥"之美誉。杨升庵多次路过会川，他迷恋会川的山河美景，但毕竟"负罪"在身，岂容留连。1539年六月，杨慎南行至火烧腰驿（今马鞍山五里坡），填写了《南枝曲》：

> 我渡烟江来瘴国，毒草岚丛愁箐黑。
>
> 忽见新梅粲路傍，幽秀古艳空林色。
>
> 绝世独立谁相怜，解鞍藉草坐梅边。
>
> 芬菹香韵风能递，绰约仙姿月与传……

《南枝曲》除了描写途中所遇艰险路况和恶劣气候，还以咏叹梅花古艳幽香，自喻行洁志芳，绝世独立。

杨慎离别时，会川故人盛情款待，百里相送，依依不舍。至松坪关时，杨慎情难自已，再写《松坪关》七绝话别：

> 莫唱离歌惨别颜，蜀云滇月共青山。
>
> 太平处处经过惯，梦里还乡又出关。

《松坪关》绝句，前两句劝慰友人不要为离别过分悲伤，别后亦应各自保重。后两句以自己十余年萍踪漂泊早已成习惯，来安慰友人劝其放心。松坪关是会川戍所辖之要隘，十分险峻。俗话说"北甸沙，南松坪"，是会川大地南北两大门户。明朝时松坪关驻有总旗一员，兵卒50余名。

嘉靖十八年（1539）七月，杨慎从会川至金沙江上的拉鲊渡口，写有一首后来非常著名的《宿金沙江》："往年曾向嘉陵宿，驿楼东畔阑干曲。江声彻夜搅离愁，月色中天照幽独。岂意飘零瘴海头，嘉陵回首转悠悠。江声月色那堪说，肠断金沙万里楼。"

《宿金沙江》一诗可分两层：前写昔宿嘉陵，后写今宿金沙。同样的"江声""月色"，然而前之"离愁""幽独"，犹可说道，而今之"飘零""断肠"，远苦于昔。诗中"驿楼"，在今广元市城西。"搅"，乱也。"江声月色"，出自雍陶《宿嘉陵馆楼》，杨升庵引此，显得更为凄切。

作为南丝之路最重要的驿站之一，大理是杨慎笔下不可少的文化名城。嘉靖二十五年（1546），杨慎与当地好友李元阳同游苍洱。李元阳《送升庵先生还螳川客寓诗序》对杨慎此次大理之行，做过描述："成都太史升庵杨先生谪居博南二十四年，为嘉靖丙午，访山水于点苍、叶榆之间。坐青拥绿，日以追逐云月、钓弄溪屿为事。"

在杨慎笔下，大理的山川风物奇观处处，异彩纷呈，如他游览苍山，"化城楼阁壮人寰，泽国封疆镇两关。云气开分银色界，天工斫出点苍山"。他游览弘圣寺塔，"松在东而塔在西，松高不与塔高齐；塔高有定松无定，翌日松高塔又低"。杨慎对大理石也情有独钟，"苍山嵯峨十九峰，暮霭朝岚如画虹。何年巧匠斫山骨，缩入君家石屏中"。这些脍炙人口的诗篇，构思新颖，文字畅达，清新绮丽。

大理下关镇，也是杨慎笔触所到之地。他有一首《海风行》，写下关的风，让人如临其境："苍山峡束沧江口，天梁中断晴雷吼。中有不断之长风，冲破动林沙石走。咫尺颠崖迥不分，征马长嘶客低首。"气势雄伟，有雷霆万钧之力。《龙关歌》则显温柔："双洱烟波似五津，渔灯点点水潋潋。月中对影遥传酒，树里闻歌不见人。"洱海夜色，渔舟灯火，月映水波，细腻清新。

大理白族地区至今流传一首歌谣："四川状元郎，流放到云南。寓居点苍山，美名天下扬。"

这位身形清癯的文官一边镇定地安抚考生安心考试，一边登上城堞协调、指挥作战，他身边箭镞横飞，火炮连天，尸横遍野……

郝浴和"丝绸之城"保卫战

有人说，作为闻名天下的"丝绸之城"，四川阆中很可能应该感谢一个人：郝浴。

清朝顺治九年（1652），历史的巨手将这个郝浴推到了风口浪尖，一个关系到阆中生死存亡的残酷前台。这，就是阆中保卫战。

郝浴当时坐镇四川临时首府保宁城（今阆中），既是乡试大考官，更是阆中城的行政首脑。

南方著名的"丝绸之城"

说起中国南方的丝绸生产重地，不能不提到阆中城。

阆中丝绸以高品质久负盛名。史载，早在西汉时期，阆中所产绢丝就作为皇家贡品运送到长安。阆中地方文史专家考证，秦汉时，向北出川的古蜀道有两条，一是经剑门关的金牛道，二是经米仓山的米仓道，路线是经阆中、旺苍、南郑、汉中前往长安。在长安，阆中的丝绸产品被大量出口境外。

唐朝时期，阆中的丝绸产品被定为朝廷贡品。《唐书》载："阆中郡岁贡绫、绢、縠（hú，有皱纹的丝）等。"《明实录》也载："当年山西潞安州织进贡绸缎，要采用阆丝。"

2018年4月初，应南充市文联主席何永康先生邀请，我和全国十多名作家在阆中采访了三天。其间，很多当地人提到南方丝绸之路的起点，就觉得阆中很受委屈，"都把成都当作是这条丝路的起点，其实咱们阆中也是南丝之路的起点呀，也就是说南丝路的长度还应被延伸300公里"。

支持这种说法的大有人在。成都博物院院长、成都市文物考古研究所所长王毅就曾指出：历史上，蜀锦是南方丝绸之路最重要的商品之一，蜀锦出川主要有三条线路：东线从成都至重庆，顺江而下通往湖北荆州及长江中下游；南线自成都经邛崃至雅安，后分为多条线路，其中包括经攀西前往云南；北线，经广汉、绵阳、广元出川，翻越秦岭通往关中的蜀道。这当中，不同朝代的环抱型主干线又生发出几多短线分支和临时改变路线，枝枝蔓蔓，盘根错节，非常复杂。

阆中的高品质丝绸，走北线到了都城长安后，从这座首善之区可以更方便地进行境外交易，或作为馈赠品出境运到南亚、西亚和欧洲。

如果要强调北线的重要，那么"丝绸之城"阆中，算不算南方丝绸之路的另一起点呢？

阆中古称保宁，2000多年来，为巴蜀要冲，军事重镇。公元214年至221年，三国蜀汉大将张飞任巴西郡太守时，在发展当地蚕桑、除暴安良等方面取得了很多功绩。

张献忠五万余部兵临城下

今天的阆中古城学道街，有个闻名全川的阆中贡院。

阆中贡院，是一座三进四合庭式建筑，纯穿斗木结构，房舍整齐规矩，高出街坊民居一头。前院是考场，后院是斋舍，四周都是号房（考棚）。贡院西南角，一朵朵红艳艳的芍药开得正旺，为这座古色古香的建筑平添些许妩媚。

阆中贡院建于何时无从稽考，但这里几乎成了四川古代规范考试、培养优秀人才的教育典范，从中折射出中国科考与状元文化在这片土地上的植根深远。阆中贡院，先后繁衍出唐代的尹氏兄弟状元、宋代的陈氏兄弟状元，为全国仅有。

明代，阆中贡院也是乡试所在地。清顺治年间，阆中作四川临时省会十几年间，贡院地位空前提高，举办了四次乡试，被称清代四川"第一考棚"。

乡试，是明清两代每三年在各省省城（包括京城）举行的一次考试，一般在八月举行，主考官由皇帝委派。乡试是中国科举史上竞争最激烈的一级考试。

嘉陵江畔的阆中古城

早晨的阳光，透过树梢打在阆中贡院外面的优学园广场文化墙上，金灿灿光斑闪烁迷离。几只叽叽喳喳叫着的黄雀儿，落在文化墙上方的枝叶上，也将我的目光引向上面几行文字："（郝浴）七次飞檄传书，招吴三桂赴援救阆。吴至，又面授方略，激发忠义……"

这几句话表明，郝浴郝大人在1652年秋那场残酷血腥的保卫阆中、监临四川乡试时，所做的贡献。

阆中贡院大门处，一组塑像引起我注意：案牍前，一位头戴水晶石"顶戴花翎"、身着青色贡缎外褂、颈挂齐膝朝珠的官员，两手放在桌案的试卷上。

这个人，就是大名鼎鼎的郝浴。郝浴背后，是一面雕饰着金黄色麒麟的楠木屏风。

从塑像表情看，郝浴当时正面临一件很棘手的事。他目光炯炯，神情安详，嘴唇紧抿。他沉重应对，有勇有谋，艰难协调，最终完成了一次刀尖上的舞蹈。

郝浴（1623—1683），字雪海，清直隶定州唐城（今河北定州市人）。少有异禀，生而机警，年十四五能通六籍百家言。清顺治六年（1649）中进士，授刑部主事。顺治八年（1651），改任负责考核吏治、审理大案、职权颇重的湖广道御史，后巡按四川（监察御史），坐镇四川临时首府保宁城。

那场生死存亡的阆中保卫战，被诸多文献记载。这里，我们结合阆中贡院和地方志记载，试着还原一下当时的情景。

1647年春夏，大西统帅张献忠逃离成都后，在西充县凤凰山被清军突袭射杀，张献忠四个义子之一的孙可望继承权位，并联合南明残军一起抗清。

当时的反清势力，在西南地区攻势很猛。清廷惶恐，派平西王吴三桂、四川巡抚李国英、汉八旗将领李国翰等，率领川陕边区的清军南下，进川剿除孙可望等势力。清军很快攻占了四川大片地区，对云贵等地的反清武装也造成威胁。孙可望一怒之下，派抚南王刘文秀率五万大军向清军发起反攻，其中一重要任务，就是拿下阆中这个临时省府和军事重镇。

刘文秀，陕西延安人，曾是张献忠麾下虎将，张献忠建立大西政权以后，他和孙可望、李定国、艾能奇并称为四将军。

顺治九年（1652）八月中旬，刘文秀按孙可望命令，带五万大军从川南出发，屡战屡胜，歼敌数万人，几乎收复了四川全境。此时吴三桂等多次战败，逃回到川北广元一带。刘文秀军直逼阆中。

阆中，旧称保宁府，地处嘉陵江中游，秦巴山南麓，山围四面，水绕三方，地理位置重要，历来为兵家必争之地，三国时期，蜀汉大将张飞在此镇守七年。

这里需要交代一个史实，放着200多公里外那么大一个成都城，清廷为啥要将阆中作为四川的临时省会呢？

南充文史学者刘先澄先生指出，清顺治三年（1646），四川大闹饥荒，《蜀难叙略》称"山深处，升米价二三两，菽麦减半。荒残甚者，虽万金无所得食"。加之张献忠的空前烧杀屠城，使四十万人口的成都仅剩二十来户居民，昔日"扬一益二"的成都已无民可治，省衙不得不重新选设"左通荆襄，右出秦陇"的阆中，作为临时省府。

清咸丰元年（1851）版《阆中县志》载：明末清初的阆中城，城池墙周十二里，呈正方形，城高11.7米，上宽5米，下阔11.7米。开四门：东曰望瀛、南曰迎薰、西曰瞻岳、北曰拱极；外有宽10米、深5米的城壕。城墙石块是用糯米和桐油粘连的，坚固异常。

他连发七信催促吴三桂

刘文秀大军来袭，阆中城内又有多少兵马可抵挡呢？

当代历史学家顾城著《南明史》援引四川巡抚李国英《李勤襄公抚督秦蜀奏议》说：顺治九年（1652）八月中旬，被刘文秀打败的吴三桂等退至绵州，接着又退到广元。临时省会阆中，只有巡按御史郝浴和总兵严自明部下的200多名士卒。

区区200多人要对付五万来敌，无异于鸡蛋碰石头，就是十个猛张飞都只能干瞪眼。

1652年夏末，惊雷过后，一场绵绵细雨漫漶在川北大地，白茫茫雾岚浸润着城内的瓦舍灰墙，落叶纷飞，雀鸟啁啾。阆中贡院也越发不平静，此时，来自四川30个县的数百名考生，正在伏案参加一场重要的乡试。

说是重要乡试有个历史背景。当时，刚在川北站稳脚跟的清政府，继续沿用中原王朝通过科举考试选拔官吏的制度，在阆中这个四川临时省府设立了贡院。这也是大清入关以来在四川的首次乡试，是安抚人心、稳定大局的重要举措。

作为四川的巡按大人，又是首任四川乡试监临，郝浴当时的主要使命就是为这次乡试保驾护航。扛着这么重的担子，他当然不想把事情搞砸了。

战马嘚嘚，旌旗猎猎，戈戟如林，烟尘漫天，沿途草木都被这雷霆之风裹挟得挺立森严。八月下旬，刘文秀大军进展顺利，收复了阆中以外的全部地区。八月底，前锋直逼阆中城下。此时，持续二十来天的阆中乡试，也进入尾声。

刘文秀大军兵临城下，扎营磨刀。贡院内的考生们慌作一团。这些各地来的学子，原本想凭科举考试来个鲤鱼跳龙门，没想到受困于插翅难飞的阆中城，弄不好还有性命之忧，一时方寸大乱，有的人披头散发捶胸顿足，有的人哭闹着要跳墙跳楼，有的人絮絮叨叨责骂家人、抱怨祖先。一时，贡院内斯文不再，人心惶惶。

为确保乡试的顺利进行，郝浴叫来川北道道台，令他严格维护考场秩序，战事再紧都不能中断考试。

死亡数万，城内几成废墟

开战后，阆中城上空箭镞横飞，火炮连天。城内的城垛砖石不断被炸裂，厮杀声中，攻守战打成一团糨糊，守城士兵一个个倒在郝浴的脚下。

后来清大学士兼礼部尚书熊赐履所撰《郝浴墓志铭》称郝浴"凭堞指挥，矢石过耳，屹不为动"，又"轻骑遍历行间，激发忠义"，使"将士踊跃，背城迎战，无不一当百"，盛赞郝浴临危不惧的大才风度。

郝浴深谙兵不厌诈之理，他吩咐四名官兵在城楼上大声喊话：大家别慌，稳住，驻陕清军驰援阆中的部队已行至半道，救兵要来了。守城官兵和贡院考生闻此消息，情绪才稍稍稳定。

郝浴当然知道，打仗这事儿不能光靠忽悠，得凭实力。他一天内发信七封，向驻守在绵阳、广元的吴三桂大军紧急求援。吴三桂明知保宁危急，却按兵不动，隔岸观火。郝浴晓之以大义，甚至明确警告："不死于贼，必死于法。"吴三桂权衡再三，不情愿地带兵驰援阆中。

这段史料在清咸丰《阆中县志·兵事》中有记载："时吴三桂为刘文秀所败，文秀前锋抵城下，浴扬言秦兵（驻汉中之清军——编注）大至，众心少安。一昼夜七檄三桂赴援，责以大义。三桂至，浴面授方略，激发忠义，士卒用命，师遂克捷。"

当时刘文秀军号称六万，除了大将张先璧率领的八千多明军，其他部队都是根据张献忠大西军改编的。而城内清军，现在算上吴三桂、李国英等残部清军，也不过四万人。

传奇的阆中保卫战打得很是血腥。

开打前，刘文秀手下的王复臣，是个头脑冷静的将军，他知晓己方兵马的缺陷，建议刘文秀从对方薄弱处发起进攻，即便不能全歼守军，也能迫使清军的残部主动逃走。之前把吴三桂撵得鸡飞狗跳的刘文秀，此时有些飘飘然了，他认为王复臣的建议是脱了裤子放屁，拒绝了。

《清史稿·郝浴传》载，九月四日午后，刘文秀亲率一万主力在阆中城北发起了进攻，同时派出一哨人马去截断清军退往陕南的道路。这样一来，困守阆中的清军只能背水一战了。

阆中城下马奔人跑，潮水般排闼而来，杀声震天。攻北门时，刘文秀的军队使用了一种攻城设备"搭天车"，这种搭天车形如现在的高凳梯子，略高于城墙，下有四轮，士兵将车推到城墙下，一侧靠在城墙，士兵一手拿刀，一手扶梯往上冲。

后世说书人在谈到这场战事时，为了增加精彩程度就杜撰说：当时，打得最激烈时，刘文秀还在阵前排开了十多头黑乎乎的大象，这些大象不是来看热闹的，而是作为毛茸茸的圣斗士矩阵出击的。之前，刘文秀和他的好兄弟李定国在岭南、广西一带作战，就让战象大打出手。说书人呷口茶道：那是一种体量极不对称的逆差抗衡，是虎式坦克对中世纪骑兵式的蹂躏：群象冲入地阵，饿虎扑食般刀枪不入，势不可当；它长长的鼻子轻轻一戳就将人卷到空中，再将人摔得粉身碎骨，巨大沉重的象蹄子踩到人身上，人儿立马成为肉饼。

但真实情况是，根本没有大象，阆中攻守战中，爬墙夺城才是重头戏。

双方激战数日打得难解难分，惨叫声、叫骂声、砍杀声和盔甲的撞击声、兵器的碰击声，在火炮硝烟的氤氲里交织在一起。城下尸体越堆越高，血腥气越来越重，血水顺着壕沟流入滔滔嘉陵江，将青绿色江水染成一片赤红。

在郝浴的建议下，守城清军将所有军旗都换成八旗军主力部队的旗帜，以增添守军的士气，同时威慑进攻者。但刘文秀的部队根本不吃那一套，连续几次攀爬攻击，都差点得手。

九月九日前后，守军开始撑不住了，城内的考生在炮火声里越发狂躁，他们誊题的手不停地颤抖，脑子不再审题，而是"审"路——活着逃出去的路。

这个时候，披着锁子甲站在城头指挥作战的吴三桂注意到，刘文秀的部队中，数张先璧的八千人马战斗力最差。吴三桂跟李国英等人商量后，由李继续守城，吴亲率麾下骁勇的关宁铁骑开门出击，突然杀入张先璧的军中。

张先璧被这突如其来的攻击杀蒙了，狼狈逃窜，途中还冲乱了友军的队形。刘文秀部陷入混乱，在清军的猛攻下全线溃退。王复臣的部队被乱军冲散，王不愿被俘受辱，自刎于江边。

混战中，刘文秀欲调战象出阵，踩退吴三桂军，但来不及了。刘文秀只好下令全军撤退。没想到，张先璧的弟弟张先轸在撤退时砍断了唯一的浮桥，让自己的部下先跑，导致大批友军无法过江，拥堵在江边，结果或被清军杀掉，或落水淹死。

刘文秀带着残部，气喘吁吁渡江而逃。九月中旬，刘文秀带着残兵败将翻山越岭逃回贵州，被怒不可遏的孙可望收回军权。

阆中这边，清军也死亡上万人，但乡试，总算圆满结束。

烈火与浓烟升腾弥漫，燃烧的房屋终于坍塌，瓦砾横陈。而贡院废墟的近旁，那棵枯树静默依旧。

阆中之战，事关天下大势

阆中保卫战之后，刚正不阿的郝浴上奏朝廷，对战前吴三桂骄纵不法、迟疑观望提出了批评。当时，吴三桂有些心虚，他想送一套新冠服给郝浴拉拢他，被拒绝。

朝廷决定惩罚不作为的清将，查办了驻广元、绵阳的清军总兵。吴三桂因身份特殊，朝廷放他一马。

吴三桂对郝浴耿耿于怀，寻机报复。顺治十一年（1654）五月，吴三桂上奏说郝浴在《保宁奏捷疏》中自称"亲冒矢石"是欺上"冒功"。刑部没怎么调查，就武断地将郝浴定为死罪，被顺治皇帝改为免死流放奉天（今沈阳）。

这一年六月，郝浴与怀有身孕的妻子王夫人辞别亲人，冒着酷暑，踏上迤逦古道。从此，郝浴流寓于奉天、铁岭，在大雪纷飞的苦寒之地度过了十九年流亡生活。

康熙十二年（1673），吴三桂反叛朝廷，郝浴奉诏复职，他对打赢平叛战争提出了许多好的建议，并奏请严禁苛征，体恤民困。康熙十九年（1680），郝浴被擢升为左佥都御史，两年后升授广西巡抚。他任封疆大吏后，抚恤百姓，革除弊政，建树颇多。

康熙二十二年（1683），郝浴卒于巡抚任上。在送他灵柩回乡的路上，沿途数千里都有官吏和百姓哭泣送别。

嘉陵江宛若一条U形彩练，不舍昼夜地呵护着阆中古城，轻溅的浪花似乎在咏叹那段离奇往事。

史家指出，发生在360多年前的阆中保卫战，是决定当时天下大势的重要战役：要是吴三桂不援救阆中而退至汉中，阆中不保，四川尽失，且不说陕西、山西将危若累卵，清朝难以挽回败局，至少对西南的开拓占领还要晚好多年；要是没有郝浴作为首任监临的挺身而出，也许那次乡试就会半途而废，清政府在四川开科取士还得推迟若干年。

当然，阆中这座闻名全国的"丝绸之城"是否能完整保留，灿烂的丝绸文化是否延续光大，难以一言蔽之。

石达开残部被打散后流落民间，其中很多人当了马帮，行走于甘洛、越西等地小相岭，成为灵关道上逶迤跋涉者中的一员。

血色黄昏大渡河

横断山脉有驰名中外的"横断六江"，从西向东依次为怒江、澜沧江、金沙江、雅砻江、大渡河、岷江。

大渡河，是"六江"中最具人文色彩的河流之一。中国近现代史上，有两起具有重要影响的历史事件就发生在大渡河畔，且在同一地方：一是1863年5月太平天国翼王石达开在此全军覆没；二是1935年5月中国工农红军在此强渡天险，打破了蒋介石要朱毛红军成为"石达开第二"的美梦。

石达开陷入灭顶之灾

石棉县城大渡河畔，有一座掩映在绿荫丛中的小亭，名"翼王亭"，翼王亭旁有一尊3米高的花岗石塑像。我看了好久才瞅出这是石达开像。可能当地人考虑到太平天国是个有争议的历史事件，没有在塑像上注明石达开的名字。

大渡河从泸定南下至此，往东一扭，逶迤东去，一路滚滚滔滔，前浪推动后浪，后浪不知所踪。很难想象，眼前这人居祥和、山清水秀之地，竟是150多年前酷烈喋血的古战场。

20世纪40年代初，石棉县文物考古部门在县内永和乡发掘出一件清代翼王碑等文物，碑文铭记了石达开兵败大渡河始末，许多细节较详尽，为中外历史学家所关注。

太平天国是中国近代史上极具血腥味的一段历史，其功过是非在学界甚至意识形态争议很大，但很多学者在聚焦石达开这一人物时，还是不同程度地竖起了大拇指。

罗尔纲、王庆成所著《太平天国》记载，太平军翼王石达开16岁"被访出山"，19岁统率千军，20岁封王，被杀时年仅33岁。他生前率军转战过大半个中国。有关他的传奇故事遍传坊间。关于石达开的才干，曾国藩曾说："查贼渠以石为最悍，其诳煽莠民，张大声势，亦以石为最谲。"

"天京内讧"后离开洪秀全的石达开，转战全国10多个省份，于1862年初经湖北进入四川，欲北渡长江夺取成都。1863年4月，屡屡受挫的石军渡过金沙江。是年5月，到达石棉县安顺场大渡河，为百年不遇的暴雨涨水所阻，抢渡不成，折戟沉沙。

这里，我们根据罗尔纲、王庆成主编的《太平天国》和王庆成《石达开》及石棉县地方志资料，试着还原一下"大渡河故事"。

1862年10月，石达开在四川宜宾的"横江大战"中损失4万主力，渐成强弩之末，只好折入石棉县安顺场，寻机进攻成都。1863年5月14日，太平军前锋到达大渡河畔。之前，他们没有什么后勤基地，基本上是打游击，一路损耗很大。

大渡河，古称峨江，发源于青海，两岸雪山绵亘。一到春夏化雪季节，千里激流倾泻而下，汹涌澎湃，势不可当。安顺场一带水势凶险，难以架桥，水寒彻骨，泅渡困难。两岸之间的交通只靠少数渡口和铁索桥维持，过去南丝之路和茶马古道的赶马人多靠溜索过江，自古以来称为天堑。

此时的太平军不足4万，已陷入绝境：北面是大渡河和清总兵唐友耕等部队，西面是松林河和土司王应天的地方武装，东面是马鞍山及土司岭承恩和越嶲营参将杨应刚的兵勇，中面的山径险路被岭承恩砍倒的古树堵塞，又有王松林的游击兵勇在箐箕湾等处堵守。

1862年5月21日早上，雨过天晴，大渡河水位略微下落。石达开挑选出5000名精锐，陆续登上几十只木船与几十只竹筏。这些人以盾牌护身，腰配利刃，手握钢矛，在一片呼啸声中破浪而去。岸上将士摇旗呼喊，擂鼓助威，声震山谷。这些破浪而来的太平军将士，都是经过万里长征身经百战的勇士，只要登上河岸，谁也挡不住他们的去路。

对岸的土司兵和清军如临大敌，不断施放枪炮。太平军虽有伤亡，仍在波涛起伏的河心奋勇前进。渡河眼见就要成功，在岸边呐喊助威的太平军将士还发出一阵阵欢呼。想不到生死存亡的关键时刻，河水突然暴涨，在滚滚而来的洪峰冲击下，渡河木船均被打翻，竹筏被冲散，渡河将士纷纷落水，没有被打翻的船筏也被急流冲走。可怜5000名精锐无一生还。

石达开又多次组织渡河战斗，均失利，伤亡惨重。由于四面楚歌，粮道断绝，仅以摘桑叶、嚼草根、杀马骡为食，甚至出现噬人肉的现象，石达开竟不能禁。

大渡河翻着黄色浪花又开始上涨，石达开怕战事拖得太久，陷于更大被动，他决定转移进攻方向，抢渡西边的松林河。松林河河面虽宽，水量不大，枯水季节行人可以涉浅过河。这几天涨水后，水石相激，一片浪花，既不能涉渡，又不能行船，只靠一座铁索桥维持。松林河对面，就是番族土司王应元的驻地。王应元听说太平军金银无数，死心蹋地充当清军帮凶，他下令所管束的四十八寨山民坚壁清野，不留一粒粮食给太平军，并强令士兵和地方团练扼守河畔。

石达开见对方人数不多，又是些"土包子"武装，决定在河口上下几里路内抢渡。这时满河都是急水漩涡，将士们手握长竹竿，三五人、七八人连在一起，互相鼓劲，共同涉水。河心藏有一道深沟，水急如箭，难以跨越,一人跌倒,相连几人也站立不稳。跌下深沟的,很快撞上乱石,粉身碎骨。结果,十之七八都冲不过那条深沟,少数过了的,冲到对岸已筋疲力尽,全被敌人刺倒。

这一天,从早上血战到傍晚,太平军依然过不了河。

石达开抬起头来,望望天边如血的夕阳,那炫目的光晕好像千万把利剑直刺他的眼睛。他的泪水流了出来。

5月23日,石达开移兵至河口以上十里的磨坊沟抢渡。这里河床较深,河面较窄,没有险滩,可以泅渡。他挑选了善于泅水的将士数百人,口衔利刃,同时泅渡。看着泅水的将士在河中迅速前进,大家都抱着极大希望。可这里的河水乃雪山水汇入,冰寒彻骨,游泡了一段时间,将士们手脚麻木不灵,浑身冰凉,转眼间被急流冲走。即使费尽力气爬上对岸,也因手脚僵硬遭敌人毒手。

石达开命人赶造几只大船,于夜间放入河道,首尾用铁环扣住,作为浮桥。但河道崎岖,船只颠簸,铁环很快被冲断。

石达开部众今何在?

几番折腾,均告失败,石达开仰天长叹:天要亡我,若之奈何。他决定舍一人全三军,投降清军。

经双方谈判,太平军自行遣散4000人,余下2000人保留武器随石达开入清营。史家分析,石达开意欲诈降,待机东山再起,当年张献忠就经常这么干,打不赢就降,活命要紧。

5月30日傍晚,石达开转身告别部众,黯然挥泪。天边夕阳失去了耀眼光芒,通红中带有深褐色,上面好像被压了块千斤重的钢板,渐渐下坠。

石达开被俘后,在成都春熙路科甲巷被清廷秘密处死。行刑时,刽子手庖丁解牛般在他身上一丝不苟地割了上千刀。这条汉子直至闭气都没哼一声，极为惨烈。今天的春熙路口竖有一块石达开遇难碑，上书一首《入川题壁》诗："大盗亦有道，诗书所不屑。黄金若粪土，肝胆硬如铁。策马渡悬崖，弯弓射胡月。人头作酒杯，饮尽仇雠血。"

据说这是石达开本人的诗作，其气韵气势都吻合，真伪难考。

石达开一行被押解成都后，四川总督骆秉章出尔反尔，决定对2000名已降太平军下毒手。6月13日一早，2000名太平军在大树堡重新编队，他们不愿被遣散回家，死活要追随石达开，此时仍由石达开心腹周宰辅指挥。半夜，骆秉章命人从四外放火，要把太平军活活烧死。太平军将士从梦中惊醒，奋起反击，但绝大多数被火枪击中毙命，只有少数人夺路杀出，仓皇逃离，流入民间。

2014年7月，我独自驾车来到乐山市金口河大峡谷，沿大渡河进入汉源县乌斯河镇。这一段奇峰突出，壁立千仞，危岩耸立，绝壁深谷，洪流滚滚，形成一道道绚丽风景。我来到大渡河畔的永和镇胜利村，这里是金口大峡谷腹地，毗邻汉源县的顺和彝族乡。横断山最大的交通动脉成昆铁路在附近穿过。

这里远离都市，看不到城市人那些复杂的眼神。随便走进一户人家，打个招呼，当地人都会投来善意的微笑。我在村里转了转，碰到一位70多岁的老人，他叫马前贵，正带着两个孙儿坐在门前剥胡豆。马大爷会讲一些西南官话（四川方言），邀请我去家里喝茶。

马前贵说，他小时候就听老辈子讲，当年石达开大军在大渡河失败后，军队被打散，许多人逃入汉源县和南边甘洛县的彝乡。因为"长毛"（时人对太平军的蔑称）身份怕被追杀，这些人十分小心，口风很严，从来不敢暴露身份。为了生计，很多男人去当了马帮和背夫，他们跋山涉水，历尽艰辛，将皮毛、麝香、药材、铁、银、铜、食盐、雄黄、鞋子与南方的筇马、缯布、象牙、燕窝、鹿茸、珠宝、玉器等进行交易。他们如一颗种子在泥土生根，走过寒暑春秋。光阴荏苒，也繁衍了自己的后代。

我找了几位上岁数的村民打听石达开后人，他们都说"有这事"，但讲不清楚具体哪家哪族是"长毛"后裔,说家谱少有记载,且年代太远。

暮色苍茫,斜阳余晖穿过林梢映入我的眼眸。一醉一醒之间,恍若已身处梦里的世外桃源。远眺河谷,郁郁葱葱的山林浮在眼前,这场景,犹如李可染笔下的朦胧山水画。千百年来,乌斯河山民们无拘无束地生活在这里,日出而作,日落而息,几乎与世隔绝。我想,如此荒僻之地,还真适合那些亡命而来的太平军余部和老弱眷属们呢。

事实上,在汉源、石棉、甘洛等地村野,一直流传着有石达开余部的说法,他们一如被吹散的蒲公英,漫无目的地落入泥土。他们隐姓埋名,聊度时日,过得十分艰难。

1995年12月,甘洛县中学教师谭黎向《四川日报》记者讲述,他为写一篇论文在做社会调查时得知:位于乌斯河、金口河一带的高山上,生活着石达开残部的后代。这些人的生活习惯和方式有些与众不同。《四川日报》记者辗转山野实地考察,发表了《大凉山:太平军后裔探秘》报道,证实了当地确有不少太平军后裔的事实,称"相当数量的人在漫长的生活和特殊的环境影响下,已成族"。

20世纪90年代初,太平天国史专家、四川省文史馆馆员史式撰文说:"过去,我们总认为石达开在大渡河畔覆败后,他的部下已被清军斩尽杀绝,他的'舍命全军'全无效果,只算白死。因清军的军报都是如此记载……我访问了不少当地群众,他们言之凿凿,证实了太平军后裔仅在石棉、越西、甘洛等地就有数千人之多。原来,清方军报是为夸功邀赏而谎报军情的。"①

一份《四川彝族近现代史调查资料选集》透露,石达开余部(包括4000人及被害2000人中的极少幸存者),在石棉、甘洛、越西三地约有上千人,还有不少移居到冕宁、越西、西昌等地。这仅仅是被遣散后留在四川地区的部分人,还有一些后来则回到了两广或江南地区,已不可考。

---

① 引自《太平天国史实考》,重庆出版社,1991年。

香港中文大学人类学系教师巫达，在《城镇与种群》调查报告中提到："甘洛县的汉族成分，有政府鼓励的移民，也有军队掩护下的军屯，还有其他突发事件流落到甘洛的汉人。"

我的作家朋友蒋蓝在他的40万字非虚构作品《踪迹史》里也记述：他曾赴石棉、汉源、甘洛等地作田野考察，听当地人讲，石达开残部被打散后流落荒野民间，十分艰辛，弄得不好就要被揪出来杀头，后来有些男人去做了赶马人，行走于甘洛、越西等地小相岭，成为灵关道上逶迤跋涉者中的一员。

英勇红军强渡大渡河

历史的迷雾，笼罩在大渡河畔的安顺场，很多时候让人难见其形。大渡河滚滚滔滔，奔流不止，如同一直絮叨着发生在这里的峥嵘往事。

我们说，大渡河是"横断六江"里极具悲情色彩的，还因为石达开折戟70多年后，中国工农红军也在安顺场遇到了麻烦，但英勇无畏的红军将士成功渡河，书写了慷慨豪迈的历史篇章。

如今的安顺场，是"5·12"地震后重建的民俗风情小镇，这里青山绿水，空气清新，风景如画。一到赶场日，整个场镇人头攒动，比城里的集市还热闹。一筐筐新鲜甜美的黄果柑摆满街巷，人们乐滋滋品尝。孩子们吃着枇杷，围着人工湖跑来跑去。作为名扬中外的"红军胜利场"，安顺场更是吸引了中外游人前去参观。

80多年前那场渡河之战的枪炮声，隐隐回荡在我的耳际。

1935年5月中旬，毛泽东、朱德率领的中国工农红军第一方面军在巧渡金沙江后，派先遣队赶到安顺场。5月25日，由红一团团长杨得志、一营营长孙继先指挥，在南岸红军强大的枪炮火力的掩护下，以17名勇士为先导，打响了红军长征途中的强渡大渡河战役。

以红一团一营二连连长熊尚林为首的红军17名勇士，在当地老百姓和船工的协助下，不顾大渡河的惊涛骇浪，冒着枪林弹雨，北渡成功，配合主力歼灭了国民党军第二十四团，占领了北岸桃子坪敌守军阵地。

当年帮助红军渡河的几位船工的照片和渡河工具，也被安顺场的红军长征纪念馆珍藏着。

安顺场红军渡

那天，我在纪念馆里看到资料介绍：1935年5月25日，红军先遣队来到安顺场后，找到了21岁的船工帅仕高，请他驾船送红军过河。帅仕高立即答应了，还找来郑有伦、减仕华、汪有伦和另外4名船工帮忙。渡河时，他们冒着对岸敌人的枪林弹雨，摸索前进，硬是用"渡河第一船"把17名勇士载向了对岸。红军占领渡口后，帅仕高又找来70多名船工，分成四班日夜摆渡，3天内把全部红军送过大渡河。红军一走，帅仕高怕遭报复，躲进深山彝寨，由于生活艰难，长期睡在地上，加之营养不良，他的右眼不幸失明了。

20世纪60年代初，安顺场修建了占地面积达200平方米的中国工农红军强渡大渡河纪念碑，碑高6.26米，采用灰色花岗石雕而成，碑林下方，是17名勇士架着翘首木船劈波斩浪强渡天险的浮雕。2002年5月，安顺场修建了中国工农红军强渡大渡河纪念馆，展厅分长征、大渡河战役、红军长征过安雅、翼王悲歌、历史评述等部分。

离开安顺场时，夕阳旁边的云霞色彩变化极多，一会儿百合色，一会儿金黄色，一会儿半紫半黄，一会儿半灰半红，只要你一眨眼，它又变成紫檀色了，变幻无穷。随着夕照的淡化消隐，大渡河也似乎失去了白日的咆哮动荡，变得格外安静。

大渡河的故事还在继续。

庄蹻（念 jué）入滇，是云贵高原开发史上的一次关键事件，其"循商贾通道"入滇路线，也为后来南方丝绸之路黔西南段的开发奠定了基础。

庄蹻：云贵高原的伟大"闯入者"

多年前我在云南光学仪器厂工作，常去昆明海埂滇池大坝游玩。大坝亲水平台上，竖立着一堵浮雕墙。浮雕墙用圆雕、高浮雕、线刻等手法，描绘了"庄蹻入滇""汉授金印""文齐治滇""凤迦异筑拓东城"这四组对云南历史有着深刻影响的历史事件。

排第一位的"庄蹻入滇"，是云贵高原开发史上一次关键事件，是中国历史上少有的大规模汉人融入少数民族的事例之一——楚顷襄王二十年（前297年）（一说楚威王时期），楚国将军庄蹻率领一支队伍到达滇池地区，意欲征服当地人归附楚国，后因归路为秦国所断，就留在云南建立了滇国。庄蹻也成了云南最早的滇王。

庄蹻入滇的线路，也是后来南方丝绸之路的重要线路之一。

庄蹻暴郢立功受宠

庄蹻是谁？他是在什么情况下率军入滇的？

庄蹻是春秋时五霸之一楚庄王的后裔，到战国末期，按其血缘关系，应属楚王室超出五世的支庶远亲。《荀子·议兵》曰："故齐之田单、楚之庄蹻、秦之卫鞅、燕之缪虮，是皆世俗之所谓善用兵者也。"《史记·西南夷列传》曰："始，楚威王时，使将军庄蹻将兵循江上，略巴、蜀、黔中以西。"称庄蹻的身份为楚国"将军"。

2000多年的岁月沙尘，早已把庄蹻入滇事件遮掩得非常模糊。有关庄蹻的身份甚至他是否入滇这一史实，也被史家争议。一种说法是，庄蹻是楚国一位农民起义军领袖，他并不是奉命入滇，而是起义失败后率残部辗转流入云南。不过，包括已故著名历史学家方国瑜在内的多数学者认为，庄蹻入滇是真实存在且影响巨大的历史事件。

庄蹻发迹，源于"庄蹻暴郢"事件（《吕氏春秋·介立》等文献说"庄蹻之暴郢也"），才有了他身份的转变，也才有了后来的楚国"敌后武工队"——庄蹻大军入滇。

楚怀王二十八年（前301），发生了著名的垂沙之战。当时，齐国联合秦、韩、魏共伐楚国，楚国大将唐昧率兵迎战。双方在沘水（河南泌阳县内）两岸对峙。半年后，联军派精锐部队深夜从楚国重兵防守的地方抢渡，楚师猝不及防，大败，唐昧被杀死。韩、魏两国分别攻占了楚国宛县和叶县以北的土地。《史记·楚世家》记载："（怀王）二十八年，秦乃与齐、韩、魏共攻楚，杀楚将唐昧，取我重丘而去。"《商君书·弱民》也曰："唐昧死于垂沙，庄发于内，楚分为五（楚地一度被割裂）。"

对战场成败，楚国搞的是一票否决制，不问过程，只看结果，谁要因怯战或失职打了败仗，把事情搞砸了，就要朝死处弄他。尽管唐昧在失利情况下拼命杀敌，手刃数十人，甲胄战袍浸满鲜血，最后倒在死人堆里，但楚国的律法不吃那一套，照样弄弄弄。

阵亡的统帅唐昧成了"国贼"，按楚《重刑令》，他的部众和家属都要受"身戮家残，去其籍，发其坟墓，暴其骨于市，男女公于官"的严厉惩罚。

唐昧自己战死已抵"身戮"，但他在郢都（楚国都城）的家人及战败将领的家人，均要遭受"去籍"惩罚。"去籍"之后，男女老少均充作官奴。此外，战败者家庭还要"发其坟墓"，也就是他们祖先的尸骨也要被暴露于郢都，后人称之"暴郢"。执行这项任务的人，就是楚国将军庄蹻（当时军衔应该不高）。

执法队长庄蹻下手很重，他带人追查战败楚军将领和士兵的责任，抓捕战败者家属，剥夺他们国人的身份，掘墓、暴尸骨于郢都，将家属充作官奴。

由于战败者人数太多，在郢都被抓捕的家属也多，掘出的坟墓五花八门，暴露在街头的尸骨更是一片狼藉。庄蹻搞出这么大的动静，自然引起战败者家属的反抗，一反抗又遭镇压，最后还发生了自相残杀、"脆弱者拜请以避死"的惨剧。

不管舆论如何，庄蹻因"暴郢"立功，被提升为更高级别的将军，一下成了网红，成了楚王手下的得力干将。此段史实表述，见南通大学文学院教授许富宏论文《"庄蹻暴郢"考》。

归楚受阻在滇称王

后来楚国又和秦国发生了几次战争，均落下风。公元前316年，秦惠文王派大将司马错率兵南下灭了巴蜀。司马错是秦国重要的将领，也是一位颇有战略眼光的人物。秦国攻占巴蜀后，除了获得天府之国的后勤大后方，对"眼中钉"、六国中最强的楚国也有了地缘窥视。

其时，秦国已完全控制了蜀及巴僰（四川宜宾）地区。而楚国向西夺取了巴涪水（延水，今乌江）、江水（长江）交汇处的巴国故都枳（今重庆涪陵），兵锋直逼阳关（今重庆长寿），"巴至江州（今重庆）迁避垫江（今重庆合川）"。两国大军又杠上了。

楚顷襄王知道秦国不会有好果子给他吃，暂不正面和秦对决，派出了敌后武工队——庄蹻大军，远征入滇开辟伐秦根据地，相当于古代版"挺进大别山"。

历史文化学者、西南民族大学教授祁和晖女士对这一史实解读道：
楚顷襄王二十年（前297）前后，庄蹻奉楚王之命，率军通过楚国黔中
地区（今湖南、湖北、重庆、贵州四地交界区域）向西南进发，越且兰
（今贵州省中部）、攻夜郎（今贵州省西部、北部，云南省东北、四川南
部），进入云贵（今昆明滇池附近）。庄蹻替楚国扩大疆域后，欲归楚复
报王命，其时秦国已夺取楚国黔中之地设郡，封闭了黔滇通道。庄蹻归
路被阻，只好返回滇中，"变服从俗"而"王滇"。

庄蹻完成"扩大疆域"的战果后，如一只断线的风筝回不去了，只
好留在云南，建立州县作为反秦根据地，所率军队也融入当地民族中。
庄蹻下令，改变服装，更改风俗，长久定居。《史记·西南夷列传》曰：
"（庄蹻）以其众王滇，变服从其俗以长之。"

庄蹻建立的滇国政权，都城在今昆明西南方向的晋宁区。庄蹻之前
是否有滇王存在，无从考证。滇国在云南历史上约存在500年，消失于东
汉初年。

庄蹻入滇后，建立了相对强势的王权，他们开发骡马、大象市场，
还一度和缅甸、印度、越南等国进行商贸往来。

《太平寰宇记》载，庄蹻入滇"士卒二万"，这可能有些夸大，但从
《史记》所言"以兵威定，属楚"判断，庄蹻带去的士卒不会很少，战斗
力也不差。

这段时间我在收集、考据庄蹻入滇史实时，发现很多史家忽略了一
个重要细节：庄蹻大军在穿越险象环生的横断山脉时，是如何应对途中
困难的？

历史地理学家、复旦大学教授葛剑雄对当时条件下庄蹻入滇做过
"成本核算"，应该符合物理逻辑。

2018年11月2日，葛剑雄在云南大学作了题为《丝绸之路与西南历
史交通地理》的学术演讲。他指出，战国末期交通条件下，进入西南地
区的消耗是个大问题，若按100名军队和随员计算，他们每人得准备2匹

马。沿途没有后勤保障，他们要带上自己生存、生活所必需的粮食、饲料、衣物、卧具、炊具等，有时连水都得带上。若庄蹻入滇人数真是2万呢，其消耗之大、困难之多无法想象。这种情况下，无论是人还是牲口，负载率都是很大的。交通工具也是个问题。中国自古有"南船北马"之说，南方河流多，水量充足，航运方便，北方没有河流或只有水量少的河、季节性的河，只能用马。横断山脉地质结构复杂，沿途河流险滩、悬崖峭壁、沟壑坑洞无处不有，光靠马儿这种单一交通工具是不够的，人力畜力都要考虑到。再就是地段，有些马儿适合骑或奔跑，有些马儿则适合拉车，适合负载。总而言之，真正是"横断山，路难行"。

是的，自古以来，云贵高原，处处壁立千仞、激流险滩、高岭大峡，不时有豺狼虎豹出入，天气更是说变就变，没准儿早晨还晴空万里、丽日当空，晚上就电闪雷鸣、暴雨冰雹。无法想象，庄蹻入滇大军栉风沐雨，跋山涉水，逢山开道，遇水搭桥，还要对付山匪的骚扰，也真够忙乎的。

"夜郎自大" 历史误会

我国的文明发展史上，中华大地上的各民族经过诞育、分化和交融，不仅汉族吸收、容纳了大量其他民族的成分，同时各少数民族也吸收、容纳了包括汉族在内的其他民族的成分。这一历史进程，壮大了中华民族共同体，形成了我国各民族你中有我、我中有你、谁也离不开谁的多元一体格局。

作为古代南方丝绸之路的出境中转站，云南在庄蹻入滇前是个什么状态呢？

云南地处边疆，气候和地理环境得天独厚，在这块土地上孕育了中国大地上最早的人类——元谋人；元谋人比北京人要早差不多100万年。春秋战国时期，一个部落性质的夜郎国，地盘最为显赫。

夜郎国，其实不是一个国家，而是西汉初期汉王朝封赐给南夷地区的"县级侯"。司马迁《史记·汉兴以来诸侯年表》记载："于汉，诸侯稍微，大国不过十余城，小侯不过数十里；上足以奉贡职，下足以供养祭祀。"班固《汉书·百官公卿表》中也有定论："列侯所食县曰'国'。"从地域看，这个"县团级"算是个太平洋警察。

四川大学历史文化学院教授彭邦本考证，夜郎国主要在黔南一带，也包括黔西北部分地区，而其两翼所及可能包括云南东部、广西西部的一些地方。因主要位于黔南，离秦汉之际强盛的南越国近，史载夜郎国一度遭受南越国役属，可见两国之间必有道路相通。

贵州师范大学国际旅游文化学院教师吴晓秋说得具体些，他认为，夜郎国包括今贵州全境、云南东北部、广西西北部及川南边缘一带；涉及云南东北部的，有今昭通地区的镇雄、威信、彝良、盐津、鲁甸、大关及曲靖地区的沾益、富源、宣威、罗平、陆良、会泽等市县。①

当时，构成夜郎国主体民族的夷、濮、越三大族系，及稍后进入夜郎境内的苗瑶族系，在封闭式生活圈子里繁衍了一代又一代人，他们日出而作，日落而息，自给自足，独守宁静，极少变化。

成语"夜郎自大"虽是历史的误会，却也表明夜郎国囿于地理环境影响，信息极为闭塞的事实。

夜郎国在历史上消失得十分神秘。

方国瑜教授等认为，夜郎国很可能是在庄蹻入滇时被征服了的，他们的军队远不如庄蹻楚军训练有素。也有专家指出，夜郎国灭于西汉元鼎六年（前111），按汉朝制度，县级侯王其实是个虚衔，无权参与地方政务，侯王们的职权受到限制，心头不舒服，于是出现了元鼎六年黄河水灾、国家困难之际，西南邛、笮、且兰和夜郎等县级侯王的反叛事件，致使汉武帝一气之下将他们的虚衔封国全部废除了，故司马迁说："汉诛

---

① 引自《滇黔古代交通要道考》，《贵州大学学报》2011年9月。

西、南夷，国多灭。"①

当初楚王令庄蹻带人进入云贵高原，除了开展对秦迂回作战，北入蜀境，包抄秦军，还有一个重要原因：云南多金矿和铜矿。

韩非子曾说："荆南之地，丽水之中生金。人多窃采金。采金之禁，得而辄辜磔于市，甚众，壅离其水也，而人窃金不止。"②丽水即金沙江。此外沅水上游的清水江流域、牂牁江流域等地，也盛产黄金。

庄蹻带着他的楚国军队进入云南后，一度大量开采云贵高原的黄金，寻找机会运回故国，这使得原先占有荆楚一带并不产金的楚国，成了战国时代最早盛产金币的国家，府库充盈，也暂时有了和秦国抗衡的本钱。

庄蹻入滇影响重大

"庄蹻入滇"是怎么被记载下来的呢？这得感谢一个人：司马迁。

公元前11年，汉武帝经营西南夷地区（今云南、贵州、四川西南部），司马迁"奉使西征巴蜀以南，南略邛（今四川西昌一带）、筰（今四川大渡河、雅砻江流域）、昆明（今滇西地区）"③。

司马迁渡过大渡河后，到达川滇边境的金沙江边。庄蹻入滇的事迹，才被这位大史学家发现，即刻引起他的重视，也第一次载入《史记·西南夷列传》："庄蹻者，故楚庄王苗裔也。蹻到滇池，方三百里，旁平地，肥饶数千里。以兵威定，属楚。"

庄蹻入滇，拉开了古代云贵高原开发序幕，意义重大。

当时，楚人大量涌入西南，打破了西南地区的封闭状态，带去了较先进的文化和科技。当时的黔滇一带，正处于人类青铜文化鼎盛时期，

①引自《史记·西南夷列传》。

②引自《韩非子》五十五篇。

③引自《史记·太史公自序》。

而楚国已经进入铁器时代，庄蹻入滇不到100年的时间里，黔滇地区就进入了铁器时代。

著名历史学家方国瑜曾经指出："开通中印文化交流，始于公元前四世纪中叶以前。是时，西南各族社会、经济文化已有一定基础，而由于楚、蜀商人的活动受到更多的影响……楚将庄蹻率兵至滇，即循商贾通道而来。"[①]

云南大学民族考古研究中心主任李昆声教授说："抛开艺术成就的因素，当时的楚文化应比滇文化先进。至少，楚人穿鞋子，而滇人打赤脚。"[②]

云南出土的古代滇人墓中，发现了较明显的楚人特征。20世纪70年代末到80年代初，云南考古工作者在云南清水江流域发现了不少春秋晚期的楚墓及剑、矛、钺、戈、铲等楚文化遗物。至于云南一带出土的大量青铜器，如戈、矛、弩机、镞、斧、锄、凿、镈等，更与楚地出土文物的型制大体相同或相似，明显带有楚文化的印记。这也间接考证了庄蹻入滇的真实性。

庄蹻入滇，对西南地区的历史影响是巨大的，也因"循商贾通道"对后来南方丝绸之路的开掘，奠定了互动基础。

当年，庄蹻大军由且兰（安顺宁谷）经夜郎入滇之路径，即由安顺经贞丰、兴仁、普安，西出盘县入滇。此条线路，正是巴、楚商贾与西南夷物资交流通道的重要组成部分，而后来开掘的南方丝绸之路黔西南段，也是在此基础上发展而来的。

汉武帝开发西南夷时，越来越多的巴蜀商人将珍贵的铁器、蜀丝、织品及巴蜀土特产运到云南，又将"西南夷"地区的土特产如笮马、髦牛甚至僰僮（工奴）运入，巴蜀土特产沿此商道经云南最远贩入身毒、

①引自《从秦楚争霸看庄蹻开滇》，《思想战线》1957年第5期。

②引自《大理城史话》，云南人民出版社，1980年，53页。

大夏等地；身毒、大夏各种宝物也沿这条商道输入巴蜀，再远销中原。

元朝在云南广置驿传邮政，复通了南至海上道的全程，还在永昌至江头城一线设置了驿站。1287年前后，马可·波罗出使缅国，经过中国大理、开远等地时，称"多售之印度人，而为一种极盛之贸易"。景东土司曾一次向元代朝廷贡象500头、驯象师数百人。楚雄至今有观象街，即因元朝时万人空巷、出现庞大象队经过而得名。这些，都跟庄蹻开滇有一定的历史渊源。

明代，大批汉族移民进入云南，他们对当地各兄弟民族历史发展所起的作用更加显著。这种情况下，庄蹻开滇的历史功绩，更是引起人们的关注缅怀。

今天，"庄蹻入滇"在滇池大坝被作为民族团结象征而竖立起丰碑，这是感恩的云南人对这位伟大"闯入者"的致敬。

这台火车一定是太累了，生病了，跑不动了，才有现在搁置荒野的归宿，就像一个人年华老去机能衰竭，也该有另一番生命宿地。

花载亲人上高山

2020年7月，成昆铁路迎来了50岁生日。贯穿横断山脉东部腹地的千里成昆线，承载了几代人的光荣与梦想，也带着对无数建设者英雄的礼赞之歌，传唱于岁月的万水千山……

一

贵哥：你好。

外出十多天，才回村子。宿舍里一片地老天荒，书桌椅子积满灰尘，蜘蛛在床边织了个黑灯笼儿，"闺房"变成鬼房。前几天下了场暴雨，塌方和滑坡几乎让邮递员老黄失业。昨儿一早，我在村口榕树下看到那顶熟悉的牛毡帽，就知道雨后彩虹降临——嗯，很高兴又收到你的来信。

那天看新闻，攀枝花至昆明的6161次列车，因水电站建设当天跑完最后一班。今后，成昆铁路复线将承担此段新的历史使命。那几天，沿途四个车站的居民很不舍地赶乘"末班车"，为这个来回服务了近50年的老朋友送行。我注意到，那一天是2020年5月26号。

好事儿呀，我却有些瞎惆怅。咱这山旮旯儿会不会也因火车改道而冷清。当然，我只是个来支教的过客，这儿不是我的家乡。时常，寂寥像虫子般撕咬着我的心。夜晚，天空悬挂的明月和成昆线驶过的火车，才让我感受到这个世界的真实。月光在山岭洒下影影绰绰的银霜，夜莺在半空悬停一会儿又飞向远方。我每每从江涛声里捞出火车的长鸣，就忍不住眯眼聆听，那真是世界上最好听的声音。今后听不到了，这儿的人会习惯吗？

说说我支教的地方吧。这儿是横断山脉沙鲁里山南麓的一个小山村，周围全是崇山峻岭。广西有个十万大山，我觉得这里的大山怕不止十万座呢。一到雨季，滑坡、泥石流、崩塌、水毁、路基沉陷，各种麻烦。那样的日子，村民们无法再像平时一样赶着猪羊、背着玉米土豆去赶集。村子只有一条2米来宽的砂石公路，那是通往山外的唯一通道，再转几个弯就到了山脚下的成昆线站点。

这儿原是个木材集散地，大片大片的木材被老板临时搭建成木房子，远远望去，极像杰克·伦敦笔下淘金时代那些冒险家建立的西部小镇，当地人也像是19世纪美国西部小镇的居民，耕耘、打鱼、喝酒、闲聊、晒太阳。男人越是烂醉如泥，女人越觉他是男子汉，笑嘻嘻背他回家洗脸洗脚。村民对我这个"乡村女教师"挺友好，隔三岔五让孩子们捎来些苦荞粑、坨坨肉、手抓羊排、血大肠。周末清晨，总有早起的鸟儿在窗前啁啾："你不吃我吃你不吃我吃！"我晓得窗台又有好吃的搁那儿啦。我去年刚来时，有个阿婆看我穿着洞洞牛仔裤，竟拿出100块钱要我去买条新裤子。

一天黄昏，我走在回寝室的路上，风景很美，天边燃烧起鱼鳞般的彤云，犹如德拉克罗瓦层层刷上去的笔触。忽然，一条小蛇在我脚下的草丛嗖嗖溜来，吓得我面如土灰，长发狂舞。前面有个穿对襟窄袖上衣、披擦尔瓦（即斗篷），牵一匹黑骏马的男人，他笑着跑过来踢开了蛇。这彝族男人太帅了，我想咱靓妹儿一枚呢，哥哥你敢像《勒俄特依》里的武士一把拽我上马，扬鞭拍马一气儿跑到天边吗……呵呵，小女子闷骚了吧，开个玩笑。

我来这儿近一年了，习惯了每天花十分钟徜徉在上课的路上，习惯了放学后跟娃娃们打打球跳跳绳，也习惯了闲暇时给你写点什么。对了，咱俩还是按约定不用手机、不用微信哈，就写信。也算是网络化时代大漠里，留在我心头的一片绿洲，在这片绿洲里我可以看得更远些。

拂春，×年×月×日大凉山

二

拂春：你好。

收到你的来信很高心。谢谢你推荐的严歌苓小说《床畔》，我几乎是一口气看完，心头有点堵，晚上十点过，我走到锦江边找了家茶馆，坐在吱吱嘎嘎叫的竹椅上发呆。竹椅吱嘎声，比起铁路轮子碾过轨道的声音难听多了。迷糊中，我觉得竹椅变成了一只竹筏儿，顺着浮光跃金的锦江漂到了浊浪排空的金沙江。

如你所说，《床畔》不只讲了个美女救英雄的故事，当然故事本身也精彩：在小城的部队医院，护士万红受命护理一位在修铁路时为救战友而负伤成了植物人的张连长。出于对这位俊朗英雄的怜爱和职业使然，万红发现张的脉搏还有微弱体征。当周围人把"死"了的张连长当成累赘，当医生把他坏死的食指不打麻药直接锯掉，当张妻公开用丈夫的津贴去跟锅炉师傅姘居，万红开始了倾其半生的"战争"——独自照护病人。几年后，仍没苏醒的张连长由他的家人拿钱走人，当万红翻山越岭赶到张家时，见到的却是他的遗体。后来，美女护士一直没结婚，日渐憔悴，脱下军帽满头白发……

严歌苓把这个故事放在四十多年前修建成昆铁路的背景下，无疑具有厚重的年代缅怀感。我大学毕业后在昆明工作过一年，曾多次乘坐成昆线列车，体验过火车不是"钻"就是"飞"的感觉。那一座座凌驾于横断山高岭大峡之间的大桥，犹如腾空的索道，火车外边就是万丈深渊。

窗外的火车头，总是吐着火星沉重喘气，带着巨大的轰隆声风驰电掣般冲过去，机车喷出一团团白雾，罩住了路边山岗丘陵的树丛和荆棘……

有人形容，修建成昆铁路，是中国军人在和平年代付出最大伤亡的一场战争，铁轨下平均每隔500米就有一名捐躯的铁道兵战士。

拂春，2020年7月是成昆铁路修建50周年，我想，这个时候你让我读《床畔》是在告诉我，该祭奠一下当年为修路付出生命代价的英雄们吗？是的，我以自己的经历也不会忘记他们。这一点后面再谈。

6161次绿皮火车告别历史轨迹的新闻，也引起我的注意。我的大学同学、在攀枝花工作的蒋崇平先生说，6161次列车最后碾过攀西大地时发出了重重回响，当那趟绿皮车永别攀枝花站时，人头攒动，场景绚烂而热烈，天上一道猩红色光束恰好斜照在车尾，暖暖地推送着列车出站，几十只白鸽扑腾着翅膀盘旋在上空，陪着列车飞了好一阵儿。周围的人们争相拿出手机，定格这一历史性时刻。

我曾在攀枝花三线建设博物馆看到资料，全长1096公里的成昆线，是横断山东部最强劲的交通大动脉，1958年开工后，多次停工再复工，1970年7月1日全线竣工运营；成昆铁路设计难度之大和工程之艰巨，前所未有，沿线山势陡峭，奇峰耸立，深涧密布，沟壑纵横，地形和地质极为复杂，素有"地质博物馆"之称。

我自小生长在"听惯了艄公的号子，看惯了船上的白帆"的长江三峡，但对铁路有种莫名其妙的膜拜。2012年夏天，我去西昌南边一小城采访，那天漫步在荒野，看到一列废弃的火车，车身锈迹斑斑，腐蚀不堪。轨道、枕木、铆钉、碎石、轨道边的杂草有一人多高，废弃的站台也长满苘麻、蓬蒿、虎尾草、白茅、马齿苋等野草。

我想，这趟火车一定是太累了，生病了，跑不动了，才有了现在的归宿，就像一个人年华老去机能衰竭，也该有另一番生命质感。今天，在一代代建设者艰难摸索、付出巨大牺牲的肩膀上，中国的列车尤其是高铁建设飞速发展，遍布华夏大地。

夕照荒野，万物沉寂，我以长久的注目礼向那台废弃火车致敬。

贵哥，×年×月×日成都

三

拂春：你好。

在大凉山支教很辛苦、很忙碌是吧！无论如何，我支持你，这是在做善事。从善这种事，我讲不出什么大道理，布尔沃·利顺说过："如果说美貌是推荐信，那么善良就是信用卡。"任何生活阅历的积累，无论挫折还是成功（成功有标准吗？），都会让人活得更智慧。加油，美女。

接上次话题，给你聊聊另一个故事吧。

2013年金秋，我和一群摄友去金口河大峡谷拍枫叶。那个地方位于横断山脉邛崃山南麓，大渡河由西流经此地，山势忽然陡峭，江水咆哮刺耳。金口河到乌斯河这段路，大渡河、公路、铁路三者久久相伴，只

金口河大峡谷

有到关村坝的铁路是走捷径从隧道穿过去的。据说当年建设者用388吨炸药夷平山头，填平两个深谷，造就了这个隧道内车站，故人们称关村坝车站是"一炮炸出来的火车站"。

用过午餐，我们又爬上双金公路附近一山冈，这儿基本可以俯瞰大片峡谷。有人在一片矮树丛和荆棘下面，看到四五块并立的墓碑，拔掉蓬蒿，抹去其中一块碑上的地衣青苔，现出几个模糊的字儿："朱昌福（1949—1968），中国人民解放军铁道兵×团×营×连战士，牺牲于成昆铁路建设……"

朋友老梁呆呆地望着那几块墓碑，怔了好一会儿，突然跪在地上恸哭起来。大伙儿面面相觑。

下山时，老梁湿湿的眼眶比天上晚霞还红。他告诉我，他老家在汉源县乌斯河镇，那儿是成昆铁路一个站点，他读初中时经常听在林场工作的父亲讲，20世纪50年代中期的一天，有两名外地的勘探队员来乌斯河—金口河勘察地形，两人想赶在天黑前实地校核好测量数据，没有及时回营地。那一年冬季特别奇怪，头一天就纷纷扬扬下起大雪来，碎银般的雪花儿挂满树枝草尖，白茫茫覆盖大地，连农家的狗儿都冻得直呷舌头。下午，风雪越来越烈，天色越来越暗，两人因指南针失灵迷了路，很快，黑夜的翅膀死神般铺开降临……几天后，有人在山林里发现两尊抱在一起的惨白雕塑，遗体中间是装着地质资料的牛皮公文包，地上有十几根没划燃的火柴棍儿。

老梁说，当年那两位勘探叔叔是为了帮他家乡修铁路，才将宝贵生命留在异乡荒野的。后来老梁每次上山，在丛林里找到那两座墓碑，都黯然难言。今天在金口河看到那些墓碑，忽然想起往事。

再说说我舅舅的故事吧，虽然这跟横断山扯不上直接关系。舅舅是个乡村邮递员，近30个春秋，他几乎每天一个人挑着邮件，往返于大巴山的羊肠小道。山野空旷寂寥，走好几里路都看不到人影。我不知道没有月亮的晚上他是如何走出黑暗的，打雷下雨的日子他是如何瑟缩在山洞嚼干粮的。舅舅死的那一年，我站在他喝过水的大宁河畔，伴着呜咽浪涛祭奠我的亲人。天上乌云翻滚，很快下起暴雨，那是浸泡一座小城的泪水吗？

这些年我很少回大巴山，但一想起《芳华》片尾韩红唱的那句"花载亲人上高山，顶天立地迎彩霞"，就心如刀割。是的，花载亲人上高山。我想，年年月月，山冈上舅舅的坟墓前，一定有一簇簇斑种草、黄芪、刺儿菜、蛇莓、马蔺、砂引草、马齿苋簇拥着他的亡灵，缓缓走向天堂……

舅舅生前说，我这30多年一直在山里走啊走的，啥时火车能修到咱山沟该多好啊，咱就不用天天挑个邮包一颠一颠翻山越岭了。

舅舅如果泉下有知，我会告诉他，家乡5年前就通了高速公路，再过几年高铁也会热热闹闹跑去祭奠他呢。

贵哥×年×月×日成都

四

贵哥：你好。

每次读你的信都很开心，但读了两位勘探人员和你舅舅的故事，喉头哽住了，想哭。我被大学男友甩了都没这么难过过，以前是为一个人难过，现在是为一群人难过。

我想，无论在横断山还是大巴山，无论是铁道兵官兵还是普通老百姓，无数人总是怀揣理想，去做了自己该做的事。这是使命也是宿命。千里成昆线，承载了几代人的光荣与梦想，它带着对无数建设者英雄的礼赞之歌，传唱于岁月的万水千山。今后我有了自己的孩子，也会让他听到这首歌的。

是的，"花载亲人上高山"，我也喜欢韩红在《芳华》片尾唱的那歌儿，算是告慰无名英雄们的在天之灵吧。愿他们安息。

忘了告诉你，前一阵儿，我又出门了。

上次说过，我支教的地方是沙鲁里山脉东南侧大凉山一个彝族村落。这里风景优美，空气清新，植物和野生动物多得数不过来，它们共同组成一个宏大的世界，生命气息在这里蓬勃漫漶。

半个月前，村里来了几位北京的植物学家。他们是来考察沙鲁里山植物资源的。我一阵瞎激动，琢磨眼下正是暑假，就拉住考察队两位姐姐的手儿说我想跟着去开开眼界，说我可以做饭洗菜洗碗搭帐篷，总之蛮乖的。我从她俩清澈的眸子里瞅到一个女孩的娇俏劲儿（瞧，嘚瑟吧）。可能想到我一外地人也孤独，她俩答应去给队长说说，让我先跟县教育局备个案。

朝霞满天的清晨，考察队扛着摄像机和行李包出发了，我跟在俩姐姐的后面，像只忠实而警惕的狗儿。沿着金沙江河谷来到一座小山峦，再顺着一条缺了石梯的古道——听说以前叫灵关道——爬上去，看到一片原始森林。林子里，一棵棵老树凭借四五十米高的树干撑起伞盖般的枝叶儿，覆盖了林子上方的天空。五颜六色的银杏、福建柏、红豆杉杏、半枫荷、松柏、桉树、杨树撑开大片绿荫。最奇的是绞杀榕，一种典型的"过河拆桥"榕树：最初它的种子被动物或风儿送到其他树（寄主树）上，长大后反客为主，凭强悍的养分吸收力，把寄主树活活包抄、榨干、绞杀。还有一种四数木"树爷爷"，三面树干，遒劲粗壮，大得吓人，估计十个姚明都抱不下它呢。

两位姐姐说，大西南横断山脉是个很纯净的植物王国，孕育了超过12000种高等植物，占全国总数的1/3，自然风景在国内也是数一数二。

再往上走，穿过一段针叶林，豁然开朗，石滩、溪流、草地、蓝天、白云，形成一条仙境般的画廊。这儿海拔应该在2800米左右。因长了很多树，大伙都没出现高原反应。很快，你知道我看到了什么？动物，哈哈，我一辈子没见过的珍奇动物。在姐姐们的轻声讲解下，我借助望远镜看到好多两栖、爬行动物，它们像是要在一个舞台等待表演似的。当然，舞台是移动的，靠我们的脚步移动。

丛林中，可爱的家伙一个个上场。我看到一只外表金黄的双斑树蛙，惊奇地望向我们；一对颜色深绿的贡山树蛙躲在枝杈之间抱对儿，自得其乐地繁衍后代。哈哈，都来了，用白色装点尾羽的白腹锦鸡、从树冠上呼啸而过的凶猛捕食者林雕、长着两缕白色"胡须"的橙额鸦雀、腹部金黄有一对"大长腿"的金色林鸲、眼神"凶狠"体态呆萌的东方角鸮、端坐在树枝上露出白眼圈的菲氏叶猴、黑色"眉毛"在两端上翘形成两个"麦穗"的戴帽叶猴……它们在树枝上、岩石中、溪流间跳来跳去，一眨眼就不见了，过不多久又蹦跳在你的面前。

奇怪的是，这些动物一点不惧怕山下成昆线火车不时响起的疾驶声，就像你写的可可西里藏羚羊不惧怕青藏铁路一样。人与动物本应和谐相处。埃尔伯特·士威兹说过：只有当人类可以慈悲关怀一切生灵，才可以真正体会安宁。

我想，如果没有成昆铁路，咱普通老百姓哪有机会看到这些珍奇动物呀？

贵哥，我知道这些年你在关注古道文化。事实上，我也是个资深驴友，读中学时就常和同学跑出去徒步，一走两三天，妈妈哭着找警察。我也知道，随着交通便捷、旅游开发、山民聚居以及人为破坏等因素，越来越多类似南丝之路、茶马驿道、古盐道的历史遗迹正在消失，想来真可惜。

我有时还瞎琢磨，那些留存于驿道的骡马蹄印儿，潜藏着怎样深邃的文化符号？交通功能不再的古代驿道，对民族之间的物质文化交流和民族团结有过怎样的贡献？挖掘这些文化宝藏对现代文明建设又有怎样的融合促进作用？……

太深奥了，我说不清楚，希望你能找出些答案。加油贵哥。期待你再来大凉山采风，届时我去火车站接你。会有那么一天吗？

拂春，×年×月×日大凉山

为了渡过黄河，他们卸下骆驼和马匹身上的重物，改由羊皮筏子装运。羊皮筏子由十几个气鼓鼓的山羊皮"浑脱"制成。

跟着古诗走"丝路"

很早以前，古丝绸之路对我就是个梦想之地。

那时想象中的古丝绸之路，总和那些荡气回肠的古代边塞诗连在一起，"大漠孤烟直，长河落日圆""黄河远上白云间，一片孤城万仞山""劝君更尽一杯酒，西出阳关无故人"……边塞诗呈现出的激情与浪漫，雄奇与高远，一次次照亮我的逐梦之旅。

这些年，我曾两次去新疆乌鲁木齐以东的古丝绸之路行摄采风。无垠的沙漠，浩瀚的戈壁，险阻的山脉，雄奇的边关，无数次让我带着诗意的张狂，随着脑海里的辚辚商队，去往大漠远方、戈壁尽头、关隘深处……

西安：万里"丝路"恢宏起点

走马西来欲到天，辞家见月两回圆。今夜未知何处宿，平沙莽莽绝人烟。

——唐·岑参《碛中作》

古代丝绸之路起点是中国的长安。长安是汉朝和唐朝的国都，当时各地丝绸和其他商品在那里集中，再由各国商人把一捆捆的生丝绸缎，用油漆麻布和皮革装好，然后浩浩荡荡组成商队，踏上"今夜未知何处宿"的漫漫西行之路。

我的两次"丝路寻访之旅"主要是由东到西，前后历时半月。第一站，当然是古都西安。

2014年盛夏，西安城异常燥热。在玉祥门大庆路，我看到一组丝绸之路群雕，它刻画的是跋涉于丝绸之路上的一队骆驼商旅，迤逦向前。商旅的目光憧憬着遥远的未来，他们中有大唐汉人，有高鼻深目的波斯人，有边关将士……浅褐色花岗岩石料古朴典雅，虽仅仅刻画出几个人的形象，但意境浑然一体，将丝绸之路"平沙莽莽绝人烟"的苍凉意向表现出来。

古丝绸之路的开拓者，是西汉时期伟大的探险家张骞。公元前139年起，张骞不畏艰险，两次出使西域，九死一生，开拓了丝绸之路，他也被称为中国走向世界的第一人。

西安古城，有太多古丝绸之路的历史遗珠，随便用想象力捡起一颗，也能触摸到它闪烁晶亮的文明之光、历史之光。

麦积山：云中的"东方雕塑馆"

乱水通人过，悬崖置屋牢。上方重阁晚，百里见秋毫。

——唐·杜甫《山寺》

离开西安后，我乘坐K119次列车来到甘肃天水市。起初，我不知道天水跟丝绸之路有什么关系，而是奔着这个城市"六出祁山""失街亭"的三国战场遗址去的。后来从当地档案馆了解到，天水原来是古丝绸之路东段的重镇，天水东南50公里处的麦积山石窟，是印度佛教文化在陇东的落地生根之处，也是古代商旅驻足祈福的宝地。

那天是个周末，艳阳高照，去麦积山的人特别多，如蚁的人群密密麻麻"粘"在麦积山栈道上，走几步歇口气，慢慢挨着上行。我汗流浃背地被汹汹人流推着沿梯而上，又沿梯而下，脚步丈量着不知是多少层的台阶。

攀爬两小时，才登上凌空栈道的最高处，心跳不止。是的，麦积山石窟以险峻的奇姿、凌空的栈道、巧夺天工的窟龛，被誉为"东方雕塑馆"。山峰的西南面为悬崖峭壁，石窟就开凿在峭壁上，有的距山基二三十米，有的达七八十米。在如此陡峻的悬崖上开凿成百上千的洞窟和佛像，在中国的石窟中是罕见的。

当地群众中还流传着"砍完南山柴，修起麦积崖""先有万丈柴，后有麦积崖"的谚语。可见当时开凿洞窟，修建栈道工程之艰巨、宏大。又细看，洞窟中的塑像、壁画，都生动地描绘了古丝绸商队跋涉在大漠中的情景。

沙坡头：大漠孤烟直，长河落日圆

大漠孤烟直，长河落日圆。萧关逢侯骑，都护在燕然。

——唐·王维《使至塞上》

"塞上江南"宁夏，自古是东西方交通枢纽。古丝绸之路以西安为起点，其中一条线路就是从宁夏固原进入甘肃中卫，去往西域。

位于中卫市郊的沙坡头，是唐代诗人王维写下"大漠孤烟直，长河落日圆"名句的地方。漫步在浩瀚无垠的腾格里沙漠，沙海茫茫、金涛起伏，空旷的原野沉寂无声。远看，浊流滚滚的九曲黄河，在这里形成一个宽2000米、高200米、倾斜60度的大沙坡。许多孩子在家长的陪伴下，从高坡坐着滑车梭下来，他们顽皮的笑声划破天空的寂静。

唐代诗人王维在沙坡头写下"大漠孤烟直，长河落日圆"

落日余晖下的沙坡头，到处是漂流在黄河上的羊皮筏子，上面载运着一拨拨游客。这种羊皮筏子在甘肃、宁夏是一种使用广泛的水上交通工具。史载，丝路商队来到这里后，面对汹涌大河，需临时渡到黄河对

黄河上的羊皮筏子

岸，商人们便卸下骆驼和马匹身上的重物，改由羊皮筏子装运。羊皮筏子由十几个气鼓鼓的山羊皮"浑脱"制成，最大的羊皮筏子由600多只羊皮袋扎成。

沙坡头对面，就是著名的腾格里沙漠。我去时已是傍晚，残阳似乎是被鲜血浸染过的，看上去有些瘆人，连绵沙漠犹如凝固了的黄河波涛，一层一层缓缓荡向天际，在金黄色余晖的照射下凸显一道道美妙的曲线。

远处，我看到一支旅游驼队悠然穿行，在沙漠上拖下长长的影子。这让茫茫沙漠有了些生机。很快，天色暗下来。我沿着沙丘栈道走出景区大门，在路边等了20分钟，好不容易拦到一辆回中卫的面包车。

祁连山：霍去病突袭匈奴之地

失我祁连山，使我六畜不蕃息；失我焉支山，使我嫁妇无颜色。

——古匈奴民谣

我第二次寻访古丝绸之路，是2015年后的夏天，从甘肃张掖市经祁连山脉南下辗转去青海，再转道去宁夏。祁连山脉南依青藏高原，北俯河西走廊，一直是远涉流沙、往来东西的丝路商队的重要过道和水源地。

位于甘肃省西北部、河西走廊中段的张掖市，是任何驴友都不会忽略的地方。张掖的大佛寺、木塔寺、镇远楼以及邻县的马蹄寺、山丹军马场、新河驿以及丹霞地貌等，都是很吸引人的地方，也是当年北方丝绸之路的驿站。

离开张掖南下青海，途经祁连山下的门源镇时，我看到一大片油菜花在连绵雪山的映衬下异常灿烂，油菜花的金黄色和青稞田的青绿色，交叉形成大块纯净的色彩。

史书讲到汉代、汉王朝与匈奴的战争时，都会提到祁连山。汉代名将霍去病曾带5000名精锐骑兵，穿越祁连山，突袭匈奴，夺得河西，使汉王朝"设四郡，据两关"。

决定张掖命运的是中国历史上武功最胜的皇帝之一——汉武帝。公元前111年，汉武帝元鼎六年，武帝下令分析酒泉郡，设立张掖郡，希望"断匈奴之臂，张中国之掖"。可见，张掖诞生之初，就肩负重任，被寄予厚望。

当时汉朝与匈奴的矛盾已颇深。仰仗父祖两代与民休息的政策，汉武帝即位时，已有了文景之治的大好局面，国力雄厚，因此他希望能够在西北有所作为，解决边患。面对兵强马壮的匈奴，汉军的对策之一就是攻占河西地区，切断匈奴与盘踞在青藏地区的羌族的联系，同时打通西域，便于联合同样反对匈奴的西域诸国。

张掖在汉匈战争中的重要性，在于地理位置。祁连山中部有一个山口，叫扁都口，海拔3500多米，扼守蒙古与青藏高原交通的要道。张掖正好位于扁都口以北，占领这里就能切断匈奴与羌的联系。

敦煌：中国规模最大的石窟

阳关万里道，不见一人归。惟有河边雁，秋来南向飞。

——北周·庾信

自汉唐以来，敦煌一直是丝绸之路的一大咽喉，距今有2000多年历史。

莫高窟，是世界上现存规模最大、内容最丰富的佛教艺术圣地。莫高窟现存北魏至元的洞窟735个，分南北两区。南区是莫高窟的主体，为僧侣们从事宗教活动的场所，有487个洞窟，均有壁画或塑像。壁画题材多取自佛教故事，也有反映当时民俗、耕织、狩猎、婚丧、节日欢乐等的壁画，令人震撼。

敦煌莫高窟

参观莫高窟时，工作人员禁止带相机，也只开放了十来个洞窟，我只好努力记下那些珍贵的壁画、彩塑，待回去查文献补补课。幸好在博物馆复制品中，补拍了许多彩塑图。

莫高窟地处丝绸之路的一个战略要点，不仅是东西方贸易的中转站，也是宗教、文化和艺术的交汇处。20世纪80年代初，日本人根据井上靖小说改编拍摄的电影《敦煌》，主要取景地就在腾格里沙漠，它把发生在敦煌大漠、围绕一位回纥公主展开的爱恨情仇，演绎出史诗般的深度。影片中连兵器、服饰、战马、酒具等都十分逼真。

漫漫黄沙中，我一直回味着电影《敦煌》里中原将士在戈壁滩挥刀护宝、血战蛮夷的画面。我想，国内某些动不动就玩穿越的历史影视剧，是不屑于还是拍不出这样有历史深度的作品呢？

嘉峪关：古丝绸之路交通要冲

长城饮马寒宵月，古戍盘雕大漠风。险是卢龙山海险，东南谁比此关雄。

——清·林则徐《出嘉峪关感赋》

河西走廊的嘉峪关，是古丝绸之路的交通要冲。

那天在嘉峪关，我和几位在火车上邂逅相识的驴友，包了一辆面包车先去了嘉峪关城北8公里处石关峡口的明代悬臂长城，悬臂长城属嘉峪关军事防御体系的一部分，始筑于明嘉靖十八年（1539）。

嘉峪关关城，位于地势最高的嘉峪山上，关城两翼的城墙横穿沙漠戈壁，它北面的祁连山脉连绵起伏，雪峰在阳光下熠熠生辉而充满诗意。嘉峪关也是北方丝绸之路的交通要塞，中国长城三大奇观之一（**东有山海关、中有镇北台、西有嘉峪关**）。

嘉峪关

我在嘉峪关博物馆看到一个故事：明洪武五年（1372），征虏大将军冯胜看中嘉峪山西北麓的险要地势，选为河西第一隘口，筑城设关。修关时，冯胜严令工匠在计算用砖时要特别精确，既不能多一块，又不能少一块，没想到建成时竟多出一块砖。险被杀头的工匠解释说，这多余的一块，是专门为城堡观察孔预留的。现在，这块砖还存放在西瓮城门楼上，供人观摩。

不能不承认，嘉峪关城墙上的每一块石砖，都是一部沉甸甸的奇崛古书。

阳关：古来征战几人回

渭城朝雨浥轻尘，客舍青青柳色新。劝君更尽一杯酒，西出阳关无故人。

——唐·王维《渭城曲》

甘肃阳关，是古代陆路对外交通咽喉之地，是丝绸之路南路必经的关隘。凭水为隘，据川当险，与玉门关南北呼应。作为古代重要的通商口岸，当年东来西往的商贾、使臣、僧侣在这里查验身份证，交换牒文，办理出入关手续。

阳关，位于距敦煌城70公里的古董滩附近。那天上午，我和三名驴友包了辆当地居民的面包车去阳关，热浪下行驶2小时，一眼望去，流沙地带耸立一个高七八米的土墩，显得那么突兀又那么桀骜，它仿佛在说："你们把我丢弃了又怎么样，我现在还不是一样活得好好的？"

昔日的阳关城早已荡然无存，人迹罕至，仅存这一座汉代烽燧遗址，耸立在墩墩山上。站在墩墩山顶，远近百里尽收眼底。流沙茫茫，一道道错落起伏的沙丘从东到西自然排列成20余座大沙梁。裸露的荒原上看不到一丝绿意。

开车的师傅说，这里曾发掘过不少汉唐遗物，"这个古董滩，以前我们随手可以捡到古代的钱币、兵器、装饰品、陶片。当地人有'进了古董滩，空手不回还'的说法。"

甘肃张掖七彩山

西汉以来，阳关一直是兵家必争的战略要地，多少将士曾在这里戍守征战，血染沙场，留下"古来征战几人回"的悲怆无奈。

高昌城：玄奘西行取经的福地

天马徕兮从西极，经万里兮归有德。承灵威兮障外国，涉流沙兮四夷服。

——西汉·汉武帝刘彻

吴承恩的巨著《西游记》，是由玄奘去印度取经的故事神化而来。当年的玄奘经过吐鲁番市，他曾在该市东南40公里的高昌故城歇息一月。高昌古国是丝绸路上一个重镇，如果没有高昌国国王麴文泰的鼎力相助，玄奘是很难顺利跋涉到印度取经的。十多年后，玄奘在印度那烂陀佛学院学成取经归来，兑现与麴文泰讲学三年的金兰之约，无奈此时高昌国已被大唐灭掉，故地一片废墟，人去楼空。玄奘黯然叹息。

那天下午，我来到高昌古城时已是4点过，天气依然燠热难当。眼前看到的古城，应该是700多年前古城所遗留的遗址。古城墙是用夯土筑成的，周长约5公里，近似于正方形。

旷野寂寥，朔风萧萧。到处是风化的砾石和黄沙形成的堆积层。我在那座古王朝故地流连了两个小时，头脑中那一点浅薄的古代史知识，在断壁残垣中神游万仞，努力拼接一幅玄奘西行取经的苍凉足印……

新疆高昌故城

金庸《白马啸西风》写得有些神乎：当年高昌人在吐鲁番建迷宫以为退路，唐朝兵将攻破都城时，宫中珍宝被高昌人锁进迷宫；千余年后，古宫早为沙漠所掩，却成为江湖群豪向往之地，为争夺高昌迷宫图以便入宫取宝，多少鲜血洒在回疆大漠……

火焰山：《西游记》火焰山原型地

火山突兀赤亭口，火山五月火云厚。火云满山凝未开，飞鸟千里不敢来。

——唐·岑参《火山云歌送别》

吐鲁番是古丝绸之路上的重镇。丝绸之路之所以经过吐鲁番，是因为要绕过塔克拉玛干大沙漠，加之这里的坎儿井可提供淡水，故使这个绿洲变成贸易中转站。

傍晚，我离开高昌古城，乘坐当地居民的马车来到4公里外的火焰山。一下车，赤日炎炎，山上"火焰"迎面扑来，热浪滚滚，似乎可以在空气中抓出一把火来。赭红色的山体如一条横空出世的巨龙，卧躺在312国道一侧。炽热的气流翻滚上升，就像熊熊烈焰。

我全身都被汗水浸透，最难受的是眼睫毛，每隔几秒钟都得伸手揩掉上面的汗水。

当地人说，火焰山是中国最热的地方，夏季最高气温高达47.8摄氏度，地表最高温度高达89℃，沙窝里可烤熟鸡蛋。实在太热了，我赶快逃走。

关于火焰山的传说很多，使它名扬天下的应归功于吴承恩的小说《西游记》的精彩描写：唐僧取经受阻火焰山，孙悟空三借芭蕉扇的故事就发生在这里。孙悟空大闹天宫时，仓促间一脚蹬倒了太上老君炼丹的八卦炉，有几块火炭从天而降，喷射飞散，落到吐鲁番形成了巨大的火焰山，幸亏孙悟空借得芭蕉扇，扇灭漫天大火，才凝固化作成现在的模样。

轮台城：岑参待过三年的地方

轮台城头夜吹角，轮台城北旄头落。羽书昨夜过渠黎，单于已在金山西。

——唐·岑参《轮台歌奉送封大夫出师西征》

我在乌鲁木齐市待了两天，除了去天山天池看看，剩余时间，只能赶去新疆丝绸之路博物馆浏览一下。该博物馆位于乌市商业中心，占地面积7080平方米。集市上，到处是熙熙攘攘的人流，走在里面，一步步挪着前移。小贩的吆喝声，车辆的鸣笛声，广告音乐的喧闹声，不绝于耳。

乌鲁木齐历史悠久，早在新石器时代人类就在此繁衍生息。最先入主此地的为战国时的古姑师人，到西汉时期，乌鲁木齐及其周围地区已聚集十几个部落的游牧民，史称"十三国之地"。640年，唐朝政府在天山北麓设置庭州，辖四县，这一带被称为轮台县。现乌市东南郊乌拉泊水库南侧的古城遗址，就是当时的军事重镇轮台县城。

轮台为古时兵家必争之地，唐代诗人岑参曾在轮台生活过三年，写下"戍楼西望烟尘黑，汉兵屯在轮台北"的名句。

印象中，乌鲁木齐城很小，卫生环境还有待改善。还有，我看到的每个人都长得跟阿凡提差不多，由此我也想到了新疆人的热情机智、风趣开朗。

后记

敬　畏

李贵平

记得头一回开车到重庆盘龙立交时，面对这座国内最诡异、最盘根错节的大天桥，以为掉进个黑乎乎的蜘蛛网；百度导航说切换到高德，高德导航说切换到百度……我不晓得是如何胜利大逃亡的。

写作南方丝绸之路，就是我职业生涯中遇到的盘龙立交。

构思这个题材是在两年前，那时刚写完《历史光影里的茶马古道》，我就琢磨再搞一本古道文化的书，反正手头有那么多采访素材和图片。2020年初，四川省作家协会和成都文学院征集重点扶持作品，竞争激烈，据说比"非诚勿扰"里24个小伙抢一个美女还难。大概我申报的题材还算光鲜，同时入选省市扶持项目。此时，已是2020年5月下旬。

平时我写东西不算慢，但要赶在年底前出一本20多万字且脸上挂得住的书，那得豁出半条性命，跟武松打死老虎后累得不会走路差不多，何况手头还有一本散文集要出版，以及单位的繁忙工作。

动笔前，又面临两个老掉牙的问题：写什么？怎么写？

一

丝绸之路是盛世的华章，在以前动乱分裂的时代没有丝绸之路，在匮乏贫弱的时代也没有丝绸之路；丝绸之路需要有沟通、贸易的强烈愿望和宽广的胸襟，也需要有大国主导的安全保障和系统维护，需要各国积极参与，最重要的是需要有互通有无的"奇货"，才构成文明飞渡、交流融合的辉煌。

对丝绸之路文化的挖掘是个巨大而系统的工程。当"一带一路"被纳入国家级顶层合作倡议，当新时代推进西部大开发的号角吹响，国内外关于丝绸之路及所属"一带一路"的书籍出版得如火如荼。这同样是盛世华章。但我注意到，无论是专业图书、学术期刊，还是文献大数据及相关衍生品，更多是从国家层面、全球视觉对南丝之路所作高屋建瓴的滔滔宏论，极具政策指导意义，但其阅读快感有待商榷。有的著述因缺乏"在场"踏勘和采集，缺乏对这条伟大远征古道的感性认识和对人物的关注，让普通老百姓读起来有些距离感。

作为记者和作家，又居住在南丝之路的起点成都，我想尝试填补一下空白，虽有逞匹夫之勇嫌疑。就像莫奈总想画出不一样的草垛，虽然他的头发经常被暴雨淋成草垛。

南方丝绸之路全长2000多公里，在中国境内贯穿云贵川和西藏等地，在境外连接东南亚、南亚及中亚诸国；时间上历经秦汉、唐宋、元明清延续到20世纪50年代。它对中国古代西南境内各民族融合交往、对促进中外经济和文化交流，起到了重要作用。

南方丝绸之路是一条旅程奇崛、环境恶劣、野兽出没、气候反常的生死之路。古道上杂乱的脚印，重重叠叠，你的覆盖了我的，我的覆盖了你的。刀兵相向时是一条战道，偃旗息鼓时是一条驿道，互通有无时是一条商道。正是在这隐与显的交替中，那一条条绵长而崎岖的古道，风蚀雨剥，跌跌撞撞，飞矢流镞般鱼贯梭穿，进入大西南版图。

再说说怎样写。前面提到蜘蛛网，蜘蛛网形状诡谲，皿状的、帐篷状的、漏斗状的、车轮状的……它可以粘住任何飞虫，却粘不住蜘蛛自己。为何？蜘蛛脚上能分泌出一层油脂，可以滑落。写作中，我也试图用自己的"油脂"滑落出网状信息的粘连。

这来自两样东西：非虚构，行走。

我当过十多年新闻记者，也热爱这个职业，我坚持认为，除非影响历史进程的重大事件、重要人物的动态（如纽伦堡审判战犯、肯尼迪遇刺、苏联解体、推倒柏林墙、武汉封城），以及一些热点系列深度报道，绝大多数新闻都是易碎品，三五天就过了。科技为浪的信息大潮中，再大的网红、再猛的流量也会叠波翻涌，后浪推前浪，前浪死沙滩。不是说新闻不管用，而是它的功能决定的，新闻需要遵循作者、读者之间关于功能的默契，也就是"你以最便于阅读的方式写作，使我能第一时间知道需要知道的真实的东西"。

非虚构写作不同。非虚构必须遵循"真实"这一至高无上的铁律，但也强调作者对历史和现实的再现和见证，用独特的视角、文学的技法探索并逼近人生真相。非虚构写作因其叙事美感和艺术性更具表现力，也同样具备文献价值、史志价值、社会学价值和文学价值。这一点，是常规新闻写作难以做到的。

中国古代即有"讲历史故事"的传统，从春秋战国时的《尚书》《春秋》《左传》《竹书纪年》，到汉晋时的《史记》《战国策》《汉书》《后汉书》《三国志》等，尤以司马迁《史记》为典型代表，开启了中国非虚构文本的先河，"史家之绝唱，无韵之离骚"不是说着玩的。这些经典有个共同特点：用小说的技法，写真实的故事。

二

有两件非虚构作品启发我，把故事讲好。

美国作家杜鲁门·卡波特的小说《冷血》，以1959年美国堪萨斯发生的系列谋杀案为素材，以独特的写作视角、全新的文学手法、厚重的社会良知，将一出真实的灭门血案细致展开，情节一波三折。它吸收了新闻写作技巧，但在人物、环境描写上又有大胆想象。美国电视剧《极地恶灵》，题材同样来自一起真实事件：1845年，英国皇家海军少将约翰·富兰克林率领128名船员，驾驶两艘铁甲舰组成探险队，一年后这支探险队神秘失踪……它对那个年代的探险风气、海军文化、医疗水平乃至视觉层面如冻伤的脚指、呵气成冰的寒冷氛围的呈现，都让人身临其境。

我对非虚构写作自认为还有些底气。这些年，受所在媒体委派，我经常天南海北外出采访，更多次随长江学者、北京大学中文系教授陈保亚先生去川西北高原、大凉山和大巴山等地田野考察，采集了大量口述资料和地方文献。我是个驴友，隔三岔五要去野外徒步，再热的酷暑日、再冷的下雪天都坚持行走，也见识了一些人和事。我是个摄影发烧友，常扛着"长枪短炮"上山下乡，观赏沿途村落的自然风光，感受民风民俗、文化差异带来的惊喜。我更像是一个穿草鞋、戴斗笠、披蓑衣的渔夫，试图用文字和图片织成一张大网哗地撒出去，把历史大塘里的大头鱼、鲶鱼、鲩鱼、鲤鱼、鲫鱼、白鱼、红尾鱼网进来，做成一桌人文地理全鱼宴让人分享。

我还想，要全面、生动地表现南方丝绸之路，如果眼光只停留在今天挖掘个汉代铁犁、五铢货币，明天发现个宋代织机、王妃玉佩之类的考古事件，而缺乏对南丝之路这条远征古道的整体把握，打个比方，呈现的东西就只是热闹的折子戏，而非整个精彩川剧。

《穿越横断山的"南丝之路"》一书，按"文明飞渡""马帮文化""驿站风云""人物踪迹"篇章结构，用现代思维这根红线将马帮、驿镇、古道、建筑、客栈、关隘、碑刻、货币、民谣、名人、战争、民俗等串联起来，尤其将小人物元气淋漓的日常生活、顿挫高低的人生命运融入历史舞台，构成民族团结、商贸往来、文化传承的画卷。它希望达到这样的目的：专家学者读了说好看，普通读者读了说专业。

书中32篇文章，除了在《华西都市报》刊发四五十个整版，还在《光明日报》《南方周末》《旅游》《环球人文地理》等大版面推出，已未雨绸缪引起读者朋友的兴趣。有人说，在读了《花载亲人上高山》《生死相依的马帮兄弟》《血色黄昏大渡河》几篇后，喉头哽咽，心头沉重。他们在冰冷古道的泥石中抚摸出人性的温度。这让我十分感动并深表谢意。

三

"这是一座崇高的、令人敬畏的古迹，它诉说着多少事情，同时又告诉人们，它隐藏着更多的事情。"英国19世纪名相格莱斯顿，在评价伦敦以西索尔兹伯里平原上的巨石阵时如是说。

这话用在南方丝绸之路上，同样适合。

南方丝绸之路是基本属于过去式的网络形态的古道，它匍匐于大地又缥缈于云端，它承载过汗水又传递过欢笑，它迎来了日出又送走了晚霞，它连接了时间又贯通了空间。这些网络古道，无论是著名非著名的、或长或短的，无论是官道还是老百姓自己开出的小道，仍断断续续蜿蜒在大西南的山间水畔，影影绰绰地默守在历史的原乡。那深深浅浅的马蹄窝里，承担起一部中国大历史的变迁沿革，也守护着大西南地区民族团结的精神家园。这使我想起周国平《有所敬畏》文中所说："一个人可以不信神，但不可以不相信神圣。""相信神圣的人有所敬畏。"

我以真诚的敬畏之心，向伟大的南方丝绸之路致敬，向昔日风雨兼程的跋涉者们致敬。

写作过程中，得到四川大学历史地理研究所所长李勇先先生的帮助，李老师提供了自己2万字的《巴蜀交通与对外交流》讲义，以及上百篇古代交通学术论文和调查报告。"成都活字典"刘孝昌老先生多次和我在肖家河喝茶，他以自己早年的缫丝工经历讲了许多"丝绸故事"；这位严谨的学者还提到词与物表达的专业性、生动性，给了我一把打开跨界写作之门的钥匙。

特别感谢北京大学陈保亚教授。2020年暑假陈教授在美国作学术考察，他百忙之中解答了我许多专业问题，并传来马帮文化、古道文化等资料。记得2019年6月，我们20多人自驾从理塘去巴塘考察，在翻过海拔5000米的格聂神山垭口经过波密乡时，天降暴雨冰雹，白雾弥漫山谷，大伙在泥泞小道摸索行驶，入夜开进漆黑森林，伸手不见五指。陈保亚突患肠绞痛，痉挛腹泻，疼痛难忍，幸亏巴塘县人民政府派出救护车在山林找到他，才救回他的性命。前不久，陈教授建议我去北大做访问学者，参与他名下一国家级研究课题，我因申报失误初审未获通过，他以北大中国语言学研究中心主任的名义写了封推荐信，介绍我"对茶马古道上的少数民族语言传承和记录做了非常杰出的贡献，也极大提升了北京大学在茶马古道语言文化保护和研究工作上的国际影响"（愧不敢当），才让我顺利过关，赴京访学。

　　　　　　　　　　　　　　　2020年8月，成都锦江区华民逸苑